2022 年度江苏高校哲学社会科学研究专题项目"以'四史'学习教育提升高职学生社会责任感的理论与实践研究"阶段性成果（项目编号：2022SJSZ1161）

U0782734

高校教育管理创新与发展研究

崔金辉　著

天津出版传媒集团

天津科学技术出版社

图书在版编目（CIP）数据

高校教育管理创新与发展研究 / 崔金辉著. -- 天津:
天津科学技术出版社, 2023.4
　　ISBN 978-7-5742-1114-8

Ⅰ. ①高… Ⅱ. ①崔… Ⅲ. ①高等学校－教育管理－
研究 Ⅳ. ①G640

中国国家版本馆CIP数据核字(2023)第076371号

高校教育管理创新与发展研究
GAOXIAO JIAOYU GUANLI CHUANGXIN YU FAZHAN YANJIU

责任编辑：田　原
责任印制：兰　毅

出　　版：天津出版传媒集团
　　　　　天津科学技术出版社
地　　址：天津市西康路35号
邮　　编：300051
电　　话：（022）23332377
网　　址：www.tjkjcbs.com.cn
发　　行：新华书店经销
印　　刷：石家庄汇展印刷有限公司

开本 710×1000　1/16　印张 16　字数 230 000
2023年4月第1版第1次印刷
定价：98.00元

前　言

　　百年大计，教育为本。党的二十大报告强调"教育、科技、人才是全面建设社会主义现代化国家的基础性、战略性支撑"，要"加快建设世界重要人才中心和创新高地"。高等教育以立德树人为培养目标，为全面推进中国式现代化、全面建成社会主义现代化强国提供有力人才支撑，这是关系国家整体利益和中华民族前途命运的重大决策。

　　高水平大学是培养高层次人才的主要阵地，承担着人才培养、科学研究和知识创新等重要工作。而高校的教育管理工作又是联系高校教学过程中教师的教与学生的学的各个环节的枢纽和桥梁，在高校教育活动中具有举足轻重的地位。虽然越来越多的高校已经认识到教育管理的重要性，但是由于种种原因，目前高校教育管理还存在一些问题。要想进一步提升教育质量，提高学校知名度，高校教育管理工作必须进行反思与创新。

　　本书首先分析了我国高校教育管理的基本理论，阐述了高校教育管理的内涵、价值和原则。其次，探究了高校教育在课程管理、教学管理、教师管理、学生管理以及行政管理等方面的创新与发展对策，对于现代高校管理具有一定的学术参考价值。

　　社会的发展离不开人才，人才的培养离不开高校，而高校的发展提高更离不开教育管理。要想适应新时代，实现新发展，高校必须对自身的教育管理工作进行思想上的创新，加大改革力度，研究适合本校实际的对策方法。重视高校教育管理工作是当今世界高等教育发展趋势的必然要求，只有从高度和深度上全面认识教育管理工作，才能更好地提高教学质量；只有明确教育管理在高校教学过程中的地位，改变原有的只重视教学过程，忽视教育管理的偏颇认识，才能使高校教育活动健康有序展开。

由于编者水平有限，书中难免存在不足之处，我们真诚地希望读者对本书提出宝贵的意见和建议。

目　录

第一章　高校教育管理概述

本章主要对高校教育管理的基础知识进行阐述，包括高校教育管理的内涵、高校教育管理的价值与高校教育管理的原则。

第一节　高校教育管理的内涵

一、管理的含义与基本理论

（一）管理的含义

管理一般是指在特定的环境下，对组织所拥有的资源进行有效的计划、组织、领导和控制，以便完成既定的组织目标的过程。管理是人们依据社会发展的客观规律和在特定历史条件下有意识地调节社会系统内外的各种关系和资源，以便达到既定的系统目标的过程。很显然，这两个表述并不矛盾，只是表述的方式稍有差别而已。前一个表述直接一些，比较简练直观；后一个表述宏观一些，是从社会系统的角度进行表述的。

管理的含义包括以下三个方面：

第一，管理是为实现组织目标服务的，是一个有意识、有目的的活动过程。管理是任何组织都不可或缺的，但绝不是孤立存在的。只要有组织及其活动，就存在管理问题。就管理本身而言，管理不具有自己的目标，不存在为管理而管理，没有活动也就不存在管理问题。管理是依附于活动而存在的，组织活动的目标就是管理的目标，而管理是服务于组织目标的。

第二，管理活动是通过一系列相互关联的资源要素进行的。管理工作就是要综合运用组织中的各种资源要素，通过计划、组织、控制等来实现组织目标，达到活动的目的，这是管理的基本职能。

第三，从管理本身来讲，管理活动应该按照自己的规律进行，但现实管理活动的资源并不是孤立存在的，管理工作是在一定环境条件下进行的。管理是一种社会活动，有效的管理必须充分考虑组织的特定环境。

"一般管理理论"最早诞生在法国。当泰勒及其追随者正在美国研究和倡导生产作业现场的科学管理原理和方法的时候，大西洋彼岸的法国诞生了组织管理的理论，被后人称为"一般管理理论"或者"组织管理理论"。与泰勒主要研究的基层作业的"管理理论"不同的是，"一般管理理论"是站在高层管理者的角度研究组织管理问题。在此基础上，现代管理理论的研究发展很快形成了许多管理的经典理论和理论体系。根据研究管理的对象不同，可分为广义的管理和狭义的管理。广义的管理可以是针对大自然中的万事万物的管理；狭义的管理只是针对某项具体活动，以及活动中的资源所进行的计划、组织、领导、控制。一般我们研究的管理是指狭义的管理，是指组织管理、行为管理、活动的管理。活动的结果，实际上是人的能动性的结果，管理的实质是人，是管理者与被管理者之间发生的矛盾的解决。既然这样，那么，管理就是管理者、被管理者及事项三方形成的特定的活动。

对于管理的分类，现代管理一般可以从多个方面来进行划分：一是从活动的规模大小划分，可以分为宏观管理和微观管理；二是从具体活动的内容划分，可以分为综合管理和专项管理；另外，从管理的形式上划分，又可以分为紧密管理和松散管理。当然，这些区分也只是相对的。

（二）管理的基本理论

管理的基本理论是很多的，特别是随着现代社会的发展、人们的认识水平的不断提高、社会活动的不断丰富，社会财富与利益驱动机制更加强烈，管理理论在创新、在发展。而系统管理理论、人本管理理论、目标管理理论、标准化管理理论、组织管理理论、模糊管理理论、混合管理理论等只是众多管理理论中的一部分，它们既是管理的理论，也是管理的思想和方法。

1.系统管理理论

系统管理理论指出，管理的任务就是协调系统中的各个子系统以及系统要素，以保持系统的动态平衡，取得系统最佳运行效果。这种管理理论及其方法的核心是把管理作为一个整体的系统，系统就要有系统要素，系统要素就是人、物、活动及其项目。这种管理理论和方法一般应用于大的军事战略、建设工程、大型活动（大型活动特点：内容复杂、组织规模大、投入量大、长时间与长周期）较为合适。当然，这些也只是相对的，因为大和小本身就是相对的。

2.人本管理理论

人本管理理论和方法是以人为中心的管理，实际上，这种管理理论与方法是最难做好的。如果把握不好，甚至有时候还会出现偏颇。有效的人本管理，实质是人权力的利用和利益的分配。在这一过程中，既要尊重人，又要让人的潜能充分发挥，是一对很特殊的矛盾。以人为本的管理，目的就是发掘人的最大潜能，这种潜能并不完全是指被管理者的，同时也包括管理者。管理者的潜能是工作的积极性和表现出来的工作效益，被管理者的潜能是管理者的思想和艺术施加结果的体现，二者的结合才能达到管理的最大效果。人本管理理论虽然是一个相对比较早的管理理论，但是在实践中应用的并不好。究其原因，传统的、单纯的人本管理理论十分强调管理的"人"的素质，可以说，低素质的人是绝对运用不好人本管理理论的，一个管不好自己的人同样也是管理不好别人的，更不用说有效地运用好人本管理理论。不过，现代的人本管理理论加入了一些新的元素，在人本管理中加入制度管理，形成了一种新的意义上的人本管理理论。

3.目标管理理论

目标管理理论和方法是一种与利益相关联的刚性管理模式。这种管理理论和方法实际上是与价值理论密切相关的，甚至可以说是以价值理论为基础的。首先要有一个预先设置的价值目标，然后以这种价值目标的实现为核心而展开管理活动。价值目标的认同是关键，是目标管理的前提。价值目标的确立也是十分重要的，价值目标必须通过全体成员认同，目标管理理论强调组织目标的制定要得到所有组织成员的认同，没有认同感的组织目标是不切实际的目标，是难以达到的。有人说目标管理只是注重结果，这是十分错误的。最新的目标管理理论不仅仅是注重管理活动的一头一尾，而是除了最先确定价值目标，最终对完成价值目标的结果检验外，还对过程实施严格监督，让目标按既定的方向完成，不要等到问题成了堆，最后成为一个很糟糕的结果。既成事实不是目标管理的目的，要让管理者与被管理者通过共同的努力，一步一步向既定目标靠近。实现以价值目标为中心而组织的目标管理活动，是一种刚性的量化管理，因此执行也是刚性的。目标管理理论除了注重价值目标外，具体的应用还有一个公平理论问题，这是由目标管理理论的刚性所决定的。

4.标准化管理理论

这种管理理论和方法是在专业化管理的基础上，由管理者组织专家制定管理的标准，要通过一定的法律法规程序予以确定。这种管理的思想十分明确，最朴素的道理就是"没有规矩不成方圆"。标准化管理虽然是组织和专家行为，但标准并不是武断的和空穴来风的，既要有权威性，又要有社会基础和群众基础，通过科学的过程来制定。在这一过程中有两个十分重要的环节：一个是标准的制定，另一个是标准的执行。第二个环节是标准化管理的要害，有时候可能还是成败的关键。在管理活动中，有了标准不好好执行，或者执行起来走样，必将导致标准化管理的全面失败。

5.组织管理理论

组织管理理论的实质是最高决策层设置管理的各级组织，规定各级组织的职能，通过领导核心、组织授权、组织实施等进行的管理。组织管理的重点是组织结构的设计，关键是组织职能的授权。组织管理理论要有严密的组织结构，要有明确的组织目标和组织功能。同时，还要有一套有效的组织运作机制，否则，再科学的理论，再完善的组织功能，没有好的运作机制都不可能活起来，组织管理活动也不可能有效地展开。

6.模糊管理理论

模糊管理理论是一种现代的管理思想和方法，它运用模糊数学的管理思想与技术进行管理。这是一种在高层次人群中实施的管理行为，是一种软性管理。简单管理没有必要运用模糊管理，只有在复杂的、庞大的、中长周期的、高智商的管理活动中，模糊管理才能发挥其最大作用。

7.混合管理理论

实际上，在组织活动中，特别是比较大的组织活动中，常用的是混合管理模式。混合管理是多种管理思想和方法的组合，在规模比较大的组织中，管理的内容比较复杂，头绪很多，活动项目的性质差距较大，运用某一种管理方式来进行全盘统领往往是不可能的，最好的方法是运用混合管理来完成。

二、高校教育管理的概念

高校教育管理是根据高校教育的目的和发展规律，调配高校教育资源，调解高校教育系统内外的各种关系，进行有效的计划、组织、领导和控制，以便达到既定的高校教育目标的过程。这是通常给出的高校教育管理的定义。

从教育管理的层面来讲，高校教育是中等教育基础之上的教育，因此，它是指高校教育这一层面上的管理。从管理的分类来讲，高校教育管理可以分为宏观高校教育管理和微观高校教育管理。从管理的内容来讲，高校教育管理可以分为战略规划管理、宏观调控管理和教育活动管理。

从定义分析，高校教育管理具有下述三层含义：

（一）高校教育管理的依据

高校教育管理的概念首先指明了高校教育管理活动的依据是高等教育的目的和发展规律。高等教育的目的是为社会提供各级各类的高级专门人才。各级各类高级专门人才的教育是指：在类别上为普通高等教育、成人高等教育；在性质上为公办高等教育、民办高等教育；在层次上为专科教育、本科教育、研究生教育。这些教育的目的和目标是管理的根本依据。高等教育受到学生身心发展的影响，通过德育、智育、体育、美育等过程，培养全面发展的人。只有把人作为社会关系的总和来看待，才能对人的发展有全面的理解。因此，各级各类教育过程都有其自身的客观内在规律，只有正确认识它们的客观规律，才能实施科学的管理。高等教育受到一定社会的经济、政治、文化制约，并为一定的经济、政治、文化发展服务。因此，生产力和科学技术的发展水平，社会的制度、文化传统都对高等教育活动产生制约。无论是国家宏观的高等教育发展政策的制定，还是高等学校培养人的过程，都必须遵循高等教育的目的和高等教育发展的客观规律，这也是高校教育管理的出发点。

（二）高校教育管理的任务

高校教育管理的概念指出了高校教育管理的任务，这就是有意识地调解高等教育系统内外各种关系和高等教育资源，以适应高校教育发展的客观规律。从一个国家或者地区来讲，高校教育系统是国家或者地区社会系统中的一个子系统；从高校教育组织系统来讲，高校也是一个社会子系统。由于系统中存在着多种矛盾，因此，高校教育管理的任务就是协调并最终解决系统中存在的矛盾。在高校教育管理中，要用系统论的眼光来设计高校教育的整体和各部分之间、要素与要素之间、学校系统与外部环境之间、学校系统内部的子系统之间的相互关系，树立整体的观念，并通过有效的管理实现系统要素间的整体优化。

（三）高校教育管理的目的

高校教育管理的概念还指明了高校教育管理的结果是不断促成高校教育系统目标的实现。高校教育管理的目的最终也只是高等教育目的的一种辅助性（工具性）目的。在高校教育系统中，培养人是根本目的，高校教育系统的一切工作（包括管理工作）都必须围绕这一目的展开。高校教育管理是对高校教育系统中各种关系和资源的协调，通过有效的管理，确保高校教育目的的实现。因此，高校教育管理最终也只能是手段。当然，由于高校教育管理有其自身的需要，其自身也有目的，如效率就是管理的目的之一，但它是通过有效的管理来保证高等教育目的有效实现的。

综上所述，不论是宏观的高校教育管理，还是微观的高校教育管理，所依据的是国家的教育方针、组织的发展目标、高等教育的基本规律。社会政治、经济、文化的发展背景与环境，通过立法、行政、经济、市场等手段进行协调和控制，保证高等教育人才培养质量、推动科学文化知识创新、促进社会进步等目标的实现，最终实现高校教育的可持续发展。

三、高校教育管理的特殊性

事物之间的区别在于各具一定的特点。了解了高校教育管理的特殊性，才能遵循它的本质规律，有针对性地解决管理活动中的各种矛盾，清楚地进行各种管理活动。

（一）高校教育管理目标的特殊性

高校教育目标的特殊性决定了高校教育管理目标的特殊性。高校教育的主要目标是根据高校教育的功能来确定的，因此对管理的功能与目标相应地提出了特定要求。高校教育管理就是要通过计划、组织、协调、控制等手段使高校教育更加符合社会发展的要求，符合社会生产力的要求。这些要求表现在教育的层次、结构、规模、质量等方面。在微观方面，高校教育管理要使组织中的每个成员按高校教育规律办事，更好地完成既定的目标。高校教育的目标是根据高校教育规律和社会发展对高校教育的需求来制定的，所以，高校教育的协调活动也应该以高校教育的规律为指导，而不能简单地照抄企业管理的方式方法。从这个意义上说，高校教育的微观管理是以更好地培养人才并且以提高人才的质量为根本目标的管理活动，它无法以经济效益为目标。

在市场经济体制下，高校教育要不要考虑经济效益的问题，一直以来都是政府行政管理部门闭口不谈的问题。好像一谈经济效益就乱，偏离教育方向，而不谈经济效益就"死"。因为在市场经济体制下没有不讲经济效益的组织，没有不讲经济效益的管理活动。与行政管理、企业管理等其他管理不同的是，如何将社会效益和经济效益有机地结合，纳入高校教育管理的目标中，处理好社会效益与经济效益的关系，是高校教育管理工作者值得研究的问题，这也正反映了高校教育管理目标的特殊性。

高校教育管理具有两个最基本的目标功能：一是尽其所能将系统内的各种关系和资源凝聚起来，形成一个整体，也就是管理的"维系"功能；二是围绕整体目标，最大限度地发挥要素的主动性、积极性，以更好地实现高校教育系统的整体目标，这也就是管理的"结合"功能或"放大"功能。

（二）高校教育管理资源的特殊性

高校教育管理资源的特殊性具体表现在三个方面：

第一，高校是由一部分高级知识分子组成的特殊的群体，组织及其成员的特殊性就构成了高校教育管理资源的特殊性。组成高校教育系统的主体要素之一是教师，是掌握和创造专门知识的群体。因此，对他们的管理要符合这一群体的特征。另外，高校教育系统的主体成员是学生，是一部分 18 岁左右、受过完整中等教育的青年，对他们的管理要符合他们此阶段身心发展的特殊性。高校教育系统组成人员的特殊性使高校教育管理存在着一种特殊的管理现象，这种现象强调和要求自我管理。应该说，自我管理是任何管理中都存在的一种现象，但是，在高校教育管理中，自我管理尤为重要，它是一种促进身心发展的自我管理。管理对象需要培养自我组织、自我发展的能力，他们的心理特征也表明，在教育过程中，让其发挥自我管理的能力，可以更好地促进其发展。所以，管理对象的特点是高校教育管理最重要的特点。

第二，教育经费的管理是一项复杂的工作，因为它的用途是复杂的，有时候还不能用绝对的量化管理来处理，比如它的投入不能在短期内见到成效，经济回报率低。这就是高校教育的经费管理有别于企业管理、行政管理、经济管理等的特殊性。

第三，教学与科研物资的管理特殊性表现在这类资源不完全是生产性资源，而是建立在教学科研功能上的，是为了完成教育教学、实验实习、科学研究等活动的，它不是一套设备，而是教学实验和科学研究的基本平台。

高校教育资源的特殊性构成了高校教育管理的特殊性。高校教育资源是指整个社会用于教育领域的人力、物力和财力的总和。有效的可利用资源是指高校教育的主办者对高校教育的投入所形成的资源，主要表现在经费投资方面。社会用于教育的资源又与社会中的区域发展相关联，与政府对教育的投资相关联。教育是一种事业投资，但它的投资对象又决定了它不可能完全是事业投资。事业投资的对象主要是公共事业，公共事业是针对大众的，基本上所有的民众都可以享受到。而高校教育的对象不是单纯享受公共事业的群体，因为高校教育还没有普及，它就不可能是一种完全的事业行为。虽然高校教育的结果回报了社会，但是受教育者只是整个社会群体中的一部分。那么，为什么不能普及高校教育？这是由高校教育的资源有限性决定的。从另一个方面讲，高校教育的投入来自政府、学生家长、学校自身和社会的多方融资，这构成了高校教育投资的特殊性，也就决定了高校教育资源的特殊性。

要进行教育活动，首先需要从社会的总劳动力中抽出一部分劳动力，这就是从事教育的劳动者和进入劳动年龄的受教育者，他们要消耗一定的学习资源、生活资源，还必须有一定的物质条件，如校舍、图书、仪器、设备等。高校教育财力资源不是自然资源，不是可以通过生产方式就能生产制造出来的，而是要通过长时间的打造和培育，随着社会的发展与需求逐步形成的。在满足了再生产以后，社会所能用于教育的资源就很有限了，难于满足社会和个人对教育的需求，这也是教育管理中的一对特殊矛盾。因此，如何去获得更多的教育资源，如何有效地使用稀少的教育资源，就成为社会和教育领域共同关心的问题。高校教育资源投资的特殊性构成了高校教育管理资源的特殊性。

（三）高校教育管理活动的特殊性

从宏观高校教育管理来看，高校教育事业具有很强的战略性和前瞻性。高校教育管理活动整体的发展规划关乎长远的问题，需要许多专家来完成，活动的内容涉及民族文化、区域经济、人口发展、科学技术水平、社会环境等方面。

从微观高校教育管理来看，高校教育管理活动的特殊性最主要的表现特点之一就是要协调学术目标与其他目标之间的矛盾。学术目标是一种高智力劳动的追求，除了个体的高智力劳动外，同时还要强调高智力劳动的结合、高智力劳动者的团结协作。

高校教育系统的主导性活动是传授知识、创造知识，高校教育所培养的各类专门人才的优劣和高校所提供的各种成果的好坏主要是通过学术水平和应用价值的高低来衡量的，管理活动的学术性十分强，而这种学术性不可以用一般行政性的方法进行管理。因此，学术目标的组织、协调、实现等是高校教育管理活动中的特殊矛盾，这就要求高校教育管理活动一定要重视学术这一特殊目标。

高校教育组织中的教学活动是教与学的双边关系。高校师生是一个特殊的群体，在完成教学目标和管理目标的过程中，师生参与到具体的教学管理活动中，要达到双边认知认同，教学民主就显得更加重要。教职工是高校教育系统中的能动力量，是实现高校教育管理目标的智慧源泉。想要发挥他们的智慧和力量，学术自由是高校教育管理者必须考虑的问题。高校教育系统中实行学术自由将激发教职工与学生极大的能动性，使大家在信任中受到鼓舞，在学术自由这个平台上施展自己的才华，在学校的管理活动中真正成为中坚力量。

第二节　高校教育管理的价值

高校是为社会输出高等人才的基地，因此如何促进学生健康发展是高校教育管理的重点。而高校教育管理工作的良好开展，对推动社会的进步、促进高校的可持续发展和提高大学生个体的成才都具有重大意义。

一、高校教育管理价值概述

价值属于经济学范畴用词。商品生产的出现导致了价值概念的产生，凝结在商品中无差别的人类劳动就是经济学中价值的概念。随着社会的发展与科技的进步，价值的范畴进一步扩展，在社会政治、法律、道德、科技、教育和管理等各个领域中都得到了广泛而充分的应用与发展，逐渐成为人们评价一切事物的一般标准。由此可见，价值又在哲学意义上做了引申。客体对于主体的作用和意义是价值在哲学意义上的定义，是对客体的属性和功能与主体的需要之间的特殊关系的体现，即客体属性和功能对主体需要的满足关系。

在这里，价值又在一个关系范畴之中，主客体的存在是其存在的必要条件，具体可分为两方面来说。一方面，主体的需要对价值的衡量具有重大意义，是衡量价值的标尺，能够判断事物或对象是否具有价值，也需要看该事物或对象是否可以满足主体的需求。由此可见，价值离不开主体。另一方面，客体的属性和功能是价值的载体，价值的实质也就是客体的属性和功能对主体需要的满足，由此可见，价值同样离不开客体。作为为社会输出人才的高校，高校教育管理的意义重大，它本身的属性和功能既满足了大学生成才的需求，又满足了社会进步的需求，同时反映到高校自身发展上，也满足了高校自身发展的需求，由此可见，高校教育管理亦具有较高的价值。关系范畴的价值主客体缺一不可，具体到高校教育管理的价值，其主体就是社会、高校和大学生，客体就是高校教育管理本身。这里我们分别作具体阐述。

第一，作为客体的高校教育管理本身。高校是为社会输送各种各样人才的基地，高校教育管理对人才的形成、培养和成长都具有极大的推动作用。而对高校来说，高校教育管理的好坏，也直接影响着高等学校的发展。高校教育管理做得优秀，为社会输送的优秀人才增多，高等学校的知名度的加大，对高校的未来发展可以说是一个正向的反哺，所以高校教育管理的价值是建立在高校教育管理本身的属性和功能上的。

第二，作为主体的社会、高校和大学生。高校教育管理的最终目的是为社会输送合格的人才，高校是高校教育管理的实施者，大学生是高校教育管理的管理对象，社会是检验高校教育管理成果的验金石。综上，高校教育管理的价值就体现在其属性和功能对社会、高校和大学生需要的满足上。另外高校教育管理价值还有几个明显的特点：

（一）直接性与间接性

作为高校教育管理价值的主体，即社会、高校和大学生，这些不同的主体受高校教育管理的作用方式不同，有直接作用和间接作用之分，即高校教育管理价值有直接性和间接性两个特点：①高校教育管理价值的直接性，是指没有中介环节，高校教育管理能够直接满足价值主体的需要。通常而言，高校教育管理能够直接地产生作用与影响的价值主体是高校大学生，即高等教育管理的实施是直接作用于学生个体的。②高校教育管理价值的间接性，是指需要通过中介环节，高校教育管理才能满足价值主体的需要。通常而言，高校教育管理通过对大学生的影响，才能间接影响到社会的发展。

（二）即时性与积累性

高校教育管理价值的实现是需要一个过程的。满足价值主体需要的过程时间长短不一，所以高校教育管理价值可以说同时具有即时性和积累性两个特征。短时间内，价值主体能够从高校教育管理处得到很好的满足，即高校教育管理价值具有即时性。例如，针对家庭经济困难的学生，及时办理相应的助学贷款，从而能够让他们安心地在大学进行学习与生活。若想达到高校教育管理价值的工作目标，需要对高校教育管理工作进行不断的积累，工作积累是一个长期的过程，即高校教育管理价值具有积累性。例如，为学生提供一个教学有序的环境，从而推动大学生的良好发展。

（三）受制性与扩展性

因为高校教育管理是直接面向大学生实施的，大学生在学习和工作中会受到多种多样因素的影响，因而高校教育管理价值也会受到多重因素的影响，高校教育管理价值的受制性就表现在此，可以大致分为正反两方面的影响：一是当影响大学生的因素与高校教育管理作用的方向一致时，高校教育管理更容易发挥成效，高校教育管理的价值更易实现；二是当影响大学生的因素与高校教育管理作用的方向相反时，高校教育管理的成效就会受到负面的影响，其价值就会难以实现。

以上讲的是各种因素对大学生的影响与作用，高校教育管理价值的扩展性所讲的内容正好与之相反，是指高校教育管理可以通过直接影响大学生的一言一行，从而间接影响外部环境与因素，从而扩展了高校教育管理自身的价值。例如，高校教育管理对科技创新的倡导，会直接影响与激励学生参与到科技创新的活动中去，从而间接影响到学校有关科技创新方面的发展，再进一步提高学生科技创新的能力和水平。

（四）系统性与开放性

高校教育管理价值是由多种角度和多种类别构成的有机整体，具有较强的系统性。在这里可以将高校教育管理价值按照各种不同的角度来进行分类，多方面解读高校教育管理价值的系统性，以下用几种分类举例：

第一，按主体分类。可以分为社会价值、高校集体价值和个体价值。社会价值体现在高校教育管理对社会运行与发展的作用上；高校集体价值体现在高校教育管理对高校自身持续性发展的作用上；个体价值体现在高校教育管理对大学生个体的培养和长远发展的作用上。

第二，按形式分类。可以分为理想价值和现实价值。理想价值是高校教育管理不受任何因素影响，以最理想的状态实施运作，最终实现最终价值的状态。而现实中往往有各种各样的影响与阻碍，现实价值是在现实条件下正在实现或者已经实现的价值状态。

第三，按性质分类。可以分为正向价值和负向价值。

第四，按价值高低分类。可以分为高价值和低价值。高校教育管理价值是具有开放性的。随着价值主体和高校教育管理功能的变化与发展，高校教育管理的价值也会随之发展。社会发展日新月异，作为高校教育管理服务对象的大学生也在不断发生新的变化，服务对象的改变必然会导致高校教育管理的相应改变，以期适应于管理对象、扩展管理的价值。例如，信息时代的到来，计算机网络对学生的影响越来越深，面对这种新情况，高校教育管理要及时关注并规范大学生网络的使用，从而跟进高校教育管理在网络中的价值扩展。

二、高校教育管理的社会价值

高校教育管理通过培养与输送合格的高等人才作用于社会，虽然形式是间接的，但其社会价值对社会的影响仍然是广泛而深远的。中国特色社会主义建设对合格人才有着较高的要求，高校教育管理本身是实现其社会价值的重要手段。

（一）培养合格人才的重要手段

随着社会的发展，对人才的需求尤其是对高素质人才的需求越来越多，作为需要不断向社会输出人才的高校责任重大。高校教育管理的中心任务具体体现为，为社会培养出一批又一批的专业人才，从而促进社会的进步与发展。高校教育管理在高校培养人才的过程中扮演了重要的角色，是高校培养人才的重要手段，意义重大。

1.维护正常的教育教学秩序

高校规章制度的实行，可以帮助高校教学活动良好有序的展开，高校教育管理对高校教育教学秩序的维护是高校有效开展教学的保障。具体实行中，高校教育管理可大致分为几个方面：

第一，高校教育管理要按照一定的制度对学生的学籍进行严格的管理。对学生的入学、注册、课程和各种教育环节的考核与成绩记载、转专业与转学、休学与复学、退学、毕业与结业等各项工作做到明了和有序，帮助高校建立正常的教学秩序，从而使其能够顺利地开展各项教育工作。

第二，具体到学生群体，高校教育管理要对学生群体进行系统又全面的学习管理，从而对学生形成一种正向的督促与激励。如规范学生行为、督促学生遵守纪律等，对良好学风的养成和教育教学秩序的正常建立十分有利。

第三，高校教育管理对教师群体的管理和引导，对建立正常的教育教学秩序具有很强的促进性。

综上，高校正常的教育教学秩序的建立是离不开高校教育管理的。

2.激励、指导和保障学生的学习行为

教学虽然是组合在一起的词语，但"教"与"学"是两种不同的概念。从"教"与"学"中可以明显看出这是两种动作，代表着教师和学生的双向互动。因此，教学的过程中"教"与"学"也是辩证统一的。在"教"与"学"的过程中，前者是主导，后者是关键。对于大学生来说，学习是其主要任务，能否完成学习任务关系着大学生能否成为一个合格的人才，在这种情况下，高校教育管理就扮演着激励、指导和保障其顺利完成学业的重要角色。以下对这三个方面进行具体阐述：

第一，激励作用。高校教育管理可以引导学生对学习的意义产生正确的认知，让学生明白学习是实现其自身价值的重要途径。学习目的的明确，也可以调动学生学习的主观能动性；奖学金和荣誉称号的设置，对优秀学生的表彰等行为，也可以激励学生全身心地投入学习中；在大学学习中引入竞争机制，组织各种具有竞争性的学习赛事，同样可以调动学生学习的积极性。

第二，指导作用。新生入学以后，高校教育管理可以引导学生熟悉大学教育环境与内容，使他们能够尽快把握大学阶段的学习特点和要求，尽快从被动性学习转向主动性学习。在大学学习的过程中，高校教育管理要引导学生及时发掘自身特点，根据社会实际的需要制定适合自身的职业规划，后期督促学生根据自身的职业方向明确学习目标，进而进行有计划有目标的学习。学生明确学习目标和规划后，良好学习方法的把握也是十分重要的。高校教育管理应给予学生一定指导，促使学生良好学习习惯的养成，进而快速提升自身的学习。在高校进行学习时，大学生社会实践活动的开展也是促进大学生学习必不可少的一项内容。大学生不仅要掌握专业的理论知识，对专业理论知识的实践也是学习过程中的重要一环，在实践中对专业理论知识的理解和应用有助于大学生自身专业技能的加强与提升。

第三，保障作用。高校学生来自全国各地，每个学生的家庭经济状况都不相同，高校教育管理应切合实际，加强资助管理，对家庭经济困难的学生切实地做好助学贷款和助学金的发放，并对学生的勤工助学活动做必要的指导，从而帮助学生顺利完成学业。大学生的心理健康也是高校教育管理需要关注的一个重要方面，对学生进行及时的心理辅导，帮助学生缓解并逐渐克服学业焦虑，可以有效地帮助高校学生建立正常的学习与生活秩序。

3.培养学生的思想品德

随着社会的发展，不仅对人才专业技能的要求越来越严格，对人才的思想品德和能力素养方面也同样开始着重关注起来，所以一个符合社会需求的人才必然要德才兼备。在大学生接受高校的教育过程中，不仅要对其进行深入细致的思想政治教育，还要以高校教育管理为辅助，督促大学生养成以良好的思想品德为思想基础的行为习惯，持续地规范大学生行为，促使大学生由他律转向自律。

现实情况中，大学生各个方面的发展都还未成熟与稳定，且每个学生的个性全不相同，再加上思想基础上的不同，大学生接受思想教育的意愿就显示出了一定的差异。因此，大学生在自律方面尚有欠缺且存在不同程度的差异。若要提高高校学生的自理、自律水平，加强高校学生遵循社会规范的自觉性，促进高校学生良好行为习惯的养成，就需要以思想政治教育为主，以高校教育管理为辅，双管齐下，最大限度地推动学生自理、自律能力的提升。

高校可以利用高校教育管理功能，切合实际情况制定科学有效的规章制度。各项规章制度的严格执行，不仅对学生的行为管理和纪律约束产生强化作用，还可以使大学生的学习和生活都处于一种良好有序的状态，最大化地提升大学生思想政治教育的成效。

（二）推进中国式现代化的内在要求

实现中国式现代化要率先实现中国教育现代化，构建社会主义和谐社会是发展中国特色社会主义的基本要求和重要保证。中国教育现代化与党和国家事业发展同向同行，是中国式现代化的重要组成部分。教育现代化要立足中国特色社会主义事业后继有人这一根本大计，聚焦立德树人根本任务，为中国式现代化提供丰富的、富有竞争力的人力和人才资源。对学生具有引导作用的高校教育管理的有效实施，对构建教育现代化具有重要的价值和作用。

1.高校教育管理是维护社会稳定、实现社会安定有序的重要保证

高校是高等人才的培养基地，是不断地为社会做着人才输出工作的，从高校输入社会的人才直接影响着社会是否能够稳定有序的发展。因此，社会稳定的重要方面就是高校的稳定，而高校能否稳定，高校学生是关键。

高校学生的思想尚未成熟，呈现出明显的矛盾性。例如，高校学生普遍关注国家发展情况，对时事政治也有一定的了解，崇尚自由与民主，对政治方面也有较强的参与意识，但相对而言，他们政治经验与社会生活经验匮乏，不具有良好的政治辨别力，因此对社会上不良思潮的抵抗力较弱。另外，高校学生年纪较轻，生活阅历较少，情感共鸣能力较强，这种特性使高校学生形成了热情勇敢的个性，但相对而言，更易冲动，丢失理性。大学生群集于高校校园内，若高校教育管理不能进行有效的干预与引导，一些不良的信息和倾向很快会在学生群体中扩散，不利于大学生自身发展的同时还会对社会造成不可预估的不良影响。综上，高校教育管理若能够正确地引导高校学生的思想、学习和生活，及时处理学生间突发事件，妥善解决学生在高校生活中的各种问题，就能有效地促进高校的稳定。高校的稳定继而会对社会的安定有序产生积极的作用与影响。

2.高校教育管理是构建文明校园的重要手段

高等学校是现代社会中不可或缺的重要社会组织部分，担负着立德

树人、推进科技进步、传播先进文化的重要任务。构建文明校园，是构建社会主义教育现代化题中应有之义，也是推进高等学校科学发展的内在要求。

第一，加强高校教育管理，引导和组织大学生积极发挥在现代化校园建设中的主体作用，是构建文明校园的重要保证。

第二，加强高校教育管理，建立和完善学生参与民主管理的组织形式，引导、支持和组织学生依法参与学校的民主管理或实行自主管理，切实维护和保障学生在校期间享有的权利，引导和督促学生全面履行法律规定的义务，自觉遵守国家法律和学校管理制度，能够有力地推进高等学校的民主法制建设。

第三，加强高校教育管理，妥善地协调学生与学校、学生与教师之间的关系，维护学生的正当利益，实事求是地评价学生的思想品德和学业成绩，公正地实施奖励和处分，正确地处理学生中的各种矛盾和问题，从而使公平正义在校园中得到弘扬。

第四，加强高校教育管理，督促学生在学习考试、科学研究、人际交往和日常生活中坚持诚实守信，做到不作弊、不剽窃，引导学生尊敬师长、友爱同学、团结互助，才能在校园中形成诚信友爱的良好风气。

第五，通过高校教育管理，充分调动学生的积极性和创造性，围绕专业学习，开展丰富多彩的社团活动和社会实践活动，鼓励、组织和支持学生开展科学研究，进行创造发明、尝试创业活动，才能使校园真正充满活力。

第六，通过高校教育管理，建立和维护学校正常的教育教学秩序和生活秩序，加强学生的安全教育和管理，保障学生的身心健康。有效地预防和妥善地处理学生中的突发事件，努力建设平安校园，才能使校园实现安定有序。

第七，通过高校教育管理，引导和督促学生自觉维护校园环境，节约使用水、电等各种资源，才能使校园成为人与自然和谐共处的生态校园。

3.高校教育管理是促进高校学生集体和谐发展的重要手段

高校学生党团组织、班级、学生会、社团等都是高校学生在高校内团体生活的主要表现形式。这些团体活动包含了政治、学习和生活等各方面的因素，对高校学生的思想有着直接而有力的影响。高校学生集体的和谐发展，不仅可以促进学生个人的健康成长，对高等学校内部的和谐稳定也有积极的影响和作用。

高校教育管理可以有效地规范大学生的集体活动，对大学生集体活动的和谐发展意义重大。以下通过三个方面进行具体阐释：

第一，高校教育管理可以指导高校学生集体自觉遵循学校规章制度，以高校人才培养和学生自身发展为中心，开展多样的集体活动，有效地发挥高校学生的主观能动性，促进高校学生集体发展和学校发展统一。

第二，高校教育管理可以增强高校学生的集体建设，即思想建设、组织建设、制度建设和作风建设等，加强高校学生间的团结互助和沟通交流，促进个体的良好发展。

第三，高校教育管理可以规范高校学生集体的秩序，正确处理各类集体之间的关系，在面对大的活动的时候，高校各学生集体间要加强沟通，争取互相之间的协调配合与支持，使大学生形成自我教育与管理的合力，促进高校内各学生集体的团结互助与和谐发展。

第三节　高校教育管理的原则

高校教育管理的原则是根据一般管理学的原理提出的，同时又特别适用于高校教育管理领域。它必须全面、准确地反映高校教育管理活动的特点、本质与规律，它在理论上是完备的，在实际工作中又是切实可行的，能覆盖整个高校教育管理活动领域，普遍有效地指导高校教育管理实践活动。根据前面对高校教育管理原则确立依据的分析，高校教育管理原则应该包括以下几个方面：

一、方向性原则

保持高校教育管理方向性原则的根本出发点在于"培养什么人"和"如何培养人"。高校教育管理是高校教育教学及办学内容中的重点之一，涉及高校教育教学的各个方面。高校教育管理工作的成效，会直接影响到当今高校能否完成培养社会主义事业建设者和接班人的目标。方向性原则是指高校教育管理目标的确定，高校教育活动的开展，都需要参考高校育人的总体目标，并且保持高校教育管理目标的正确性。高校教育管理目标的确定，还需要遵照国家教育方针政策中规定的相关标准，保持方向上的统一性。因此，我们说方向性原则就是高校教育管理中的决定性原则，只有坚持这一原则，才能使整个高校教育管理的总体目标呈现出正确性趋势，使高校教育管理的方向不跑偏，真正有利于社会主义事业建设者和接班人的发展和教育。这种方向性原则，是带有高校特有的教育管理属性的，也是在我国过去高校教育管理经验的基础上累计和分析而来的。保持方向性原则的正确性，需要做到以下几点：

（一）提升高校教育管理者的政治觉悟和意识

高校教育管理呈现出政治方向和价值导向的鲜明性特征。高校教育管理的服务对象是一种特定的社会和阶层。在特定的社会和阶层中，高校教育管理呈现出目的的差异性、理念的相异性和方式方法的区别性等态势。在对高校教育管理进行研究的过程中我们发现，针对高校教育管理的理论和实践，总会出现一些典型的政治导向缺失的问题，特别明显的就是政治的功能性和价值导向性两方面。因此，在高校教育管理方向性的把控上，要保持高校管理者的思想和政治意识统一。在管理工作的开展中，高校管理者要保证自己的思想方向正确，积极引导广大高校学生在社会主义发展道路上的使命感，着力解决大学生人生价值到底应该如何正确体现等实际问题。

（二）保持管理制度的合法性，体现管理的政治导向性

方向性原则的坚持，也是自觉接受党的领导的一种具体体现。这种方向性的坚持，是要以党的方针和政策为核心重点的。具体来看，学校的各类制度，也是贯彻落实党的方针政策的途径之一。在这种途径上，具体显现出的就是管理制度的政治方向和价值导向。因此，高校在制定各项教育管理制度时，一定要以国家的相关法律法典为参照，保持思想和方向上的一致性。在高校教育管理制度的方向性原则的执行过程中，要坚定大学生的社会主义信念并在社会主义实践中成才。

（三）管理目标的调整需要整合时代的需求

保持高校教育管理的方向性原则，要体现在方向上、管理上，是否符合时代的需求。但主要集中点需要放在能否实现党和国家层面的中心任务上。在不同的时代和不同的时期，党和国家的阶段性目标和任务是不一样的，具体体现到对人才的需求点上也是不一致的。这需要高校教育管理工作紧扣时代的发展主题，在目标的制定上呈现出不断调整的态势，在管理模式的创新上也呈现出不断的动力性特征。当前，发展是硬道理，经济建设也是重中之重，在制定管理目标时，要根据这一重点进行方向性指导。[①]

二、高效性原则

高等教育管理的高效性原则是高等教育管理本质的直接体现和具体化。它要求以一定的高等教育资源投入培养和提供更多的合格高级专门人才和高水平的研究成果，或者说培养和提供一定数量的合格人才和研究成果，投入的高等教育资源要求最少，产出的数量与质量高，从而表

---

① 杨扬 . 高校教育管理信息化创新发展策略 [J]. 现代企业，2020（3）：42-43.

明高等教育管理的活力越突出。

任何一种社会机构或组织的活动都需要进行效益管理，都需要提高其工作效率。高效性原则揭示了高校教育管理追求的目标，即良好的办学效益，它主要包括经济效益和社会效益两方面。办学效益的评判标准应该是高校教育所培养的人才和提供的研究成果对社会进步、经济发展、文化进步是否起到最佳的促进作用，高校教育在实施过程中是否最大限度地利用了各种资源，最大限度地减少了浪费。高校教育在总体发展规划、具体专业设置、人员聘用、经费使用等方面必须具有充分的灵活性和活力，这是保证办学效益得到提高的前提条件。不过，虽然如其他领域一样，高等教育系统也关心管理的效益，但联系高校教育的组织特征，在分析高等教育办学效益时，有两点需要注意：一是在一定的周期内，高校教育所花费的成本和实际获得的经济收益很难精确衡量；二是高校教育的社会效益更无法用数字量化。通常能够计算出来的只有某些资源的利用情况，如人员、经费、设备、时间、图书资料等，它们的使用效率可以得到一个概算。

过去几十年，人们越来越关注教育组织的效益，很大程度上取决于其人力资源的质量和其他相关情况。人力资源计算作为一门技术正在形成，依靠这一技术，我们可以计算一个组织中人力资源的价值，并估计管理政策的影响。但教育管理活动的复杂性和多样性使现有的技术无法对一些无形的、间接的、综合的、迟效性的教育管理效益做出客观、精确的测定。这就使我们难以回答如何才能促进高等教育管理效益的提高，或者说有哪些因素影响着高等教育管理效益的提高。

有的学者提出了测量教育管理效率的五个方面可供我们参考：

（1）用人效益。指成员潜能的发挥程度，具体考察现有人力、在用人力、实际有效使用人力、计算有效人数与实际人数的比率。

（2）经济效益。指投资的实际经济价值，投入与产出、有用耗费与无用耗费、有用效果与无用效果。

（3）时间效益。指时间运筹的有效利用率，法定工作时间与实际有效利用的工作时间的比率。

（4）办事效率也指工作效率。管理机构处理公务的实际成效，已办的与应办的，正确处理的与处理不当的，未办公务中由客观因素导致的件数与由主观因素导致的件数的比率。

（5）整体综合效益。指教育管理的社会效果、社会承认、满足的程度等。

高校教育所产生的效益是多方面的，它既能促进生产力的发展，又是建设精神文明不可或缺的手段，是社会得以延续和发展的重要条件，这些主要体现在提高劳动者素质和培养人才的数量和质量方面。同时，高校教育在发展科学文化技术方面的作用也是十分重要的。高校教育是需要大量投入的事业，而发展高校教育的资源又是有限的，它靠社会提供，既受社会经济发展水平的制约，又受社会政治制度、管理体制和人们教育观念的制约。因此，高校教育管理既要注重经济效益，即以较少的投入培养更多的人才，注意节省人力、物力和财力，又要注重社会效益，即坚持办学的政治方向，全面提高高校教育的质量。

三、整体性原则

高校教育管理的整体性原则既取决于高校教育系统的整体性，又受制于培养高级专门人才的高校教育目的。高校教育管理的整体性原则可以表述为以培养人才为中心，充分考虑社会环境中诸多因素的影响，科学地组织各方面工作，使其得到有效的配合。

高校教育的根本任务是培养人才。培养人才不仅要组织好教学工作，还必须有思想教育工作、师资培养工作、科学研究工作、后勤管理工作等与之配合。除了培养人才的职能以外，高校还有开展科学研究的职能和直接为社会服务的职能。高校教育管理的目标和内容不是单一的教学活动的管理，而是包括教育、科学研究和直接为社会服务等活动的综合管理。不论是培养人才、开展科学研究还是为社会服务，都与社会系统紧密相关，都必须与社会经济、政治、科学文化相适应。因此，必须把高校教育管理放在整个社会环境中考虑。

高校教育管理要以培养人才为中心，各方面活动的开展都要服从于培养人才这个首要任务。就政府对高校教育的宏观管理来说，首先要做好培养人才的决策和宏观控制，包括人才培养的预测规划、总体规模、发展速度、结构布局等，以及通过立法、拨款、组织、计划、协调、检查评估等手段，保证培养人才的数量和质量。就高校的管理来说，各部门的工作都要面向学生，教学和思想教育工作要遵循人才成长规律，科研、生产工作要与教学工作结合，后勤工作要为教学和科研服务，而不能各自为政，各行其是。

四、民主性原则

高校教育管理的民主性原则主要由高校教育管理的学术性所决定。要办好每所既封闭又开放的高等学校，不发扬民主、不充分调动师生员工的积极性和创造性是不可能的，所以，高校教育和高等学校在进行重大决策过程中都必须发扬民主。高校教育领域人才荟萃，学术思想活跃。高校教育管理工作必须注意高等学校开展的学术活动要充分体现学术自由的特点。高等学校的教学和科研活动从其本质而言是学术性活动，一旦离开民主与自由，学术性活动便无法开展。高校教育系统是一个充满利益和权利冲突的系统，决策的制定和实施往往是各种力量协商或妥协的结果。这里任何独裁式的"一言堂"都有可能损害高校教育的学术价值。民主的基础是对个人价值的承认，学校如同其他社会组织（或机构）一样，要求一切受到决策影响的因素（法律、纪律、规章、决定、计划、标准等）都要反映出民主的精神和原则。学校的民主主要体现在学校重大事件的决策中每个人都有权发表自己的意见，领导和组织必须在听取师生员工意见的基础上，按照科学的程序做出决定。我国实行的是民主集中制，所以，在民主原则的运用中，国家、集体的利益始终是第一位的，应在此基础上正确处理好国家、集体、个人三者的关系。民主与公正是紧密联系的，在高校教育管理中，公正意味着建立严格透明的规章制度，人们享受公平的同时享受民主。公正要求做到平等、正大光明，不允许营私舞弊，而且要受到民主的监督。民主性原则要求在高校教育管理中制定决策的民主化、执行决策的民主化、检查决策执行情况的民主化、评定决策执行结果的民主化。

（一）制定决策的民主化

高校教育管理中计划与决策工作要充分发扬民主精神，这种民主精神体现在让被管理者，更确切地说是让决策的具体执行者民主地参与决策的过程。这样可以集思广益，提高决策的科学性，使之更切合实际。个人希望自己被吸收参与决策，必然要花费自己的时间和精力参与决策，如一些事情刚好是个人的"冷漠区"，校长只在一些低层次问题上让教师参与，教师可能会不感兴趣；有些涉及个人切身利益的所谓"敏感区"必须提高职工的参与程度，领导正好借此类活动的成功来提高自己的威信。有些问题虽与教师利益有关，但不足以让教师将它们作为个人问题给予特别的关心，即所谓的"矛盾心理区"。这时可有选择地（如组成代表小组）让教师参与。

（二）执行决策的民主化

教育管理者要随时了解和掌握决策的执行情况，在此基础上调整和改进决策的执行方案和方法，以保证决策的顺利实行。在这一过程中，不论是了解执行情况还是调整、改进执行方案和方法，都离不开民主的参与这一过程。管理者要尊重下属，要虚心向他们求教，及时而合理地对方案与方法的执行进行调整和改进。

（三）检查决策执行情况的民主化

检查决策执行情况时，教育管理者不能凭主观臆断，而要根据决策的目标、决策执行的实际情况，结合管理者的实践经验，实事求是地进行判断。在这一过程中，让决策执行者民主地参与检查工作是非常重要的。

（四）评定决策执行结果的民主化

决策执行结果的评定不仅关系到对本决策的制定者和执行者工作的评价，而且关系到下一个决策的制定与执行。评定工作也要贯彻民主原则，即要有利于激发和强化决策者与执行者的工作热情，有利于发挥和发展他们的创造性，最终有利于高校教育管理效益的提高。

五、动态性原则

任何事物都是处于不断变化之中的。管理过程是一个不断发展变化的动态过程，管理对象与管理系统内部诸要素是不断发展变化的，管理系统的外部环境也是变化、发展的。因此，管理过程的实质就是根据管理对象和条件的变化、发展，对其相互关系做出相应的调整，以实现整体目标。

我国正处于社会转型期，社会生活的各个方面都在不断变化，高校教育也需要适应并促进社会经济、文化、科技等变革的要求。高校教育作为一种社会技术系统，与外部环境处于动态的相互作用之中。管理活动与管理对象、管理环境之间有着本质的、必然的联系。高校教育管理过程中要完成的任务、组织的结构、用来完成任务的技术和参与的人员都处于动态之中。一方面，高校教育活动必须按照管理得基本原理和原则进行，保持管理的相对稳定和应有的秩序；另一方面，高校教育管理的对象、内容、方式、手段都在变化之中，这就要求运用高校教育管理原则时要有灵活性。

高校教育管理的动态性非常明显。随着现代科学技术的发展，社会对高校教育的需求在不断变化，社会给高校教育提出的条件也在不断变化。高校教育要为社会服务，必须主动提高适应社会发展需要的能力。这就要求高校教育必须不断改革、创新。高校教育体制改革的目标就是建立使学校具有主动适应国民经济和社会发展需要的有效机制。就高校本身来说，学生每年有进有出，教师队伍也需要适时补充和调整，教学和科研的设备也要不断更新。

经济体制改革、政治体制改革和科技体制改革的深化对高校不断提出新的要求。因此，高校教育管理的动态性原则可以表述为：通过不断改革主动适应经济和社会发展的需要。高校教育管理的动态性原则要求做到以下几点：

第一，以发展的战略眼光看问题，认识到任何事物都不是静止不变的，只有改革才能促进教育发展，教育要发展则必须不断改革。

第二，处理好变革与稳定的关系，既不能墨守成规、抱残守缺，坚持既成的体制维持现状，也不能全盘否定以往的经验。另外，不能朝令夕改，在高校教育改革方面尤其要持慎重的态度。

从根本上讲，高校教育管理的动态性是由高校教育必须与社会政治、经济、科技、文化的要求相适应这一基本规律决定的。由于社会是不断发展的，高校教育也必须随着社会的政治、经济、科技的发展而不断改革，以适应社会发展的需要。高校教育管理对象和外部条件的变化，以及管理工作中不断出现的新情况，需要管理者不断总结新经验，解决新问题。

以上五条原则是高校教育管理的基本原则，是普遍适用的。方向性原则反映了我国高校教育管理的性质，从根本上确立了社会主义高校教育发展的大方向，规范了高校教育的培养目标；高效性原则指出了管理工作的本质特点和根本要求；整体性原则反映了管理工作的基本要求；民主性原则贯穿高校教育管理活动的始终，为高校教育管理活动顺利进行提供了良好的氛围，保证管理工作有足够的动力；动态性原则指出完善管理工作的根本途径。它们相互制约、相互促进，共同指导高校教育管理的全部活动，构成了一个完整的原则体系。在实际工作中，这些原则是紧密联系、相辅相成的。

第二章　高校课程管理创新与发展

课程管理是高校教育管理工作的重要组成部分。课程管理是对学校内一切与课程有关的活动进行的管理。它主要包括课程生成性系统管理、课程实施系统管理、课程评价系统管理，其主要职能是决策与领导、计划与组织、控制等职能。在高校课程管理过程中，要坚持人本管理原则、层级管理原则、科学化管理原则、灵活性管理原则。解决好课程管理问题，不仅对课程自身的改革与发展，甚至对推动整个教育改革的深入以及提高人才培养质量，都具有十分重要的意义。

第一节　高校课程概述

一、课程

课程作为高校教育教学的中心环节，一直备受国内外学者关注，学术界对课程的定义也是众说纷纭。主要的课程内涵有如下观点：

（一）课程作为学科或教材

把课程视作学科、教材，是最普遍、最常见的课程定义。例如，美国教育哲学家、课程论专家费尼克斯（P.H.Phenix）认为："课程应是完全包含学科的知识，或者说一切的课程内容应当从学术（学问）中引申出来。换言之，唯有学术（学问）中所包含的知识才是课程的适当内容。"①
这是"学科"类（狭义的课程）课程定义的代表。再如，《中国大百科全
书·教育》对课程的定义是：课程是所有学科（教学科目）的总和，或
学生在教师的指导下参与各种活动的总和（广义的课程）。②此外，课程
还被看成是学科的内容或教材。学科内容是教程的纲要，教材包括教科
书、课程指引、科目纲要、媒体资料等。

若把课程看成是学科或教材，那么科目编排，教材与教科书、课程
材料的编制等就成了课程发展的重点。其优点在于，"课程作为学科"强
调以知识为中心和知识的逻辑与结构，强调向学生传授学科的知识体系，
这促使教育工作者注重学科的结构和探究方法，以及教材的更新等；其
缺陷是，教师和学生仅仅是课程的执行者和接受者，片面地强调课程内
容，并把课程内容局限于学科知识，忽视了学生在各种活动中所获得的
经验，忽视了学生智力与创造力发展，忽视了教学策略、教学方法等课
程设计工作。把课程内容与教师的教、学生的学割裂开来，课程成为外
在于学生的静态的东西。

（二）课程作为经验

这种课程定义视课程为学生在教师的指导下或自发所获得的经验或
体验。持此观点的是美国教育家杜威。他反对把课程作为一套活动或预
先设定目标，认为教育目的和手段是同一过程中不可分割的部分，把课
程视为学生在教师的指导下所获得的经验。

用经验来定义课程，拓展了课程的内涵。一方面，经验比知识含义
更丰富、更广；另一方面，学生在课堂上所学的主要是书本知识，不能
用"知识"来定义课程。课程包含了教师教学，学生学习过程和学习结
果，转向了学生、学生的直接经验。其优点在于：提醒人们重视学生的

---

① 钟启泉. 现代课程论 [M]. 上海：上海教育出版社，1989：115.

② 中国大百科全书·教育 [M]. 北京：中国大百科全书出版社，1985：207.

学习环境与学习兴趣、个人爱好与个人需要等，告诉人们课程的开发人员不仅仅是学科专家及其他教育工作者，教师和学生也都是极其重要的角色；其缺陷是，"课程即经验"定义的范围过宽，既面临如何区别对待合理与不合理经验，学习有关或无关经验的困难；又面临怎样区分正规学习活动与课外活动，以及如何发挥知识在学习发展中适当作用的难题．同时，每个学生的基础和经验不同，教师怎样与能力参差不齐的学生对话、交流，费尽心思，也会形成一种难以促进个人发展的课程困境。另外，"课程即经验"忽视了系统知识对学生成长与发展的作用。

（三）课程作为目标或计划

此种课程定义把课程看作是在教与学过程中要达到的目标和预期的教学结果，是预先设定的教学计划或预先设定的教学蓝图。许多理论家都持这种观点。

在这样的课程观指导下，目标或计划的选择与制定成为其核心工作。课程的重点只是关心目的，内容、学习活动、评价程序等都不属于课程。其优点在于：强调课程的目的性，就意味着可操作性强，并提示人们重视目标与计划，通过良好的计划向学生提供各种学习机会；其缺陷是：过分强调预先计划而缺乏灵活性，不容易顺应变化了的教育环境及客观要求。片面强调课程目标和计划，容易把课程目标、计划与课程过程、手段割裂开来，容易忽视学习者的经验，课程成了教学过程和情境之外的东西。

不同的课程定义有着各自独特的作用，在课程领域均有其各自的侧重点，在课程发展的不同阶段均有其各自的适用性。分析不同阶段的课程活动，可选用不同的课程定义。在课程的设计阶段，选择课程作为学科的目标或计划较为合适；在课程评价阶段，选择课程作为经验较为合适。

二、高校课程

(一)高校课程的含义

"高校课程"是高等教育体系中极为重要的一个概念,它是高校教育内容最集中、最具体的体现,是高等教育学科体系及其教育活动的总和,是实现培养目标的手段。高校课程的概念,在国内高等教育教学研究成果中有相关的论述。张楚廷认为可以从三个层面来理解高校课程:"狭义的理解即课程是教学科目,中义的理解即课程是教学内容,广义的理解即课程是学生在高校习得的一切文化总和。"[①]潘懋元、王伟廉提出,"根据教育是一种有目的的活动,并结合我国高等教育当前的研究状况,'课程'这一概念采用这样的定义是比较恰当的:课程是指学校按照一定的教育目的所建构的各学科和各种教育、教学活动的系统。"[②]谢安邦将课程的定义分为狭义和广义两类:狭义的课程是指被列入教学计划的各门学科,及其在教学计划中的地位和开设顺序的总和;广义的课程则是指学校有计划地引导学生获得预期的学习结果而付出的综合性的一切努力。与前者相比,广义课程既包括教学计划内的,也包括教学计划外的;既指课堂内的,也指课堂外的;它不仅指各门学科,而且指一切使学生学有所获的努力。[③]薛天祥认为,"高等学校的课程,一方面是知识传播的媒体,另一方面更是知识生产、创新的'胚芽',涉及人的、教育的发展的各个方面。"[④]对高校课程定义各种各样,但在课程有广义与狭义之分这一点上却是一致的。综合各位专家学者的观点,笔者认为,"广义的高校课程是高校为培养一定的人才而制定的教学计划或培养方案,使学生获得知识、参与活动、丰富体验;狭义的高校课程是指每一门具体的

---

① 张楚廷.大学教学学 [M].长沙:湖南师范大学出版社,2002:69.

② 潘懋元,王伟廉.高等教育学 [M].福州:福建教育出版社,1995:127.

③ 谢安邦.高等教育学(修订版)[M].北京:高等教育出版社,1999:235.

④ 薛天祥.高等教育学 [M].南宁:广西师范大学出版社,2001:232.

教学科目，其中包括课程内容的编制、课程目标的制定、课程实施和课程评价方式等。"

（二）高校课程的特点

与基础教育课程相比，高校课程具有其自身鲜明的、基本的特点。

1.高校课程具有明显的专业性

高校课程大多以知识为导向，以学科为经纬，结合社会需要进行安排与组织，使得高校课程具有明显的专业性质。张楚廷曾就专业与课程的关系做过精辟的论述："设置一个专业，就需要设计一套课程，形成课程体系。反过来要设计好课程体系，才能办好一个专业。专业比课程有相对的稳定性，如果说专业是骨架子，那么它的肉血就是课程，甚至专业的灵魂是课程。"[①] 不管高等教育改革如何强调基础、淡化专业，实现课程综合化，但知识体系是以课程的形式确定下来，而课程体系又是以专业来构建的，专业性是高校课程的本质属性，是高校课程的明显特征。

2.高校课程的内容具有前沿性

首先，科学技术不断发展，要求高校不断更新课程内容，吸收科学技术发展前沿的最新研究成果。只有这样，课程才能不断丰富和发展。其次，高校也是开展科学研究的机构，教师可以把科学技术发展前沿的最新研究成果直接引入课堂，当然科学研究的发展也能从教学中吸取营养。最后，高校在人才培养上，不仅要传授学生专业知识，还要培养学生科学研究、探索未知世界的能力。因此，在课程内容中要有科学技术发展的最新研究成果，要有科学技术发展过程中尚有争议的问题或尚无定论的问题，使课程内容始终处于科学技术发展的前沿。况且学生已具备接受各专业领域最新研究成果的能力，对不同的观点有一定评判的能力。

---

① 张楚廷，大学教学学 [M]. 长沙：湖南师范大学出版社，2002：99.

3.高校课程具有注重能力培养的探究性

高等教育是一种高层次的教育。学校在给学生传授现有知识的同时，要突出培养学生科学研究能力，激发学生探索未知世界的愿望，把本学科正在解决或尚未解决的问题，尚无定论或尚有争议的观点提供给学生，激发学生的探究欲望。另外，教师在课程的整个教学过程中也要常常贯穿自己的科研历程和思维方式，以激发学生的探究欲望。

4.高校课程总体结构具有复杂性

就课程的总体结构而言，高校课程具有复杂性。从纵向关系看，高校课程具有多层次性、多规格性。如专科课程、本科课程、研究生课程等，它们因教育目标的不同而采用不同的课程教学策略和方式；从横向关系看，高校各系科之间的课程结构关系复杂；从高校某一专业课程结构看，一般设有专业课、专业选修课、公共课、公共选修课等等，这些课程的开设为实现学生全面发展服务。另外，高校课程的形式也是多样、复杂的，如讲授课、讨论课、实验课、实习（生产实习、教学实习）、社会调查、生产劳动、毕业论文、毕业设计等形式。

（三）高校课程的类型

划分标准不同，课程类型也就不同。高校课程可以按课程的性质划分，按课程的表现形式或影响学生的方式划分，也可以按课程的组织方式划分，还可以按课程的管理层次、课程的选读要求划分。笔者将高校课程划分为五种类型：专业课程和通识课程、理论课程和实践课程、必修课程和选修课程、显性课程和隐性课程、微观课程和宏观课程。下面对其进行简要介绍：

1.专业课程和通识课程

专业课程是根据国家教育行政部门划分的专业，为学生提供专业基础理论、基本知识和基本技能的课程。通识课程是为学生提供的一种共同的、综合的、非专业性、非功利性、非职业性、不直接为职业做准备的知识和态度的基础性课程。专业课程在于让学生掌握本专业的基本知识和基本技能，提高学生的专业素养，培养专业领域的高级专门人才。

通识课程则在于培养学生既具有广博知识、高尚人格，又具有深厚文化底蕴、反思批判等科学精神，既具有工作的能力和生活的情趣，又具有关爱他人、关爱社会及自然的人文情操和通达共识的较高境界。

专业课程和通识课程紧密联系、不可分割。高校课程的建设与实施应注重这两类课程的结合，以顺应时代的要求并实现学生的全面发展，使学生在掌握知识和本领的同时，更能领悟到人生的意义和生存的价值。

2.理论课程和实践课程

理论课程是指使学生掌握有关专业所必需的原理、规律及方法等知识的课程，它包括基础理论课程和专业理论课程。实践课程是为培养学生实践性或应用性能力的课程，它包括实验、实训、课程设计、毕业论文（设计）、社会调查及社会实践等。

学生通过基础理论课程的学习，掌握该专业的基础理论、基础知识和基本方法，为学习学科知识和进行科学研究打下坚实而深厚的理论基础。学生通过专业理论课程的学习，掌握本学科的专业知识和方法，了解本专业最新研究成果和发展趋势。实践课程不仅仅要训练学生的技能，更重要的是发展学生的实践智慧，发展学生的实践能力。它着重于培养学生解决实际问题的能力和持续专业发展能力、专业精神，重视学生的生活世界和个体体验，注重学生的精神境界、道德观念和终身发展。

理论课程与实践课程并非二元对立。理论课程包含实践的因素，而实践课程也包含着理论的因素。因而，在高校课程建设中只有把理论课程与实践课程有机地融合在一起，才会避免两者在时空上的分离与脱节。

3.必修课程和选修课程

必修课程是指某一专业、某些专业或所有专业的学生都必须学习的课程，它具有较强的基础性、统一性、稳定性。选修课程是指除必修课程之外的课程，学生可以根据自己所学专业，也可以根据自己的兴趣、爱好、特长和个性来任意挑选的课程。必修课程教学内容具有基础性、统一性，对构成具体的、基本的人才培养规格具有重要作用，是学生都必须学习的、必须掌握的知识和技能。选修课程教学内容具有独特性、灵活性、自由性和交叉性，对构成特定的、特殊的人才培养规格具有重要作用。学生可以选修自己所学专业的高深理论或相近专业的相关课程，也可以选修跨专业、跨学科门类、跨学院甚至跨学校的公共课程。

必修课程在于保证学校学科专业所培养的人才的基本规格和质量。选修课程则在于扩大学生的知识面，发展学生的某一专长，满足社会经济发展对多元化人才的需求。

对于高校人才培养，必修课程从根本上规定和保证了人才培养的方向和需要。而选修课程则更好地适应社会经济的发展和科学技术的进步，体现因材施教的教育思想。必修课程和选修课程在人才培养上相互促进、互为补充。高校要想满足学生个性化发展需要，扩大学生的自主学习空间，促进学生知识结构上的交叉与渗透，就必须要有目的、有计划地增大选修课程的比例，增强课程的弹性。

4. 显性课程和隐性课程

显性课程是指学校课程计划中明确规定的学科，以及展开教学活动的课程，它是为达到一定的教育目标，有目的、有计划、有组织地来设置的；隐性课程是指学校课程设计中未明确规定的学科、课程，是无意间的学习经验。

如果说显性课程是一种理性教育课程，那么隐性课程是一种非理性教育课程。学生通过显性课程的学习，能够形成认知、技能体系，培养理性思维能力；而通过隐性课程的学习，则能养成正确的道德观、情感观、价值观和世界观。隐性课程的这种重要作用是显性课程不可替代的，我们要逐渐改变过去那种"一切为教育目标的实现"而全部依赖显性课程的传统观念。

显性课程和隐性课程是高校课程系统的有机组成部分，两者不可或缺，不可偏废。就学生的受教育过程而言，理性教育与非理性教育往往交织在一起。高等教育的最终目的是促进学生的全面协调发展，我们既要发挥显性课程对发展学生认知和技能的作用，又要发挥隐性课程对陶冶学生情操和培养学生意志的作用。促进两类课程的和谐统一，共同实现教育的最终目的，培养全面协调发展的人。

5. 微观课程和宏观课程

微观课程是指各自独立的教学科目或学科。例如，高校工科中的数学、计算机语言、材料力学等科目；文科中的西方哲学、世界通史、语言学等科目。对其研究，目的在于使单门学科或者科目的教学内容更适应时代要求。紧紧跟上时代发展步伐，使教学方式更加行之有效，使教学组织形式更加灵活开放。宏观课程是指作为某种人才培养方案的课程总体，这种课程总体既可以指某一专业的课程体系，也可以指整个学校中某类共同课程的课程体系，如师范类的教育科学课程体系、工科类的基础课程体系等。对其研究，目的在于探求如何设立整个人才培养目标及设立的依据，探讨哪些东西最值得学生学习，如何把最值得学习的东西与教育教学活动形成一种最佳结构，从而更好地实现人才培养目标。

微观课程与宏观课程关系密切。首先，微观课程是宏观课程的依托与基础。对课程总体的深刻把握建立在一门门学科或科目，一项项教育教学活动基础上。其次，对微观课程的研究要以对宏观课程的研究为指导。课程的基本问题即"教什么"的问题，是对课程总体的要求，每门学科或科目以及各项教育教学活动必须以课程总体要求为准绳；高校主要是通过多门学科或科目与各项教育教学活动协调作用来实现培养目标。此外，整体功能大于部分之和，课程总体是根据培养目标的要求形成一个有机的整体。对整体中各门学科或科目以及各项教育教学活动的内容、方式等的选择和确定，也是基于追求和理解"整体功能大于部分之和"。目前，我国高校课程表现出重微观轻宏观的倾向，所以在课程改革过程中，要注重加强对宏观课程的研究。

高校课程因划分标准不同，可分为不同的类型。不管是哪种分类，都有其合理性，发挥着不同的作用。所以在课程教学与研究中，要注重它们之间的互通性，不断推动课程的发展。

第二节　高校课程管理的内容与职能

一、高校课程管理的内容

高校课程管理活动具有鲜明的目的性、计划性，主要是对包括课程编制、课程实施、课程评价在内的管理活动过程。以学校课程管理的阶段划分，高校课程管理包括课程生成性系统管理、课程实施系统管理以及课程评价系统管理。

（一）课程生成性系统管理

在课程管理领域，最基本、最核心的问题是课程生成管理问题。在课程生成系统中，课程编制是核心，包含课程目标的确定、内容的选择与组织等环节，在范围上这与教学计划的制定过程基本吻合。从理论上讲，课程生成性系统管理是高校课程管理的第一步。课程编制就是如何安排课程或对课程做出计划，它是课程管理的核心部分和课程管理研究的重要领域。这种计划活动需要一定的理论来指导，并需要借助一定的方法来实现预期的目标。因此，需要进行这方面的理论和方法的研究。课程编制理论在性质上主要属于应用理论和技术理论。最早的课程管理研究活动大都是围绕课程编制而进行的。

课程编制的管理大致包括两个大的方面：课程制定者的管理和课程编制过程的管理。

1.课程制定者的管理

课程的编制质量如何，很大程度上取决于课程编制者的水平。所以，对课程编制者的管理在课程管理中处于主导地位。与此涉及的理论问题是课程编制中对主体的选择问题、主体的知识结构问题、主体在编制活动中的规划问题。课程编制者在实践上需要理论的指导。而对整个编制过程中编制者活动的监控与协调，则要通过一定的方法转化成某种进行管理或进行监控的手段。

2.课程编制过程的管理

课程编制是一个比较复杂的过程，会涉及课程的组织、结构以及处理课程资源不足等问题。从课程组织和编制的角度看，高校课程可以分为三个层次，即单门课程的编制、培养方案的编制和以学院或学校为单位的课程编制。那么对课程编制过程的管理主要是对这三个层次的管理。这三个层次上，教师、管理人员和领导者分别承担相应课程管理责任。对教师而言，在三个层次的管理责任和权力上也有区别。例如有的教师承担着制定培养方案的负责人的角色。所以通常也可以把教师再分为两类，即普通教师和承担培养方案制订工作主要责任的教师（通常为分管教学工作的系主任或院长）。如何提高课程体系中有学术价值的课程的比例，笔者认为，一是营造积极向上的学校氛围。学校领导者要通过人事制度和分配制度改革来激发广大教师和管理者的积极性，更多地生成有学术价值的课程；二是进行有效的课程管理。在培养方案的制订过程中，建立对话机制、协商机制，协调不同意见，以相互协作的方式来编制课程，这样将会加大课程体系中有学术价值课程的比例。当然，这就要求课程管理者既要具备协调各种不同意见的能力，又要具备认识影响课程的各种因素的能力。

（二）课程实施系统管理

完善的课程体系是人才培养的重要保障。只有有效地组织课程实施，完善的课程体系才能在人才培养中真正发挥作用。否则，再好的课程体系也没有任何存在的价值和意义。在课程实施系统管理中，要以实施过程为核心。学校对课程实施进行管理，一方面要决定在教育活动中实施哪些课程；另一方面要对课程实施进行调试，生成并开发课程。课程实施最主要的是要将课程理想标称课程现实，实现实时教学。但这并不是唯一的途径，如社会实践、研究性学习等，也是课程管理的内容。

目前，高校实施学分制，课程实施管理工作变得更加复杂。从排课、选课、授课到课程考核，既要有规范的制度约束，又要有开放的、灵活的管理机制。规范的制度约束主要是指建立规范化、制度化的保障体系，使课程实施的各个环节均有章可循。例如，严格课程教学、实验实习、作业论文、课程考试等方面的常规管理。开放性的灵活机制是指要注意课程管理的灵活性和弹性，在学生选修、免修、重修，学分和成绩认定，选择教师等方面的安排上有一定的灵活性。例如，学生可以自主选择部分课程，自主选择修读方式，自主选择修读时间，自主选择老师等。这样才有利于激发学生的学习热情，促进学生的良性发展。这里只从大的方面对课程实施过程的管理做了说明，未对具体的课程实施所涉及的各部分进行详细的管理说明，不过为细化管理指明了方向。

（三）课程评价系统管理

课程评价"检查课程的目标、编制和实施是否实现了教育目的，实现的程度如何，以判定课程设计的效果，并据此做出修正课程决策，对课程建设的目标具有一定的导向作用。"[①] 课程评价的根本目的在于通过评价活动发现课程中存在的问题和不足，找出其原因，从而做出相应的改进。通过对课程评价的管理，在一定程度上可以调节课程设置、监督课程实施、促进课程建设。

课程评价管理主要包括学业成绩测验管理和发展性课程评价管理两

---

① 潘维真. 高校课程管理改革的理性思考 [J]. 教育评论，2008（3）：90—92.

个方面。在学业成绩测验管理中，要加强编制工作、编制人员、考试测验实施、测验信息反馈和质量分析的管理；在发展性课程评价管理中，要树立科学的发展性课程评价观，加强对制定与改进学生学习计划的指导，加强对教与学过程中的评价管理。在学业成绩测验管理和发展性课程评价管理中，都要"以学生发展为本"来引导课程建设工作不断走向规范化，实现高效化。

二、高校课程管理的职能

管理职能是指管理系统所具有的职责和功能，高校课程管理主要有对课程的领导与决策、计划与组织、控制等职能。

（一）领导与决策职能

领导就是领导者按照一定的计划或方法，在一定条件下，率领、引导和组织实现某组织和人员目标的行为过程。领导的本质是一种影响力，即通过领导的影响力来影响组织内部人员的行为以达到目标。课程管理的领导职能主要是规划、决策、组织、协调、控制和引导等。发挥课程管理领导职能，促使课程系统内人、财、物、课程信息等课程资源得以有效地、充分地、合理地使用，保证课程管理的各项工作得以顺利开展。

课程决策是在一定的人才质量观指导下，为达到一定的教育目标（主要是人才培养目标），在一定的信息、知识和经验的基础上，依据一定的人才培养模式，选择或确定一个合理的课程体系构造方案的分析、判断、抉择活动。从决策过程来说，课程决策又具体包括课程设置决策、课程实施决策、课程评价决策等方面。课程决策是课程编制、课程实施的前提和基础；决策正确与否，是学校课程建设和改革成败的关键。课程管理的决策职能是课程管理过程中的重要职能，不仅在课程管理过程一开始就要发挥作用，而且还贯穿课程管理的整个过程。

（二）计划与组织职能

计划职能是指根据主观条件、客观条件，为实现既定的课程目标，对课程系统中人、财、物、时间、课程信息等因素进行统筹规划，从而制定出课程编制、课程实施、课程评价等活动的实施步骤、实施方法、实施途径及行动策略。计划职能是其他管理职能的前提和基础，并融合在其他管理职能之中。它是组织协调的前提，指挥实施的准则，控制活动的依据。课程管理的计划职能包括确定课程管理的目标和实现课程管理目标的途径和行动方案，是进行科学管理的有效手段；没有计划，管理就会混乱无序。

在管理学上，组织的含义有广狭之分。广义上讲是指诸多要素按照一定方式相互联系起来的系统，狭义上讲是为实现一定的目标，按照一定的目的、任务和形式互相协作结合而成的集团。课程管理的组织职能，从广义上讲是指按照课程建设的目标，协调课程管理中人、财、物、课程信息等因素，形成共同作用于课程目标实现的系统。从狭义上讲是指围绕课程建设的目标，建立一定的课程管理组织机构，确定每个职位的责任和权力，保证职权统一。明确各个职位之间的相互关系和工作规范，使课程建设和管理的相关人员形成协调有序的课程管理运行机制，保证以较高的效率实现课程建设的目标。

（三）控制职能

在管理学上，控制是指管理者为了保证组织目标的实现，对下属人员的实际工作进行测量、衡量和评价，并采取相应措施纠正各种偏差的过程。那么课程管理的控制是为保证课程教学的运行与预定的计划相符合而采取的管理活动。

课程管理的控制职能主要是对课程编制、课程实施、课程质量等方面的控制。课程编制的控制是尽可能在编制时考虑课程实施所必须具备的各种条件和资源的满足情况，保证课程管理者和实施者的数量和素质均达到一定的标准，保证经费投入，保证教学设备的数量和质量符合规定的要求等。课程实施的控制是对课程的实施情况进行现场观察、监督、检查，发现偏差，及时纠正。课程质量的控制是将课程实际结果与预期的目标要求、质量标准进行对照，发现缺陷，做出分析评价报告，及时予以修改，并据此指导今后的实施工作。所以，在形成一个完整的管理控制反馈系统的前提下，课程才能围绕既定目标有效运行。

另外，课程管理除建立行政系统外，还可以建立咨询系统和督导系统，如成立课程管理委员会，来加强课程管理，提高课程管理意识，完善课程管理的各项制度，使课程管理规范化、系统化。

第三节　高校课程管理的原则与意义

一、高校课程管理的原则

高校课程管理涉及诸多因素，是一项复杂的管理活动，只有遵循课程管理原则，才能提高课程管理效果和课程整体质量，才能有利于学生的能力发展。高校课程管理必须坚持以下基本原则：

（一）人本管理原则

在课程管理过程中，坚持人本原则，即充分体现以教师为本、以学生为本。师生是课程管理中的两大群体，教师具有专业知识，并与学生有着直接联系，对课程的影响极大。因此，我们要通过良好的课程管理，给予教师更多的课程决定权和责任，充分调动广大教师的积极性，参与课程开发、课程编制、实施和评估反馈等环节，促进教师的专业成长与专业发展。此外，还要尊重教师，积极采纳和妥善处理他们的观点、意见或建议。

尊重学生的主体性。让学生主动地、自由地发展是教育现代化的要求。高等教育的目的是实现学生的全面发展，而且课程的整体功能在于激发学生参与学习活动的主动性，促进学生综合素质的提高。所以，在课程管理过程中必须坚持以学生为本。以学生为本主要表现在以下几个方面：

第一，在设置课程、组织教学内容时，既要考虑学生身心特点和发展情况，又要考虑学生兴趣爱好和就业需求，还要考虑学生未来的生活。因此，设置的课程结构、组织的课程内容要与学生身心特点和发展情况相符，并适当地增加课程内容的探索性、研究性，促进学生身心和学习向高一层次发展；为学生提供丰富多样的课程和课程内容，且适当开设一些社会化的课程，以满足学生兴趣爱好、能力发展需求及就业择业需求，以适应社会发展的需要。

第二，要积极实施并推进本科生学习导师制和专家督学制，对学生课程选读、学习目标、学习态度、学习过程和学习方法等方面进行具体指导。

第三，要加强对课程反馈信息的管理，完善课程信息反馈制度。一是及时将课程综合评价结果、课程开设与调整信息反馈给学生，使学生对各专业课程有整体的了解。有助于学生选择专业和课程，制定学习计划、选取学习策略与方法。二是将课程学习过程中的问题反馈给学生，使学生及时纠正和解决问题，适时的调整学习和发展方向，改变学习策略。

总之，坚持以人为本，通过实现有效的课程管理，促进课程教学质量的提升和学生素质能力的提高。

（二）层级管理原则

校、院（系）两级管理的层级管理体制为高校普遍采用。在两级管理体制中，主要以院（系）管理为主。学校管理与院（系）管理相比，是一种从整体上把握的宏观管理，应以目标管理为主，制订教学计划、课程建设与课程发展规划，统筹协调课程运行及监评课程质量等是其管理工作的重点。院（系）管理与学校管理相比，是一种微观上的把握，应主要以过程管理为主，贯彻执行学校教学计划和课程计划，加强课程实施的过程管理与质量监控等是其管理工作的重点。这样形成校、院（系）职责明确，分工协作，协调一致的课程管理工作运行机制，共同为提高课程整体质量和学校办学质量服务。

（三）科学化管理原则

在管理过程中，课程管理与其他管理活动一样，管理者不能单凭知识和经验来实施管理，必须遵循科学化管理原则，即课程管理必须符合科学规律，遵循科学规律，根据客观事实，选择和运用适当的科学管理方法、先进的管理技术与手段，实现有效的管理。科学的课程管理，比如监控学生的学习质量，如何使学生通过课程学习，完成课程目标规定的要求，学有所获、学有所成，促进自我发展、促进能力提高。质量的监控需要学校、院（系）层级管理的合理安排，运用科学、合理的方式或手段去把握和实现。教师实现角色转变，成为学生学习的伴奏者与促进者，在与学生的互动创生中不断提升自身能力与素质。进行科学的课程管理，能调动教师的积极性，促使教师工作到位。另外，各种资源如何合理有效利用，也需要进行科学的课程管理。

（四）灵活性管理原则

课程管理还应坚持灵活性管理原则。因为课程管理的内容比较复杂，而且处于不断运动与变化之中。这就要求管理者在实施管理过程中要把握灵活性管理原则，用发展和变化的眼光看待问题。在动态中把握事物发展变化的规律，给管理工作留有可调节的余地和空间，使管理工作保持一定的弹性，能够根据内外部条件和各种情况的变化做出相应的调整，提高其应变性和适应性能力。在课程管理活动中，有效地贯彻灵活性原则，力求使整个课程管理系统具有适应环境变化的应变能力，即整体适应性。

（五）目的性原则

目的是行为的先导，规定着行为的方向和价值，并贯穿于行为的整个过程。目的性原则，是指导高校课程管理的总的原则，一切配置行为都是围绕着学校建设的总体目标进行的，从而为实现学校整体发展目标服务。

高校课程管理的目的性原则，集中表现为两层含义：

（1）要根据明确的目标指向来配置高校的各类课程资源。比如，作为高校在进行课程管理时，不仅要根据不同学生的不同需求和学习特点来设置课程，还要考虑地方社会政治、经济、文化建设的多元化需求。

（2）所有的目标必须有相应的课程资源来对应。这要求决策者对学校建设目标系统中的各个大小目标有个清晰的认识，以此建立最优的资源配置方案，提高课程管理的科学性。

（六）系统性原则

将高校课程管理看作是一个复杂的系统，该系统是由多个子系统构成的，作为这些子系统的课程要素包括教师、学生、教学环境、课程管理及课程评价等多个方面。坚持课程管理的系统性，有利于充分发挥各个子系统的整体功能，实现整个系统的总体目标。

高校课程管理在进行资源配置的过程中，要坚持系统性原则。首先，要对课程资源的各个构成要素建立充分的认识，了解它们的具体特性及其作用功能，只有这样，才能有的放矢地合理配置课程资源，保障每个课程要素都能发挥最大功效；其次，不同课程要素之间是互相联系、相互契合的，具有不同的组合方式。如何对这些不同的课程要素进行多样化组合，需要考虑不同学科、不同专业、不同课程的特点及发展要求，这样才能保障课程资源整体功能的发挥以及课程活动的有效实施。

（七）协调性原则

协调就是要配合得当，和谐一致，尽量减少矛盾，将消耗降至最低程度。在当前高校课程资源相对紧缺的情况下，为了适应高等教育大众化的发展进程，高校在进行高校课程管理中必须坚持协调性原则，以最大限度地实现高校课程资源的公平配置、协调发展。

高校课程管理的协调性原则，包括两个方面：①外部协调，主要是指高校内部课程资源的配置必须要与当地经济社会的发展要求相适应。高校办学定位、人才培养模式等的确定，要考虑当地的实际发展需求。在依托于当地资源办学的同时，也要积极主动地为当地社会的发展提供服务。②内部协调，主要是指校内课程资源在不同院系、不同学科、不同专业间进行配置时，必须兼顾效率与公平。在坚持效率的同时，提倡合理竞争；在考虑公平的同时，要关注投入与产出。

（八）可持续性原则

"可持续性"就是要求资源的可持续利用，不能只顾眼前利益，而不顾长远利益。而高校是非营利性的社会公益组织，不能只顾效益而不顾成本。

高校在进行课程管理时，必须坚持可持续性原则，既要满足高校当前的发展需求，又要考虑高校长远发展的需要，以保障课程资源的可持续性利用。高校的各类课程资源，如教室、实验设备、教学仪器、图书资料、专业教师等，都处于持续使用、不断消耗的过程中，它们并不是取之不尽，用之不竭的。为了高校的长远发展，一方面，要切实提高现有资源的利用率，通过加强对课程管理的监管力度，实现资源共享等方式，尽量减少不必要的资源浪费和重复建设；另一方面，必须合理开发利用高校的各类课程资源，实现资源的补偿和再生，避免枯竭，从而保障高校的可持续性发展。

二、高校课程管理的意义

进行科学有效的课程管理对实现高校的教育目标、学生自身发展的目标和确保整体课程质量，意义重大。

（一）加强课程管理能够保证课程实施的顺利进行

课程管理的效果关系到课程实施的成败。课程实施是将课程计划、方案付诸行动的过程，是实现课程预期目标的基本途径。从课程计划、方案到取得实施效果的过程中，要对影响课程实施的诸多因素不断进行组织与协调；根据反馈的信息和总结的情况，要对课程计划、方案适时进行调整与修改；对出现的问题和偏差及时进行解决与纠正，以充分开发课程资源，有效地整合和利用课程资源，保证课程实施的顺利开展，保证课程目标的实现。而这个过程中所要做的工作正是课程管理的主要内容、主要任务。因此，课程管理是课程顺利实施的关键，是课程实施取得成效的重要保证。

（二）加强课程管理有利于教师素质和专业化水平的提升

教师是课程实施的主体，教师的素质和专业化水平对于课程的顺利实施、课程预期目标的实现有着重要影响。研究和实践表明，专业自主是教师专业化发展的本质要求与必要条件。教师专业自主是指教师在专业发展中主体性的充分自我实现，教师是否拥有相当的自主决策的权利，是学术自由和教师专业的一部分，也是衡量教师专业化水平的一项重要指标。教师参与课程决策、课程实施与课程管理是提高教师素质和专业化水平的重要途径之一。让教师参与课程决策，教师会积极思考如何为课程方案的制定提供有效信息，如何使课程方案制定得更科学、更合理；也会对课程方案有更深入的理解，有助于他们更好地实施课程方案。教师进行课程实施、参与课程管理，实质上是在进行着一种创造性劳动、一种课程变革。因而教师就会根据课程方案，全面系统地考虑影响课程的各种因素，对自己的思想和行为、教学目标与内容、教学方式与方法进行调整。也会根据教学情境，对课程方案进行调整和改革。教师的素质和专业化水平就是在这种专业性实践中养成和提升的。所以，加强课程管理，充分发挥教师的专业自主权，激发教师参与课程变革的专业性实践的积极性，不断丰富教师的专业知识，提高教师的专业技能，促使教师不断反思、研究自己的工作，创造性地开展工作，增进专业自信力。

（三）加强课程管理提高课程的适切性

目前，我国课程管理权不断下移，给了学校足够大的管理空间，充分调动了学校课程管理的自主性和创造性。其主要目的就在于增强课程的适切性，更好地为育人服务。高校有了课程管理自主权后，应鼓励教师积极开发校本课程。开发校本课程一定要根据学校具体情况，充分挖掘和利用学校所在地优势和学校自身资源；尊重师生个体差异性，正确对待差异；重视学校自身特色极其发展；同时也要注意学科知识的系统性、科学性与逻辑性，以确保课程教材的学术性。校本课程，是课程管理权再分配的结果，它可以照顾到国家、地方课程体系难以照顾到的学生的差异性和层次性，增强课程对不同地区和学校发展的适应性。加强学校课程管理，充分合理地利用、协调和调动各种课程资源，为教师充分地、准确地理解课程意图提供帮助，为教师间、师生间交流搭起桥梁，为师生参与课程发展给予机会，为教师个性化、创造性地实施课程创造条件。国家在尊重地方和学校课程管理自主权的同时，应加强对课程实施与管理的指导，完善资助地方和学校课程管理的措施，加强国家层面的课程管理。

（四）加强课程管理优化教学计划

教学计划可以理解为教授课程的计划，但这里的课程应是广义的课程，包括显性课程、隐性课程和社会课程等。各自独立的课程是教学计划的一个个"点"，有它独特的价值，在学生培养中起着一定的作用。通过课程管理，使各课程的地位和价值更加清晰，作用与意义更加突出；淘汰过时的课程，增加受学生欢迎的课程，从而使教学计划修订进入良性循环。

第四节　高校课程管理创新与发展的策略

一、增强课程管理意识

增强管理人员的课程管理意识，具体来说，可以通过以下方式进行：

第一，要纠正管理者的思想偏差，提高其思想认识，改变以往完全自上而下执行国家教学计划、教学大纲和教材编订的做法。在人才培养过程中，要自觉地、积极地面对社会需求，认真设计人才培养总体方案，及时制订和调整培养目标，慎重选择和组织课程内容并精心组织课程实施；要认识到课程开发者不仅仅是课程专家和学科专家，教师也是课程决策和课程管理的参与者，是课程的开发者。

第二，要利用学校的报纸、网络等媒体宣传课程管理的重要性，介绍课程管理理念及课程管理的有关知识，营造一种关心课程管理、关心学生成长的良好氛围。把课程管理理念转化为实际行动，主动进行课程管理，增强课程管理意识，明确课程管理内容，使课程管理与课程改革、人才培养模式改革相互协调、相互促进。

第三，要通过讲座、研讨、专题研究等形式，加强课程管理原理、知识和技能的培训，提高解决课程管理问题的能力。

第四，要赋予课程管理者更多的管理权力和责任，使其更多、更主动地参与课程计划或开发管理，课程编制管理，课程实施和评价反馈管理等环节。及时发现并解决这些环节中出现的问题，让课程管理者领会课程的生成性、实施的情境性，为课程有效地实施积极创造条件。在实践中增强其课程管理意识，因为主动参与社会实践活动是人的意识的重要标志。

二、深化课程管理理论研究

在课程管理过程中，如果仅凭积累的知识和经验来实施管理具有很大的狭隘性和局限性。必须通过科学的理论来做指导，才能达到更好的课程管理效果。

没有理论作指导，课程管理工作会陷入盲目，不可能取得高效。因此，必须深化课程管理研究，促进课程改革的深入和课程管理的科学化，使课程理论不断走向成熟。

对课程管理进行理论研究，必须弄清楚课程管理的基本领域和课程管理独有的研究领域。课程管理研究的基本领域主要包括课程生成性系统、课程实施系统和课程评价系统管理。然而，传统课程管理因为注重实效性，往往比较注重课程实施系统管理和课程评价系统管理，致使课程生成性系统管理的研究成为我国教育理论研究领域的一个空白，而它却是课程管理中最基本、最核心的问题。现在一些学者开始对课程生成性系统管理进行专门研究，并取得一定的成果。另外，我国课程管理研究者的研究应与实践相结合，由重基础理论研究转向应用性研究，加强对应用过程中管理原则、操作规范、方法和技术的研究。在深化课程管理理论研究的同时，要把研究成果运用于课程管理实践，理论的深化和发展也需要实践的检验与支撑。我们应做到理论与实践相结合，及时发现并解决课程管理过程中的具体问题，使课程管理理论更好地指导课程管理实践，从而进一步丰富课程管理理论，不断提高课程管理水平。但值得注意的是，课程理论与课程管理理论之间有交叉的地方，不过两者有着各自的研究对象和研究领域，不能将两者等同。

三、健全课程管理体制

课程管理体制的建立是课程管理规范化的表现，关系到课程改革的全局。因此，必须建立科学合理的课程管理体制，促使课程管理系统有效运转，促进课程的改革与发展，提高课程整体质量和人才培养质量。

目前，课程管理权逐步下移，初步实现了高校课程管理自主化，学校在课程管理方面不像过去那样机械地、被动地接受上级的命令，执行上级的安排，拥有了很大的发挥空间。可以根据教学需要，自行制订教学计划、编写和选用教材、组织实施教学活动等。虽然如此，但我国的管理体制基本上是国家、地方、学校三位一体的管理体制，国家与地方管理基本属于宏观管理，学校管理属于微观管理。学校管理又分为学校与院（系）两级管理体制，则院（系）二级管理层对课程的管理更贴近实际。

我们要深化分级课程管理体制改革，明确政府、高校及相关部门的职责和权限。政府应发挥主导作用，一方面要将课程管理权重新分配，确保高校课程管理的自主权；另一方面既要增强政府的宏观调控作用，并设置相应的中介机构，承担主要的协调任务，同时还要突出政府的服务、督导作用，弱化监控职能。学校要健全校院（系）课程管理体制，对课程生成、课程实施、课程评价的管理做出明确规定，建立民主科学的课程编制管理制度，请课程专家、教师、领导、学生甚至家长参与课程设置标准、教学计划、教材及相应的课程资源材料等方面的编制；建立富有柔性的课程实施管理制度，以适应不可能完全按部就班进行的、非常复杂的课程实施过程；建立完善的课程评价管理制度，及时发现课程方案、课程实施中的问题并进行调整和完善。另外，要明确教师的课程实施权、课程创设权、师生共同参与权，对教师、学生参与课程发展的权利从制度上给予明文规定；要根据上级政策和自身实际对校本课程的开发、计划、实施、评价及与之相关的因素进行有效的管理。值得注意的是，强调学校与院（系）两级管理，绝不能忽视国家与地方的宏观管理；强调学校与院（系）两级管理，要避免课程管理由中央集权变为学校或教务处集权，协调好各种关系，充分调动教师、课程管理者、学生等各类人员参与课程管理的积极性与自觉性。

四、实现课程管理手段多样化

课程管理的成效有赖于课程管理手段的选用，只有如此，课程管理主体才能作用于课程管理客体。为提高管理的效益，必须实现管理手段的多样化，进行灵活的课程管理。一方面，要发挥行政管理手段的长处和优势；另一方面，要改变我国以单一的行政手段进行课程管理的局面，减少行政命令，采取多样化管理手段，选用适当的科学方法和先进的技术手段，加强其服务和咨询作用，进行有效的管理，促进课程管理民主化。如充分发挥考试和监督在课程管理中的作用；引入并加强技术咨询与服务手段；注意使用指导、民主、共同参与管理手段；运用调查、统计、测量等技术手段分析、解决管理中出现的问题；恰当运用经济和市场手段；等等。

五、促进课程管理民主化

实现课程管理人员多元化，特别是要让教师、学生参与课程管理，促进课程管理民主化。课程通过教师才能最终为学生所接受，教师是课程的创造者、实施者、研究者，他们有着教什么、怎么教的决定权。课程是否为学生所接受，除了教师教得如何外，还在于课程能否满足学生的兴趣爱好、就业需求，能否有益于学生的个性发展、能力提升。因此，理应给予教师和学生课程管理的权力。他们是课程管理的对象、课程管理服务的对象，又是课程管理的重要主体；有师生参与课程管理，对课程的监督会更加到位，课程管理会更有成效。除教师和学生外，还应请相关专家、学者参与课程管理，有利于课程管理工作更好地开展。

六、优化课程管理队伍

为提高课程管理的整体效益，必须解决课程管理队伍问题，优化课程管理队伍。

首先，要实现高校课程管理人员多元化，注重学科专家、课程专家、教师、社会人士及学生的参与，打破传统的上级行政单一化管理的局面，对课程实现全方位的监督，极大地促进高校课程管理质量的提高。当然课程管理整体效果的实现还需要参与管理人员之间的沟通与协作。

其次，高校课程管理不同于行政管理和企业管理，有很强的学术取向。所以真正有效的课程管理队伍，应该以那些具备扎实文化功底，丰富的哲学、管理学知识储备，能够熟悉课程的生成、实施和评价的原理及方法的专家为主。只有建设这样的课程管理队伍，才有利于课程改革的不断推进。

最后，应重视课程管理队伍建设。参与管理人员的能力与素质高低影响课程管理的效果，依据能力不同实行管理的层次化。在大力提高教师专业化水平的同时，高校还要提高课程管理人员的专业化水平。把加强管理队伍建设纳入学校建设规划，建立常规的培训、培养制度，进行专门培训。通过培训，促使课程管理者形成正确的教育思想和科学的管理理念，提高课程意识，提高对管理过程的理解能力、实践能力和驾驭能力，掌握专业化的管理与服务的方法与手段，如召开课程委员会会议法、课题研讨学习法、调查访问法和日常观察法等；加强技能培训，如进行课程调查分析、健全课程管理制度、组织课程评估等方面的技能，如计算机网络操作应用能力培训，使他们能熟练地运用计算机联网集中处理信息，提高工作效率。课程管理者在工作中，要勤于思考、善于总结、深入研究，不断提高管理水平，决不能停留在单凭知识和经验解决问题的管理水平上，更不能将高校课程管理工作等同于一般的行政管理工作，只照章办事。

七、创新课程编制

（一）综合定位课程目标

1.依据职业岗位需求定位

一般来说，课程体系总目标是从宏观层面确定专业人才培养的方向，同时也为专业核心课程目标的确定提供依据。例如，旅游高等教育作为培养专门旅游人才的重要途径，其课程建设中的总目标自然是培养具备胜任旅游专业工作岗位所需的职业能力的优秀复合型人才，同时还要兼顾不同的岗位对人才的职业能力需求各有不同的现实状况。针对本科旅游管理专业人才输出对应的主要是旅行社、旅游规划公司、文旅集团、旅游酒店等的核心岗位，旅游院校应针对旅游企业、旅游酒店、旅游科研院所以及其他旅游集团分别设置课程目标，并考虑不同的专业核心课程要根据不同的目标培养学生不同的核心岗位能力。只有保证旅游管理专业的课程目标与岗位需求相一致，才能针对行业的职业岗位需求精准地输出人才，增强学生的就业竞争力。

2. 依据学生发展需求定位

由于课程建设的受众是学生，故在设置课程目标时在一定程度上应该考虑受教育者个人的发展需求。与此相矛盾的是课程目标多根据政府规范性文件或行业发展需求制定，更多强调统一性和协调性，较少考虑学生个人发展需求。"00后"大学生的个性鲜明，学生的学习目标和学习需求各有不同。因此，课程目标的设置应该考虑到学生本身的个性化发展需求，为学生的多元化和全面化发展提供条件。具体来说：①可以结合学生的职业规划、就业意向或发展方向将学生群体进行分类，并分别设置不同的课程目标；②实施自主选课制度，由学生根据自身特点和条件选择课程，进而增强个性化课程目标的实现效果。

3. 依据学科、学校和地域特色定位

虽然课程目标是学生经过一个阶段的系统学习后所要实现的具体目标，但学生对目前的课程目标并不十分满意。现有目标定位模糊、缺乏学科和地域特色，各个高校的课程目标整体上来看大同小异，导致学生培养和学校发展的同质化现象严重，人才培养和办学竞争力低下。因此，高等院校应该结合自身特点，充分发挥各自办学优势，以实现高校课程目标的特色化。一方面，不同院校可以结合自身办学特点和学科背景，将相关学科的优势资源引入课程教学中，如北京第二外国语学院的语言类学科背景、东北财经大学的财经类学科背景等都可以应用于专业人才培养中；另一方面，不同地域的院校可以结合所在区域的文化特色和区位条件，制定特色化的课程目标，如沈阳师范大学地处沈阳，可充分利用沈阳故宫、张氏帅府等景区资源条件，完成学生的特色化课程目标设置，以提升学生的综合素质。

（二）精心凝练课程内容

1.实现新旧知识融合

高校各类专业课程内容陈旧、缺乏创新一直是教育界面临的重要问题。虽然各个院校针对相关问题做出了改进，但"知识更新速度远低于行业发展速度"的问题仍旧存在。基于此，要想保证课程内容的前沿度，应该从以下三个方面着手：①从教师的层面，应及时关注和搜集相关专业的最新消息和前沿动态，并融入日常的课程教学内容之中，形成动态的课程内容更新机制；②从学生的层面，要积极利用信息化时代的便捷学习工具，通过网络或其他途径及时掌握行业发展的最新状况，并将线上与线下学习内容有效融合和把握；③从教材的层面，作为课程内容的要素之一，教材也应该及时更新，将书本教材与电子教材相结合，以满足学生的全面发展需要。

2.准确区分重点难点

课程内容的难易程度直接影响着学生的学习情绪和学习结果。然而，当前高校专业的课程内容设置却存在重难点模糊或表面化的现象。许多专业课程对重点难点的划分主要是根据教材、教师或学科的整体要求，而未充分考虑学生的需求和行业发展的需要。因此，为了改善这一现状，应该根据高校专业课程的特点，准确区分各门课程的重点和难点。具体来说，教师要根据课程难易程度进行区分性教学，对重点难点内容进行详细讲解，对一般知识内容进行简要讲解，进而使学生明确课程学习的重点；教师在课程评价过程中针对不同难易程度的知识点采用不同的测评或评价方式，以保证学生能够较好地接受和掌握。

3.紧密联系行业实际

高校学生对课程内容是否实用比较关注，而高校专业课程缺乏实用性也一直是各个院校面临的难题。因此，紧密联系行业实际，提升高校专业课程内容的实用性已经刻不容缓。一方面，可以加强理论课程的整合，提炼出专业的核心内容。有效的课程整合不仅能够使教学资源利用最大化，同时精选课程内容也能够使学生的学习达到最优化。另一方面，可以加强理论课程的实训内容，即通过情景模拟、布置任务或实物演示等方式让学生参与体验，将所学理论转化为实际所需技能，进而为未来就业奠定基础。

（三）调整优化课程设计

高校专业课程的开设顺序、各类课程的比例和各学期的课程数量设置仍存在问题。因此，有必要就课程比例、课程数量以及课程开设顺序等方面存在的问题予以优化。

1.合理划分课程类别比例

目前大多数高校都以公共课与专业课、必修课与选修课、理论课与实践课为分类标准。其课程设置基本呈现"金字塔"式的结构特征，即公共课门数少、课时量大，必修课和理论课较多，实践课较少，选修课门数较多但课时量和选课数受限制，这就造成了学生的学习"泛而不精"和"学而无用"的问题。因此，有必要进一步协调各类别课程的比例，使课程设计更加均衡合理。首先，就公共课与专业课来说，应适当整合缩减公共课程的课时，为专业基础课、核心课留有充足的时间；其次，就必修课与选修课来说，专业必修课是为学生的长远发展奠定理论基础而设置的，专业选修课则是为学生的个性化发展服务，因此，要适当加大选修课的比例和学生的可选课门数，以促进学生的身心全面化发展；

最后，就理论课和实践课来说，要在现有课程的基础上增加实训课程的比例，创新课程实训的方式，同时调整专业实习的时间，按照课程特点设置不同岗位、不同形式的实习，以达到"随学即用"的效果。

2.精心规划学期课程数量

均衡的课程比例对课程设计具有重要作用，但目前大多数院校公共课和专业必修课所占课时较多，忽略了专业选修课和实训课程的比重。因此，未来各院校应该对课程数量安排进行调整，增加专业选修课和实训课程的开课比例，而不是将其作为公共课程和专业必修课程的辅助。公共课方面，可适当缩减政治与体育课程数量，增加计算机与英语课程；专业课方面，可压缩整合必修课程，"找核心，讲重点"，将有限的课程利用得更加充分。同时增加选修课科目数和总体数量以及学生自主选择的权力；实训课方面，可结合该门课程的实际需求，在理论课结束后即时开展实训课程，以便加强学生的理解和运用能力。

3.科学设置课程开设顺序

合理的课程开设顺序是课程取得良好效果的保障，这就要求课程的开设顺序要以学生的心理发展规律为前提，遵循课程内容的逻辑顺序。一般遵循"由简到繁、由抽象到具体、由理论到实践"的规律，循序渐进地进行课程的设置与实施。具体来说，大一年级设置政治、英语、体育等公共课程和专业的基础课程，大二设置理论性较强的专业课程，大三则设置实践性较强的专业课程，同时大二大三穿插相应的专业选修课程，或根据课程需要进行短期实习，大四则主要为实践性课程，包括毕业实习、论文撰写等。只有这样，才能使课程设计整体更具合理性和科学性，进而保证课程管理的质量。

第三章　高校教学管理创新与发展

教学管理是高等学校教育工作的一项重要内容，是高校教育管理活动的一个重要方面。作为维系学校教学工作正常运转的枢纽，教学管理工作的优劣和水平高低直接关系到高校的教学质量和人才培养质量。因此，对高校教学管理进行创新与发展是十分必要的。

第一节　高校教学管理概述

一、教学管理的内涵

《中华人民共和国高等教育法》规定："高等教育的任务是培养具有创新精神和实践能力的高级专门人才，发展科学技术文化，促进社会主义现代化建设"（第五条）；"高等教育应当以培养人才为中心，开展教学科学研究和社会服务，保证教育质量达到国家规定的标准"（第三十一条）；"高等学校的教师、管理人员和教学辅助人员及其他专业技术人员，应当以教学和培养人才为中心做好本职工作"（第五十二条）。

由此可以得出如下四个结论：

（一）教学管理是高校管理工作的中心——重要性

高等学校的工作以教学和培养人才为中心。教学工作是经常性的中心工作。因此，高等学校的管理工作，应当以教学管理工作为中心。教学管理直接服务于教学和人才培养工作，应该在高等学校管理中处于极其重要而突出的地位，这都是由高等教育的功能和性质所决定的。

（二）教学管理要不断创新、与时俱进——创新性

高等教育的根本任务是培养具有创新精神和实践能力的高级专门人才。因此，教学管理工作必须适应培养创新人才和素质教育的要求，大力推进教学管理创新。尤其在科学技术迅猛发展，社会进步日益加快，高等教育教学改革不断深入的今天，新情况、新问题不断出现，高校教学管理工作不再是一种简单的适应性工作，而是一种不断解决新问题的创新性工作。不断增强现代管理意识，更新教学管理理念，转变教学管理思想，改进教学管理方法和手段，显得尤为迫切。要积极推进教学管理制度改革，建立符合我国国情和各高校实际的教学管理制度。要以教学管理创新带动和促进教学方法、人才培养模式等方面的创新，调动各种类型学生学习的积极性、主动性，为学生综合素质提高和特长发展提供机会，从而培养和造就具有创新精神的优秀人才。

（三）教学管理是一项系统工程——系统性

教学管理的本质是在高等学校这一多层次多因素的复杂系统中，以教学子系统为研究管理对象，组织和运用学校的各种教育资源，科学安排教学过程，实现教育资源的最佳配置，获得教学工作的最佳效益。

有效的管理来自有效的组织。教学管理组织功能的有效发挥，需要管理体制和组织结构的合理优化。一方面，应建立一个科学的、完整的教学管理系统，形成全面的教学质量管理体系和运行机制。其中包括由学校、院（系）、教研室形成的以服务于教学、教师和学生，侧重过程管理的纵向系列；由教务、科研、学生、人事、政工、后勤等形成的侧重于目标管理的横向系列。两者处于完全协调一致的工作状态，共同完成教学工作目标。另一方面，要建立起高效、灵活运转并能创造性工作的教学管理系统，必须要加强教学管理队伍建设，建立一支专兼结合、

素质较高、相对稳定的教学管理干部队伍，形成教学管理的核心力量。

有效的教学管理需要良好的支持保障系统。高等学校教学管理支持保障系统包括图书保障系统、后勤服务系统、卫生保健系统等。高等学校各个部门，都要以培养社会主义事业需要的合格人才为中心，认真落实"教书育人，服务育人，管理育人"。各部门、岗位的职责必须明确，相互之间协调配合，形成教学管理的合力。

（四）教学管理是一门科学——科学性

教学管理科学，是在教育科学、管理科学、系统科学及其他有关学科基础上形成的理论和方法体系。教学管理并不仅仅是一般的行政管理，而是兼有学术管理和行政管理双重功能的一门科学，是一门需要长期学习和实践才能掌握的学问。可以说，教学管理是一门研究教学管理的本质思想、内容、方法、特点及规律的学科，它以教学为中心，以高水平教学质量为目标，以科学管理为主线，研究探索教学组织管理的客观规律与内在联系。面临高等教育的深刻改革，高等学校的教学管理任务十分艰巨。没有一支过硬的教学管理队伍，就不可能有一流的教学水平和教学质量。教学管理人员要掌握高等教育学、心理学、管理学等科学理论知识，掌握高等教育规律，不断从工作实践中积累经验，根据新形势的变化和本学校的实际，创造性地开展工作。高校的主要领导干部应学习教育理论，研究教育思想。懂得教育规律，熟悉教学管理，努力成为教育家。

注重教学及管理研究，是教学管理上水平的关键所在。搞好教学管理是一个长期建设和积累的过程，能够完成日常教学管理，保证教学的基本正常运行，只是第一层次的工作，标志着它已经有了一个良好的工作基础和教学环境。但是，要提高学校的教学管理水平，就必须认真开展教育教学研究，包括教学管理研究。高等学校发展的历史和近几年学校开展教学工作评价所提供的事实，都充分证明了这一点。

概括地说，高校教学管理工作，在研究教学及其管理规律的基础上，既要行使行政管理职能，保证和服务于教学工作，更要行使学术管理职能，规划、设计、组织好教学工作。主要体现在三方面：第一，优化教学资源配置，提高教学效率和效益；第二，建立稳定的教学秩序，保证教学工作的稳定正常运行；第三，研究并组织实施教学改革，努力调动师生教与学的积极性。通过严格、规范、科学的教学管理工作，全面提高教育教学质量。向管理要质量，向管理要效益，这是教育教学改革的重要任务，更是教学管理的应有之义。

二、教学管理的内容

教学管理是一个有机统一的整体。从不同视角看，可以有不同的内容体系框架。从教学管理工作体系分类，可概括为四项基本管理：教学计划管理、教学运行管理、教学质量管理与评价、教学基本建设管理。

教学计划管理是教学管理工作的纲，其核心是精心设计人才培养蓝图。教学计划管理的主要任务，就是组织各专业教学计划的编制、修订和执行，在此过程中，必须充分发挥行政和专家两方面的作用。

教学运行管理是围绕教学计划的实施所进行的教学过程及相关辅助工作的组织管理，是保证教学工作稳定运行、维持教学工作秩序的最主要的教学管理工作。

教学质量管理是教学管理最根本、最重要的任务，是教学管理的出发点和落脚点。教学管理职能部门和各级教学管理人员，必须将控制和提高教学质量作为经常性的管理工作来抓，使教学质量管理贯穿于教学管理的全过程。其中，转变教育思想，增强质量意识是搞好教学质量管理的前提条件。研究建立适合校情的教学质量监控体系，以及科学的、抓住核心的、可操作的质量管理模式，是教学质量管理的关键。

教学基本建设管理是教学管理的基本内容之一。包括学科专业，课程教材、实践教学基地、学风、教学队伍、教学管理制度等七项基本建设，这些都是直接服务于教学工作的基础建设，是形成稳定、良好的教学环境和条件，保证教学质量的基础性工作。

上述四项管理工作，从教学管理的高度和层次来说，又可分为程序化内容常规性工作内容、中心内容和专项内容。

程序化内容，是指每个学期、每个学年相同的管理工作内容，由开学教学准备、期中教学检查、期末教学总结三大环节构成。教学管理工作可以以此为主线制订工作程序，将教学管理工作内容程序化。

常规性工作内容，是指教学管理最基本的日常要做的工作。主要有教学的组织和检查、教师教学管理、学生学籍与成绩管理等。这些是教学管理中内容最多而又复杂的工作。既然是常规性工作，每天的工作就可先从这些内容开始，及时规范，不断总结。

中心内容，就是要把好教学质量关。只有抓好计划、实施、检查、总结四个重要环节，才能做好教学管理工作，使教学机制良性运转，教学质量得到保证。

专项内容，是指教学计划管理，专业、课程、教材建设管理，教学设备管理，等等。

三、高校教学管理的任务

任何管理都有自己特定的任务，高校教学管理的主要任务如下所述。

（一）确保教学的正确方向

全面贯彻党和国家的教育方针，全面提高教育质量，是学校的中心任务。教学管理要积极组织教职员工认真学习，理解并掌握党和国家的教育方针及有关部门制定的教育政策、法律，并始终坚持和贯彻党的教育方针政策。要按学校教学计划所规定的学科进行教学，向学生传授文化科学的基础知识和基本技能，发展学生的个性和体力，培养学生良好的思想品德和奠定科学世界观的基础。使全体学生得到发展和提高，确保教学的正确方向。

（二）保证教学活动的有序进行

建立和健全教学工作的各项规章制度，排除外部对学校正常教学秩序的非法干预，维护正常的教学秩序。深化教学管理改革，建立科学的教学工作体系，引导和帮助教师树立正确的教学观、学生观和质量观。建立科学的教学质量评价体系，形成学校教学工作良性循环的激励机制。不断充实和更新教学设备，保证教学需要。

（三）加强教学科研工作

提高教学效率、做好教学研究和教改实验。引导教师进行科学研究，鼓励、支持他们更新教学内容、改革教学方法，在日常教学中展开创新，运用新的教学手段和技术等。开展教师培训，提高教师的业务工作能力，总结和推广优秀的教育研究成果，促进教学工作的科学化、现代化，不断提高教学效率和教学质量。

四、高校教学管理的意义

教学是有计划、有组织的教师教与学生学的过程，是学校的中心任务，是教育学生的基本渠道。教学管理历来是学校管理的重要内容，也是学校领导者的基本活动。教学管理不仅是学校教学工作正常运行的基础和保证，而且在教师成长、教育改革等诸多方面均发挥着十分重要的作用。特别是对高等院校来说，教学管理的意义就更加深远，其具体表现如下：

（一）是学校教学正常运行的基础

现代学校的教学活动是建立在一系列教学管理活动基础之上的。教学场所的安排、教学设施的提供、教学人员的组织、学生班级的编制以及课表的编排，均是教学工作不可缺少的条件，也是教学管理的内容。没有教学管理这一基础，就会影响正常的教学秩序，使教学工作遭到破坏。

（二）有助于带动其他各项工作的开展

教学工作在学校各项工作中处于中心地位。教学工作组织协调得好，不仅有助于建立稳定、正常的教学秩序，而且有助于带动其他各项工作。如果学校工作中心经常转移，教学管理时紧时松、时抓时放，学校就会处于紊乱无序的状态，教学上不去，其他工作也难以做好。

（三）能够促进教师不断发展提高

教师专业素质和教学水平的发展提高，有赖于教学工作水平的锻炼和提高。在学校中，教师的主要活动是教学。科学、合理的教学管理能保证教师在教学活动中获得有益的锻炼，加速其专业素质、教学水平的发展和提高。

（四）是教学质量提高的有效途径

首先，教学质量的高低固然与教师水平高低有关，但它主要取决于教师的专业素质和教学技能技巧。只有加强教学管理，促进教师专业素质和教学技能技巧的发展提高，才能更有效地提高教学质量。其次，学校教学质量的好坏固然与教师的个体素质有关，但更重要的是与整个教师集体所发挥的能量大小有关。每位教师的能量只有在合理的组合之下，才能得以充分发挥，而教学人员的排列组合正是教学管理的内容之一。最后，通过教学管理手段推广成功的教学经验和科学的教学方法，方可促使教学质量的提高。

（五）直接影响着学生的质量和育人目标的实现

教学过程不是单向的知识传授过程，而是在教师指导下，学生德、智、体、美、劳诸方面全面发展的过程。良好的教学管理有助于引导教师全面认识教学工作，正确处理教与学的关系，从而保证育人目标的实现等。

正是因为教学管理工作不仅是一种组织性、协调性的工作，也是一项具有思想领导，能够在教学领域进行改革和创新性的工作，对学校工作有如上所述的重要意义。所以学校领导一定要重视对教学工作的管理，把它作为学校管理工作的重心，要与时俱进、不断加强和完善教学管理工作。

五、高校教学管理的原则

（一）方向性原则

必须坚持党的领导，坚持社会主义办学方向，坚持马列主义、毛泽东思想、邓小平理论、"三个代表"重要思想、科学发展观。特别是要坚持习近平新时代中国特色社会主义思想为指引，深入贯彻学习习近平总书记的系列重要讲话精神，端正教育思想，全面落实党的教育方针政策。

（二）民主性原则

教学管理人员要充分发扬民主作风，调动全体教师的积极性、主动性和创造性，共同参与教学管理工作；要尊重教师，尊重教师的劳动成果，为教师提供发表意见和建议的机会。同时，要积极引导学生参与教学管理活动，在教学管理中培养他们的自治自理能力，真正发挥好教学工作中教师的主导作用和学生的主体作用，体现教育以人为本、以教育为本的高校管理理念。

（三）科学性原则

必须以科学理论为指导，遵循教育、教学和管理的客观规律。以科学的态度研究处理教学管理中的问题，并善于运用现代科学技术和手段管理学校的教学工作。

（四）教育性原则

教学管理中要对教师提出两点基本要求：一是教师应以身作则，为人师表；二是教师在教学中既要重知识传授，又要重学生的思想品德教育。

（五）整体性原则

以系统理论和现代管理理论为指导，建立合理的教学管理系统结构，坚持以教学为主，全面安排，分清管理层次，明确管理权限和职责。

（六）规范性原则

建立良好的校风（领导的作风、教师的教风、学生的学风），建立和健全各项教学管理规章制度，明确各教学环节的教学质量要求和比较科学、实际的衡量标准，使教学管理工作制度化、规范化、科学化。

（七）程序性原则

教学管理要抓住主要环节，实行程序控制、阶段把关、全过程管理，做到管理工作的程序化；教学管理必须讲究效率和效果，把定量管理和定性管理结合起来。

（八）主体性原则

教学管理部门和教学管理人员是教学管理的主体，教学管理队伍自身素质的高低，直接决定了教学管理的效果。因此，教学管理人员要加强业务知识的学习和自身修养的提高，要具备教育学、心理学、管理学的基本知识，要熟悉教育法律法规，依法办事，科学管理，并善于将管理与服务有机地统一起来。

第二节 高校教学管理方法的创新

一、高校教学管理方法概述

（一）教学管理方法的概念

教学管理是一种有目的的社会实践活动。教学管理方法就是管理者在教学管理全过程中，运用管理科学理论和教学管理原理，为解决教学管理中的各项具体问题，保证教学活动顺利进行，实现预定教学管理目标而采取的各种管理方式、手段、技巧、措施和途径。这一概念包括四层含义：第一，它界定了掌握和运用教学管理方法的主体——管理者；第二，它表明了教学管理方法贯穿于教学管理的全过程；第三，它明确了运用教学管理方法的目的是为了解决教学管理问题、实现教学管理目标；第四，它指出了教学管理方法在活动方式、管理手段、工作措施等方面具有多样性。

（二）教学管理方法的功能

高校教学管理方法是用以实现教学管理目标、开展教学管理活动的具体方式和手段。教学管理方法是否科学、合理，直接影响教学管理的质量和效果。高校如果缺乏科学的教学管理方法，即便有正确的管理目标，有健全的教学管理体制和运行机制，有现代化的管理手段，也难以做好教学管理工作。这是因为教学管理方法具有以下功能和作用：

1.导向功能

教学管理方法是为完成教学管理任务、达到教学管理目标而采取的具体方式和途径，是贯彻管理原则的重要手段。管理原则是用来指导管理实践的准绳。在实践中，原则对工作的指导总是借助于管理方法的选择和运用来实现的。因此，教学管理方法是将教学管理导向成功的方式，如果没有教学管理方法的导向和中介作用，教学管理过程就会因失去目的和方向而陷于混乱，各项管理工作也会偏离正常的运行轨道。

2. 纽带功能

工作任务好比过河，那么相对应的，工作方法就是桥或船，这充分说明方法具有纽带功能。教学管理的每个环节、每一层次、每一次具体的实施操作过程，都是管理主体与客体多种因素相互交叉、相互作用的结果，而教学管理方法则是教学管理活动的主体与客体相互联结的方式和纽带，是沟通两者的中介和桥梁。在实际教学管理过程中，管理者往往借助于管理方法将管理理论与管理实际联结起来，将教学管理目标从抽象的精神形态逐步转化成现实的物化形态，以实现教学管理的功能，达到合理配置教学资源的目的。

3. 控制功能

教学管理方法是学校管理者对教学管理过程实行引导、干预和控制的手段和方式。通过同各种自发的、外在的干扰因素和偏离目标的因素相抗衡，保证教学管理职能的执行和预期管理目标的实现。正是教学管理方法这种控制性功能，才能将教学管理过程置于管理者的有效控制之下，保证学校教学活动和教学管理工作的顺利进行，以实现教学管理的职能，达到管理的目标和效果。

4. 效率功能

管理方法是提高管理效率的重要因素，是促进管理方式由粗放式管理向高效化管理转变的重要手段，先进正确的方法往往能起到事半功倍的作用。高校教学管理活动、管理过程实际上是教学过程中的人力、物力和财力等资源以及信息、时空的配置过程。教学管理方法很重要的功能就是把教师、学生、教学资源、信息等各种因素合理地组织起来，有机地协调成一个多功能、多层次、多属性的综合教学系统，使教育教学资源的配置达到合理化和高效化。在高校教学管理实践中，任何一项管理工作，只要选择和运用管理方法得当，就能节省工作时间，提高管理效率和办学效益，做到物尽其用、人尽其才、财尽其力，以最小的代价换取最佳的效果。

二、高校教学管理方法创新的原则

（一）要注重吸收传统管理方法中的有益成分

所谓传统管理方法，是指在管理作为一门独立的科学尚未诞生之前，由管理者自发地凭经验积累起来的一整套管理方法。其特点是管理者注重的往往是传统的延续、历史的类比、经验的积累、定性的分析以及主观的判断和想象等，借助的手段也比较原始和简单。但传统的管理方法也有许多科学的成分，对我国高校在长期办学实践中形成的一套传统的管理方法，不应全盘否定，而要加以科学总结和合理吸收利用。

（二）以事实为依据，尽量用数据说话

主张用数据和事实对教学现象进行分析和反映，做到在数据面前人人平等，反对凭主观印象、经验和感觉进行教学管理。在高校教学管理过程中，也要坚持实事求是，尊重客观事实，尽量用数据说话。真实的数据可以定性反映和定量描述客观事实，给人以清晰明确的数量概念，纠正过去那种"大概""好像""似乎""可能"的凭感觉、靠经验的工作方法，做到用事实和数据说话，把教学管理建立在科学的基础之上。

（三）广泛运用科学技术和现代管理科学的新成果

全面质量管理是现代科学技术和现代化大生产发展的产物，所以它广泛地运用了科学技术和现代管理科学的最新成果。高校教学管理方法不是一成不变的，而是在不断移植、汲取、引进各种管理科学理论和自

然科学及社会科学方法基础上的不断丰富和创新。高校教学管理也要本着一种开放的态度，引进现代管理方法，特别是系统论、控制论、信息论、全面质量管理、决策科学等现代管理理论和管理方法。并注重运用计算机、通信技术、网络技术等现代科技手段，增强决策和管理的科学性。

（四）注重教学管理方法的优化组合

教学管理过程是一种目标多元、方式多样、过程动态化的管理活动，因而对教学管理方法提出了很多要求，也需要有综合和系统的方法来保证教学质量。俗话说，"管理有法，又无定法"，这说明了管理方法选择的灵活性与多样性特点。目前的教学管理方法，有长处，也有不足，高校教学管理的复杂性也导致单一的方法难以奏效。因而教学管理者应因时制宜、因地制宜，对教学管理方法做出多种不同的组合和不同的选择。不应拘泥于某一方法而忽视其他方法的运用。教学管理方法的选择组合及运用是否最优化，关系到教学管理活动的效率和质量。

三、高校教学管理方法创新之系统控制法

（一）教学管理的系统方法

高校教学管理作为高校教育管理的重要组成部分，是作为一个相对独立的子系统而存在的，并对高校教育管理系统产生影响。因此，系统科学的思想和方法就成为建立高校教学管理系统的理论基础。只有用系统论的观点和方法审视高校教学管理问题，研究教学管理系统各要素的相互联系与相互影响，分析系统的结构与功能，才能实现教学管理的科学化和现代化。

1.系统分析的程序

运用系统方法必须按科学程序办事。高校教学管理中的许多重大问题，因为其联系复杂，制约因素多，所以无论是决策还是指挥、控制，

绝不是可以靠少数人的狭隘经验和主观臆断就可以解决的，而应遵循系统分析方法的一般步骤和程序——提出问题，明确目标；搜集资料，分析问题；提出方案，建模选优；组织实施，控制调整。

2. 系统方法的基本原理及在高校教学管理中的应用

系统管理是现代管理科学的重要组成部分，它是以系统论作为管理的理论依据，以系统方法对管理对象进行科学管理的。现代教学管理系统是把教学管理活动中的人、财、物、信息和时间等各种基本资源经过合理的组织和有效的利用，最大限度地发挥其作用，完成教学目标的一种管理组织系统。是由人的系统、组织系统、物的系统、信息系统等组成的多因素、多序列、多层次的复杂系统。高校教学管理活动是一个复杂的系统，它具有自身的构成要素、层次和功能等系统特性，如教学管理对象的复杂性与客观性、教学管理过程诸要素的相关性与有序性、教学管理主客体关系的能动性与制约性、教学管理环境的动态性与多样性等。教学工作的系统化管理，就是根据教学工作本身的规律和特点，运用系统科学的方法，把整个教学管理过程作为一个系统进行研究，以求得整体上的最优。通过组织、协调各子系统的关系，使各组成要素和结构组成一个协调运行的整体，以达到系统的整体性目标，达到提高管理效率和人才培养质量的目的。因此，系统方法是高校教学管理的一类非常重要的方法，其基本原理和应用内涵主要体现在以下五个方面：

（1）管理工作的目的性。目的性是系统论的首要思想，开放系统在与环境的相互作用过程中会达到一个稳定的状态，这种状态表明该系统具有目的性。系统的目的性就是系统的功能所表现的趋向性、方向性。在高校，教学管理主体与管理对象都处于特定的教学管理系统中，教学管理主体必须运用系统理论组织教学质量管理活动，运用系统方法调节、控制教学系统的运行，最终引导教学管理对象实现预定目标，这也是教学质量管理目的性的体现。根据系统方法的目的性原理，任何管理行为都是为了实现系统的价值目标。高校教学管理系统的价值目标主要包含两个方面：一是全面提高教学质量，使培养的人才适应经济社会发展的需要；二是提高教学及质量管理工作的效率和效益，两者要有机结合，不可偏废。因此，作为高校的领导，必须紧紧把握住教学管理的价值目标，不仅要制定出符合本学校、本单位特点的，并与教育方针相一致的总体人才培养目标，而且要指导下属各部门、各单位都要围绕这一总体目标制定出协调一致的具体目标。当子系统的目标与整体目标矛盾时，要以实现总体目标为准则。各级管理者还要善于把握目标的发展方向，消除各种影响系统目标实现的干扰因素，确保教学管理价值目标的实现。

（2）管理系统的整体性。整体性是系统方法论的核心和基础。系统是指由两个以上相互作用、相互联系的要素、元素、部分、环节，按一定层次和结构组成的具有特定功能的有机整体。"整体大于部分之机械总和"，这一命题是系统整体性的集中体现，所以整体性又称非加和性。系统的整体功能不等于各个要素之功能的相加，而是要大于各部分功能之和。系统的各部分在组成一个整体后，各部分不再只是发挥其原来的功能，而是互相有机地结合在一起，产生出总体的功能。这种功能的产生是一种质变，是原来各部分所不具备的。它要求高校教学管理者在研究和处理问题时，要牢固地树立全局观念，始终把管理对象看作一个有机整体，而不是孤立地研究它本身，否则就会犯"头痛医头，脚痛医脚"的毛病。研究任何问题，首先都要弄清它处在一个什么样的系统之中，它所处系统的性质和整体目的，它在这个系统中的地位和作用，它与该系统中其他各因素的关系，这个系统所处的环境条件等，只有把这些问题弄清了，才能正确地对它进行判断，才能保证整体的优化，达到配合整体功能的要求。

（3）管理要素的相关性。系统论认为，系统就是相互关联和相互作用的诸要素构成的一个整体。系统的相关性是指系统内部要素与要素之间以及系统与外部环境之间的相互联系、相互依赖、相互作用的特性。它告诉我们，系统各要素之间、要素与整体之间、整体与整体之间、本系统与外系统之间存在着普遍的相互联系。因此，系统内外任何要素的存在、运动、发展、变化，都与其他要素相关，并在系统的内、外部形成一定的结构和秩序。高校教学管理系统是社会系统和学校管理系统的一个组成部分，是社会和学校大系统的一个子系统。一方面，社会上的政治、经济、科技和文化等因素的变化，制约和影响着高校的人才培养和教学管理工作，只有重视了教学及其管理系统与社会环境的相互作用，教学管理才有生机和活力；另一方面，要保证教学管理系统与学校管理大系统中的教师管理系统、学生管理系统、科研管理系统、后勤管理系统之间的协调发展。当然，高校教学管理系统自身也要处理好各部门、各层次、各要素间的相互关系，并将其合理组合起来，实现交叉和整体优化。比如，在实施学分制教学改革时，应从提高教学管理水平、实现人才培养目标这一整体功能出发，综合考虑学分制的课程结构、教学方式、教学组织形式、教师资源、学生管理模式、选课信息管理等相关因素的配合与协同情况。

（4）管理结构的层次性。系统是由不同层次的等级结构组成的有机整体，无论是结构还是功能，系统都可以划分为不同的等级层次。高一级系统包含低一级系统（子系统），而低一级系统往往是高一级系统的要素（子系统）。它告诉我们，系统要素的结构与功能之间存在着不可分离的关系，通过对系统要素的等级层次的有序化建构和协调，可以实现系统整体功能的最优化。因此，在分析和认识系统整体的性质、目的和要求的基础上，还要将整体加以分解，对系统的各个因素及其内部结构进行必要的分析。对高校教学工作进行系统管理。也要讲究管理的层次性，实现校、院、系等教学管理组织机构的分级管理，实现各个层次的相对独立，各司其职。

（5）管理过程的动态性。在系统论看来，任何系统都是一个运动过程。系统方法要求我们以动态的观点去分析考察事物的运动状态和运动过程。从明确办学定位，进行社会需求和人才市场调查，到确定人才培养目标和培养规格，进而确定课程体系、教学内容和教学过程，再到加以实施、评价等，就是系统化教学管理的过程。课堂教学过程也是一个完整的动态系统，其基本要素有教师、学生、教学媒体、教学措施和教学环境。教学过程这个动态系统，沿着课前备课与预习、课堂传送与接受、课后辅导与复习、课终检查与评定这四个程序运行。课堂教学系统要想发挥其最佳功能，即取得最优化教学质量，就必须按照系统论的整体性和动态性原则，依据整体目标优化系统中师、生、教学媒体等要素，重视并优化课前预习、课堂讲授、课后辅导、复习、课终检查与考试等程序，使之形成一个有序的动态系统。

（二）教学管理的控制方法

1.控制方法的基本原理和步骤

控制论研究问题的基本方法是把研究的对象看成是一个整体，称为被控系统。把研究对象受周围环境的作用看成是通过特定通道实现的"信息输入"，把研究对象对周围环境作用下的反应看成是通过特定通道来实现的"信息输出"，把给定信息作用的结果通过输出信息返送回来，并对信息的再输入发生影响，以起到调节控制作用。与传统控制方法不同的是，现代控制方法不是利用行政干预的方法，而是运用信息反馈的方法，对被控制的对象加以控制。简言之，控制方法就是将给定信息（目标、任务、计划、要求等）输入被控对象，再把对象产生的反应、结果（输出信息）反，馈回来，并与给定信息进行比较判断，这当中不需考察该系统内部要素、结构及内容和形式。如果发现这两者有偏差，便采取措施加以纠正，从而消除或减少差距，保证既定目标的完成。

控制方法具体运用起来其形式和步骤有很多，要将其运用到组织管理中，一般应抓住以下几个环节和步骤：①明确控制对象。如将组织总体目标或将组织中的人力资源管理，作为控制对象。②制定控制目标。控制方法要求将目标任务作为给定信息输入被控制对象，所以在建立控制系统时必须首先制定目标。③制定标准规范。要按标准化的原理对所要完成的目标任务（数量、质量、时间）、责任以及考核的办法，制定出明确的标准，形成一套标准化体系，以便能按标准要求执行，并便于考核和奖惩。④实现自我控制。控制论方法的核心是被控制对象实行自我控制，凡是组织成员能自己处理的应该让他们自己处理。⑤评价实施结果。控制方法主要是运用信息反馈的方法进行控制，所以要对实施结果进行评价。不仅要对最终结果进行评价，在实施过程中也要及时进行评价，以便按评价的结果进行调整。

2.控制方法在高校教学管理中的应用

高校教学过程实际上就是一种控制过程，可以运用控制论方法来进行管理。所谓教学控制，其基本含义就是按照教育教学规律，通过信息的传递、交换、处理和反馈，对各部门、各系统、各成员的教育教学工作进行有序调控，促使教育教学质量向着预定目标发展。可见，教学控制实质上是对教学发展的可能性进行有方向的选择并加以调控的过程。

为使整个教学管理大系统合理地运行，必须建立有效的教学控制系统作保障。教学控制系统主要包括目标控制体系、教学过程控制体系、教学信息反馈体系三个部分。它是通过对教学目标的前馈控制、对教学过程的适时控制和对教学信息的反馈控制而形成的一个完整的闭合系统。教学控制的有效性，取决于科学的控制方法。控制论中的控制方法包括前馈（事前）控制、适时（事中）控制和反馈（事后）控制三种，教学控制同样也包括这三种方法，并细分为定向控制、条件控制、程序控制、随机控制、反馈控制、循环控制等具体控制方法，它们构成教学控制的有机整体。

（1）前馈控制。前馈控制也称事前控制，即通过系统输入和信息馈入，使之在运行过程的输出结果受到影响之前就做出纠正，它是一种面向未来的控制，其重点在于"防患于未然"。教学管理中的前馈控制，是指在教学活动开始之前，对教学准备工作及影响教学质量的各项因素进行分析与控制，这是一种以预防为主的主动的教学控制方法。实践证明，前馈控制意识越强，教学管理中的失误就越少。前馈控制主要包括定向控制和条件控制两种方法。

①定向控制法。控制论认为，不论对何种系统进行优化控制，都必须有明确的控制目标。控制目标是控制活动的最基本的根据，是控制活动的出发点和落脚点。缺乏目标或目标不明确，就难以进行有效的控制。教学定向控制，就是通过建立教学目标，控制教学结果向着预定的目标方向发展并纠正出现的偏差。主要措施包括：一是确定人才培养目标，根据培养目标研究人才的知识、能力和素质结构；二是制订教学计划，根据教学计划进行课程设置和教学环节安排；三是制订教学质量标准，依据教学质量标准进行质量监控和质量评估；四是制定专业、课程等的质量评估指标体系，并以此对专业、课程等的建设进行目标导向和质量诊断；五是制定明确的课堂和实践教学目标，以对整个课堂和实践教学的控制有一个总的依据，实现对教学工作的优化控制。在采用目标定向控制法时，要注意根据学校的师资、办学资源、学生素质等实际条件，提出一个经过努力可以达到的目标，并制定近期计划和中长期规划，这样提高教学质量就有了方向。

②条件控制法。条件控制就是根据调查和教育预测，事先设计、提供和创造一定的条件，或者有针对性地排除一些可能干扰教学有序进行的因素，保障教学活动的顺利进行。主要措施有：提高教师、教学管理人员和政工干部的素质和业务水平；改善教学设施、仪器设备、实习基地、图书资料等教学物质资源条件；建设优良的校风、教风和学风，营造良好的教学环境；提供良好的学习、工作和生活条件，不断改善科研条件、办公设备条件和校园环境等。

（2）适时控制。适时控制也叫事中控制或同步控制，它是在活动正在进行的过程中所实施的控制，其纠正措施也作用于正在进行的计划执行过程之中。进行适时控制，可以在发生重大损失之前及时纠正问题。适时控制的中心任务就是要依据教学计划和质量标准，及时发现偏差并适时加以纠正，防止偏离教学计划和目标轨道，确保教学活动的质量。适时控制包含程序控制和随机控制两种方法。

①程序控制法。实施程序控制，就是依据教学工作的运行规律，建

立教学活动的工作程序和管理工作的日常程序。它能促使教学管理过程诸环节的运行向着合乎目标的方向发展，并通过信息反馈随时调节和纠正运行中的偏差。教学过程中应当建立如下的程序控制：一是建立学制阶段全过程管理的一般程序。按学生身心发展规律安排作息时间，按教学计划的规定开设课程，按学校培养目标和学位授予标准决定学生的毕业、肄业或学位授予等。二是建立学期工作管理的一般程序。学期初抓计划，期中抓检查，期末抓总结，平时抓落实。三是建立师生教学活动的一般程序，教师建立认真备课、上课、作业批改、答疑、实验、实习以及考试考核和教学总结等教学工作程序；学生建立先预习后听课、先温习后作业、先准备后实验、先复习后考试的学习程序；教学管理人员建立计划、实施、检查、总结、交流、考评与奖惩的教学管理工作程序。虽然教学控制的程序是严格的，但绝不是一成不变的，它会因内、外环境变化而经常发生变化。

②随机控制法。所谓随机控制，就是在教育教学运行过程中，及时沟通和反馈信息，并采取有力的调控措施，排除造成质量波动的各种干扰因素，使教学工作运行正常，教学质量得以不断提高。教学系统在其运行过程中，经常会受到内、外部环境因素的干扰。前者如教师教学态度不端正、教学仪器故障等，后者如教室外的喧闹声等，从而使教学质量出现波动或偏离目标轨道。这时，就需要进行随机控制，其方式主要是对教学工作进行质量检查、评估、监督和指导。

（3）反馈控制。反馈控制也称事后控制，是以系统输出的变化信息作为馈入信息，通过反馈作用调节和改进系统的运行状态，防止已经发生或即将出现的偏差继续发展或再度发生，预防将来发生更大偏差。要使整个教学系统合理地运行，必须通过教学检查、教学督导、教学评估及信息反馈等途径，建立有效的教学状况信息反馈系统，来实行反馈控制。通过对教学活动的最终结果及偏离目标的差距进行分析与信息反馈，发现存在的问题和偏差，及时采取措施补救，确保教学活动不偏离目标和达到预期的目的。如果达不到预期的目的，补救是要花费代价的，甚至有的还不可补救。因此，反馈控制的行为带有一定的"亡羊补牢"色彩，要使教学控制达到事半功倍的效果，就应把控制重点放在事前控制上。

反馈控制的一个典型模式是循环控制。循环监控的目的是为了及时地总结一个周期工作的经验教训，适时地反馈到下一个周期循环，对下个循环的教学工作进行调控，以不断优化教学过程和持续改进教学效果。

第三节　高校教学管理制度的创新

一、高校教学管理制度的概念

高校教学管理制度是以优化教学内容、提升教师队伍素质、完善教学质量等为目的而实施的教育措施、教育守则、教育规章等的总和。高校师生都应该以教学管理制度为标准来规范教与学的活动。

高校教学管理制度是一个多层次、多序列、多职能的完整体系，从不同的角度有不同的划分和理解。下面分别从广义和狭义两个层面来分析。

从广义上讲，高校教学管理制度就是在一定教育发展条件下形成的教学管理体系，是由诸多元素或部件构成的完整的具有特定目的和功能的整体。各个元素或部件在构成上的变化直接影响高等教育功能的发挥和高等教育目的的实现。这个整体或系统总是随着时代和社会的变化而变化，可以是主动的变化，也可以是被动的变化，可以是宏观方面的变化，也可以是微观方面的变化。当高等教育教学不适应时代和社会的变化所提出的新要求时，高等教育就要通过制度上的改革来适应这种要求。高校教学管理制度本身就是在不断适应社会需要的过程中形成和发展起来的。

从狭义上讲，高校教学管理制度特指在高等学校的教学过程中，为了规范教学活动和实现教学目标而制定的系统的教学管理方法。

为提高高校教学质量，各国不断加强教学管理，从制度上提供保障。从世界范围来看，学分制和学年制是高校教学管理中采用最为广泛的两种制度。选择学分制还是学年制与国家的社会制度没有太大的关系，这更多地与一个国家的社会文化和传统相联系。有时在同一个国家里，在不同时期，不同高校会采用不同的管理方式；甚至在同一时期，不同高校也采用不同的管理方式。由此可见，学分制与学年制只是两种不同的教学管理制度而已。它们的共性是学生必须修习一定数量的科目才能毕业，区别则是学年制注重统一性，有显著的强制性特点，学分制的自由度和选择范围比较大，有弹性。所以，两者并无绝对的优劣之分，高校教育的成功和采用哪种教学管理制度也没有绝对的关系，关键是高校所采用的制度是否适应学校教学管理的需要。"制度"是一把"双刃剑"，只有通过不断完善教学管理制度，才能促进高校教育质量的提升。

二、高校教学管理制度创新的原则

（一）系统性原则

系统性原则要求教学管理制度保障主体的全方位、保障范围的全方位、保障活动的完整性。即要求制度保障的主体需要教师、学生、教学管理人员的共同参与，涵盖所有与教育教学质量有关的因素，包括教育资源、教育教学过程与教育教学结果，并且对全过程进行调节、控制，形成一个环环相扣的有机整体。

系统性原则要保证核心制度与配套制度的有效结合，从整体角度出发，把制度结构中起主要作用的核心制度与起辅助作用的配套制度进行合理的统筹安排。无论是核心制度，还是配套制度，都需要把对过程管理的关注转移到对关键环节的重点管理上来，如原来对学生课堂考勤、听课、自习、作业完成等事无巨细的检查和监督，就需要转变为在课程考核时对出卷、阅卷和考试等这些关键环节下功夫。把住这些关键环节，就可以以较小的管理成本约束、规范、引导学生平时的行为和态度，还有利于学生充分利用自己支配的时间和空间进行创新能力的锻炼与塑造。把住关键环节，还可以避免烦琐，避免给师生增加额外负担，便于执行，提高整体工作效率。

（二）可行性原则

可行性原则要确保效率和质量的提高，强调群体或组织中行为的一致性、条理性，从而显示出秩序和效率，没有效率的质量是难以实现为师生服务的教育目标的。同时，质量又是发展过程中的一个重要取向，它构成了效率的基础和前提，没有质量的效率很难说是真正的效率。当然，高校教学管理的效率概念与经济管理、行政管理等领域中的概念应当有所不同，它是一种符合高校教育本质特性的管理效率。

可行性原则要求制度具有可测性，对教学管理制度执行得好与不好、执行到什么程度，可以用统一的标准进行测量和评价，避免在制度执行过程中出现赏罚不明、标准不一的现象，影响教学管理系统的整体运行。

可行性原则要体现出制度的强制性，遵循"无例外原则"，给予奖惩条例，以严格的规定，授予执行部门强制执行的手段和权利，使每个人在执行教学管理制度时都能感觉到一种"力度"，都需要付出一定的努力。只有制度得到良好地贯彻执行时，组织成员，包括教师和学生、教学管理者，才能自觉遵守教学管理制度，自觉维护教学管理制度的权威性，制度所规范的行为即可成为组织成员高度自觉的行为。此时，组织成员的行为自由也就不会感受到这种约束和限制。

可行性原则意味着制度不能太多、太细。任何制度都是有漏洞的，而且制度也不可能无限细化，制度越细化，制度管理的成本越高。即便可以进一步地细化，细化的制度也仍然需要师生们具有执行制度的自觉性。过分精细化的规则还会束缚人活动的手脚，所以应保留一定的能够自己自觉选择行为的余地，要体现对人的尊重，不要用太多的否定词，不用表示禁止的命令型的语气，少规定拘束人的条目，只侧重于指明一个大致的方向，把强调细则的做法改为体贴人的纪律。

（三）开放性原则

开放性原则意味着制度变迁的主体要多元化，要改变以往制度创新仅由教学管理部门主导的现状，吸收教学活动利益相关者参与进来，使制度创新的主体由一元化向多元化发展。制度主体的多元化可以使制度的制定照顾到不同对象，考虑到不同的适用范围。

开放性原则意味着制度变迁的可持续性。任何制度都处在不断修改、不断完善的过程之中，制度如果保持绝对的稳定，必然会带来僵化，束缚人的发展和教学的进步。但修改过于频繁则会降低其有效性。因此，在制定制度的过程中，应该处理好发展中的问题、变化中的问题以及难以确定的问题。建立畅通的信息渠道，保证信息的多向传递和有效转换，做到留有余地，以便制度在执行的过程中得到逐步完善，得以渐进形成稳定的管理体系。

（四）一致性原则

一致性原则要求教学管理制度必须与学校整体的运行机制保持一致。高校的教学管理工作与学校的运行机制、人才培养目标和教学运行体系关系紧密，因此需要与人事分配制度、职务晋升制度、学校管理体制等相关环节保持一致，确保有效实施。

一致性原则要求各项教学管理制度之间的统一、协调。任何一项教学活动、教学环节都是为了实现人才培养目标而设计的。各教学活动、教学环节之间环环相扣、紧密相连，教学管理制度也应与之相应，形成较强的系统性、整体性，做到目标一致、各制度之间衔接一致。

三、高校教学管理制度创新的策略

（一）建立自主学习制度

自主的学习制度应当是学生能根据自己的兴趣、特长和实际条件，自主选择主攻的专业方向、自主选择修习的课程、自主选择学习的方式（如自由选择时间、地点、媒体等），甚至自主选择喜欢的教师。这有利于培养大学生自我负责的精神，有利于塑造具有个性和创造性的人才，有利于满足社会对人才多样化的需要。

1. 加大选修课程的自由度

选课制、主辅修制、学分制等制度都是有利于扩大学习选择性的管理力度，但有待于进一步完善。目前，我国高校必选课的比例偏高，而选修课程所占的比例远远不够，学生在自由选择课程上还存在一定的局限性。各高校要改革刚性的培养计划，把必修课控制在适当的比例。逐步增加选修课，特别是任意选修课的比例，加大选修课程的自由度；鼓励教师开设跨科、跨专业选修课，以扩大选修课的数量；建立允许学生跨院系、跨年级、跨专业选修的制度保证；实行教师挂牌上课的制度，尤其是在公共基础课中实行教师挂牌上课，扩大学生选择教师的权利。还可允许学生根据自己的学习能力和实际条件选择达到学习结果的学习方式，不必苛求统一的时间、地点和媒体，这样有利于培养学生自我负责的精神和自主学习的能力。

2. 扩大学生专业选择性，逐步放开专业选择

现阶段我因绝大多数高校实行按专业招生的制度，在录取时，不同专业的学生录取分数有很大差异，学生进校后重新选择专业的机会很少。虽然有的大学已经推行某些相应的改革，如允许学生跨系、跨专业选课，试行主辅修制、双专业制或双学位制，允许少数学生转系、转专业等等。但是，这些新的制度或举措明显偏向学习成绩好的，家庭经济条件好的少数学生群体。就总体而言，专业和院系之间依然存在一条难以逾越的

鸿沟。

各高校应努力创造条件，逐步放宽转专业的条件和比例限制。在引导大学生理智地选择专业的同时，允许学生根据自己的兴趣、爱好、特长自主选择专业、变更主修专业或中途转学，以满足其个性的充分发展。在这方面，有些高校已实行的按文理大类或学科大类招生的做法不失为一种较好的办法，可为学生自主学习提供更加自由的选择空间。

（二）完善弹性的教学管理制度

要改变"规范性"教学管理制度，推动教学管理制度的弹性化、柔性化，必须从以下几方面加以完善：一是突出各教学环节的多样性，包括专业与课程设置的多样性，培养途径的多样性，教学方法的多样性，学习方式的多样性，教学评价方式与教学管理方式的多样性等等。二是重视个体差异、因材施教。如目前我校实行的大学英语改革，根据学生英语水平的实际状况，打破按自然班进行管理的模式，而代之以按课程按成绩分级教学管理模式，这解决了成绩好的同学"吃不饱"而成绩差的学生"吃不消"的矛盾。三是推进学分制教学管理制度改革。为适应生源多样化、学习需求多样化和休学创业等需要，高校应允许学生根据自己的实际，允许学生多选、少选或休学，自主选择学习进程和学习年限。允许中途停学一段时间再来学习，可提前毕业或推迟毕业，为学生自主学习提供更加自由的时间弹性。即允许学生在一定范围内选择课程、教师和自主安排学习进程，积极推进以学分制为主的教学管理改革，实行弹性学制。

第四节 高校教学质量管理的创新

一、教学质量管理概述

（一）质量与教学质量

1.质量的含义

质量就是产品或工作的优劣程度，即以某一特定标准衡量产品或有关的各项工作后得出的符合程度。质量可以分为产品质量和工作质量。而产品的质量取决于工作的质量。

2.教学质量的含义

狭义的教学质量指的是课堂教学的优劣程度。例如，一位数学教师在教学过程中，按照教学大纲和教科书的要求进行教学，完成一定教学任务所取得的成绩就是教学质量，即教学优劣程度的一种反映。人们通常所说的教学质量，多指这种狭义的教学质量。如果单纯以此来衡量校长的办学成绩、教师的教学水平、学生的学习质量，就不够全面合理了。

学校进行道德教育、智力教育、体质教育、美学教育工作的质量和学生综合发展的情况就是广义上的教学质量。这种教学质量的评价依据的是多方面的内容。例如，党的教育方针是否被全面的贯彻执行，学生的身心是否得到了全面的培养和发展，学生在道德品质、智力、体质、审美等方面是不是在原有基础上得到了持续的大幅度的提升，学生毕业后劳动或升学是否适应社会发展和经济建设的要求。教学质量好体现为毕业生为社会发展和经济建设服务得好，有后劲。有系统的文化科学知识、很强的自学能力、崇高的思想境界、高尚的道德品质和强健的体质。最后的衡量标准是学生日后在社会上所起的作用，是否成了有理想、有道德、有文化、守纪律的一代新人。因此，分析一个学校的教学质量，不仅要看考试成绩，而且要看教职员工和干部的工作质量和学习质量。

（二）教学质量管理

1.教学质量管理的概念

教学质量管理实质上就是管理教学质量形成的全过程和各环节，把有关人员组织起来，把影响教学质量的各种因素控制起来，以保证在教学质量形成的过程中不出差错，或少出差错，并且逐步提高教和学的质量。所以，实行教学质量管理是提高教学质量的重要保障。有些管理者习惯于把考试当成教学质量管理的主要手段，这是由来已久的一种误解。教学质量不是考出来的，而是教出来的，学出来的。管理者应将教学质量管理的重点放在平时的形成教学质量的全过程和各环节上，而不应当放在考试上。

2.教学质量管理的主要内容

第一，管理者应进行宣传教育，做好思想工作，充分发挥全校教职员工的聪明才智，提高他们的质量意识，使人人关心教学质量、个个参与质量监督、认真负责地做好质量管理工作。

第二，管理者应建立和健全教学质量管理体系。校长应负责组织所有与教学质量相关的人员进入教学质量管理系统。每个人都应充分履行自己的岗位职责，每个人都应充分发挥自己的岗位职能，使上下左右信息渠道畅通。

第三，在每学期的开学之前，管理者应根据上一学期的经验教训，采取上下结合的方法，提出新学期的要求或目标，实施相应的计划。

第四，管理者应检查各职能部门、各教研组、各班级的实施情况，控制和调节影响教学质量的各种因素。

第五，管理者要充分了解和掌握教学质量的情况，要用数据说话，不能停留在用生动的和突出的事例来说明问题的水平上。

3.教学质量管理的分类

（1）预防性质量管理。预防性质量管理主要指校长、教导主任、教研组长，通过抽样检查，及时了解教师备课、上课、批改、辅导的质量，及时了解学生预习、听课、复习、作业的质量。从中发现经验，及时总结推广，发现问题，及时研究解决。这种管理可以防患于未然，也可以避免在升级或升学考试前再去"亡羊补牢"，可以防止和减少教学中的倾向性问题发生。所以，预防性质量管理是稳步提高教学质量的一种可靠的保证。

（2）鉴定性质量管理。因为鉴定性质量管理是管理者到了一定阶段后所进行的质量检查和质量分析，所以又叫阶段性质量管理。比如：在新生刚入学后，有的学校进行摸底测验或编班测验，及时了解学生在上一个学段完成学习任务的情况，并及时进行补缺补漏的做法，就属于这种管理；有的学校在每个学年对学生德、智、体等的发展情况进行全面的分析评定，做出升留级的决定，并且总结这方面的经验教训的做法，也属于这种管理；对毕业班学生德、智、体、美等方面的发展情况进行质量检查和质量分析，总结经验教训的做法，也属于这一种管理。

（3）实验性质量管理。在教学质量管理过程中，许多做法都要经过科学研究和科学实验，只有被证明是切实可行、行之有效的，才能被逐步推广。这样做，不仅能够让管理者提高自觉性，减少盲目性，学会按照客观规律办事，而且可以防止挫伤师生员工的积极性的情况出现。如果管理者见到新方法就直接拿来用，而不经过研究和实验，很有可能会在实施过程中出现各种问题，从而造成资源和时间的浪费。

二、高校教学质量管理的创新策略

（一）做好标准化工作

1. 制定明确的教学质量标准

教学质量形成的全过程和各个环节中都必须有明确的质量标准。否则我们就难以准确衡量和评定教学质量的优劣程度，也难以准确地判定究竟是否全面地贯彻了党的教育方针，是否实现了管理目标。所以要实行教学质量管理，就要研究和制定评定教学质量优劣程度的标准。各科教学质量的标准是以各科教学大纲、教学计划和教科书为依据而制定的。教导主任要按照国家颁发的教学计划排课，要指导教师学习教学大纲，钻研教材。教师要按照教学计划、教学大纲和教科书的要求上课，并且在每个学年、每个学期、每个单元、每一节课的教学过程中和各个环节中去落实。因此，教导主任要协助校长研究并制定教师教学工作各个环节的质量标准。

2. 制定明确的学习质量标准

只有管理者明确了学习的质量标准，才有可能使学生明确每一学年、每一学期、每一单元、每一节课的学习任务和要求，从而主动地完成学习任务，达到学习要求。有些地方、有些学校提出的分年级要求，提供的教学参考资料，就为有关学校和教师制定学生学习质量的标准提供了有利条件。作为分管教学的校长和教导主任，应当充分利用这些条件，研究并制定学生预习、听课复习、做作业等几个环节的标准，而且要严格检查。通过学习质量标准化的工作，调动学生的学习积极性，培养良好的学风。

3. 制定明确的教学质量管理工作标准

教学质量管理的所有工作都要标准化。各项工作都要有一个标准。这样管理者才能评定其优劣程度。标准应便于执行，便于检查。例如，管理者在制定实验室管理员的工作标准时可参考以下几点：

第一，仪器、药品、标本、材料、设备等账目清楚，制度健全，随手可查、可取。

第二，要分类编号各种仪器、药品、标本、挂图、材料，存放要有规律；试剂要有标签，要定点存放配套附件，要保持玻璃仪器清洁干净。

第三，能提前一周为实验课和演示实验做好必要的准备，协助教师上好实验课。

第四，做好保管、维修、安全工作。标准要如实反映情况，不断修改，不断完善。无论是成功的经验还是失败的教训，都应该加以总结使其标准化。待下次再做同样的工作时，可直接按标准进行，借鉴成功的经验，防止再次失败。这样可使学校的工作条理化、专职化，简化了管理工作，达到了高效率的目的。

标准化既是质量管理的结果又是下一循环的起点。所以，教学质量管理从标准化开始，到标准化告终。如此周而复始，螺旋上升，逐步完善，整个教学就会出现欣欣向荣的局面。

（二）做好质量情报工作

随着社会的发展，教学质量管理在提高教学质量过程中的作用越来越大。这就促使校长和教导主任必须及时掌握学校内外教学改革信息情报。有条件的学校，还要及时了解校内外、省内外、国内外的教育科学和管理科学研究的新成果和新经验。在科学技术日新月异的今天，如果学校领导孤陋寡闻、闭关自守，那么无论如何也办不好现代化的学校。因此，学校教导处要及时收集教学研究的资料，包括观摩教学的资料、课外活动的资料、学生健康与生活的资料、学生课外阅读的资料、学生兴趣爱好的资料、学校领导听课和抽样检查的资料、教师相互听课的资料、质量分析的资料、教师健康状况和生活状况的资料等。教导主任要特别注意教学方法研究的新成果和新经验，从而开阔眼界，增长见识，取长补短，引导本校教师不断改进教学方法。此外，还要定期收集毕业生就业后的信息，以及他们本人和单位对学校的意见和建议。这也是衡量学校全面贯彻党的教育方针的一个重要方面。

为了使学生身心得到全面的发展，班主任要及时了解学生在校外的表现情况，并将重要情况及时向教导处汇报。教导主任要亲自研究"三好学生"的发展情况和规律，研究各科"拔尖"学生的发展情况和规律，研究优秀班主任和优秀教师的发展情况和规律；要充分发挥各种质量情报和教学资料的作用。教导主任要指导教导员，或者亲自整理分类。属于教学资料的，由资料室整理保管；对于属于学生品德方面的校外信息的，教导处应将之传递给班主任；对于查有实据的资料，教导处应妥善保管；对于教师健康情况和生活状况的资料，在.校长、党支部书记、教导主任、总务主任工会主席传阅后，教导处应将之交给人事部门保管，并主动帮助教师克服困难。

对于教育科学和管理科学研究的新成果，图书资料室要将之及时传递给校长和教导主任。不论何种情报资料，都要有收发和报关的制度。图书资料室不可以将公共财物化为私有；对于遗失的和损坏的，要赔偿、要检讨；要建立严格的规章制度。学校领导要以身作则，对校内外的各种反馈信息，进行科学分析，去粗取精，去伪存真，并进行由此及彼、由表及里的思索，进行综合、概括，做出正确的判断，以充分发挥质量情报的作用，是教导主任义不容辞的责任。

（三）做好教学质量督导工作

1.构建健全的督导体系

（1）确定合理的督导模式。我国高校应以促进教学质量的提高为重心，以发现问题为前提，以改革教学环节为途径，重新定位教学督导工作，重构与本科教学合格评估相结合的校二级督导管理机构。在二级学院成立院级督导小组，将教学督导工作重心下移，进一步强化各学院的自我质量监控功能，充分调动二级学院的积极性，发挥各学科专家在各自专业方面的优势，使督导工作更有针对性与实效性。

（2）健全教学督导体系。我国高校应进一步明确督导人员的责、权、利，提高教学督导在质量监控体系中的地位和作用，强化其督导功能。教学督导体系的建立和健全，是进行教学质量监督的重要前提。只有充分发挥教学督导体系的作用，才能使质量监控更加公平合理，并且取得良好的监督和控制的效果。

2.构建督导与服务相"融合"的体系

"导"是教学工作的重点内容，"督"是为了更有效地"导"。以"督"为辅，以"导"为主，"督"和"导"相融合才能使"导"具体到位，使"督"得到延深和落实。督导人员要通过对教师工作的"督"，了解和掌握其不足之处，帮助他们解决教学中出现的问题，改革教学方法与手段，提高教学技能；督导人员要挖掘教师的潜能，帮助他们总结经验，形成个性化的教学风格。同时，校院两级管理部门要定期组织召开督导工作会议，索取建议、处理信息，解决督导中存在的问题，帮助督导人员提高工作效率与督导水平，以使其更好地服务于教学工作。

3.加强督导队伍的专业化建设

学校要重视督导人员的整体素质。督导人员精通教育理论、教育管理与教学实践。建立一支专兼职相结合，专业、年龄结构合理，素质良好的督导队伍是高等教育教学改革与发展的需要，也是高校提高教学质量的必然要求。高校要加强督导队伍的专业化建设，优化督导队伍的专业结构，应要求督导人员具有专业知识、专业技能和职业道德；建立有效的教学督导人员培训机制；明确规定督导人员的职责与职权；引导和鼓励其加强理论与技术研究，提高督导工作水平。总之，高校能否顺利构建及运行教学督导系统的关键在于是否具备一支高素质的督导队伍。

三、基于 TQM 的高校教学质量管理创新

（一）TQM 的概念与特点

1.TQM 的概念

全面质量管理（total quality management，TQM）的概念是由美国质量管理大师菲根堡姆（A.V.Feigenbaum）在20世纪60年代初首先提出的。他定义为："为了能够在最经济的水平上并考虑到充分满足顾客要求的条件下进行市场研究、设计、制造和售后服务，把企业内各部门的研制质量、维持质量和提高质量的活动构成为一体的一种有效的体系。"①

这一定义强调了以下三个方面：首先，这里的"全面"一词是相对于统计质量控制中的"统计"而言的。也就是说，要生产出满足顾客要求的产品，提供顾客满意的服务，必须综合运用各种管理方法和手段，从而更全面地去解决质量问题。其次，"全面"还相对于制造过程而言。产品质量有个产生、形成和实现的过程，这一过程包括多个环节，它们相互制约、共同作用的结果决定最终的质量水准。最后，质量应当是"最经济的水平"与"充分满足顾客要求"的完美统一，离开经济效益和质量成本去谈质量是没有实际意义的。

笔者认为，全面质量管理就是企业全体职工及所有部门同心协力，综合运用管理技术、专业技术和科学方法，经济的开发、研制、生产和销售用户满意的产品的管理活动。

2.TQM 的特点

（1）全内容的质量管理。传统质量管理关注的是狭义的质量概念，质量就是产品自身的质量，主要是指产品的技术性能（如精度、耐用度、操作安全等）。这种认识使传统质量管理往往是就事论事的管理，难以解决根本性问题。由于顾客的需求具有多样性，不但要求高品质的产品，

---

① 任永俭.技术监督管理全书 [M].北京：机械工业出版社，1994：319.

而且要求价格合理、按期交货和完善的售后服务等。因此，企业不仅要提供给顾客满意的产品和服务质量，还要提供包括工作质量在内的广义的质量。全面质量管理建立的就是一种涵盖全部内容的广义的质量概念，既包括产品的质量，也包括产品赖以形成的工作质量和服务质量。全面质量管理就是对产品相关的各个部门、各个方面的工程质量、工作质量和服务质量的全内容管理，对影响质量的各种因素（包括人员、机器、材料、工艺方法以及环境等）进行全面的控制。

产品质量是企业一切工作质量和工序质量的结果，其质量高低是由这些工作和工序的优劣所决定的，企业工作和工序质量是决定产品质量好坏的原因。企业抓质量管理应该首先抓原因，管住影响产品质量的因素，从单纯的管结果变为首先管原因或管因素，这是全面质量管理的一条重要经验。企业的一切工作质量和工序质量管好了，产品质量也就有了保证。

（2）全过程的质量管理。全过程的管理需要从质量问题产生的根源入手，覆盖企业生产、经营活动的全过程和整个产品生命周期，而质量管理体系则是实施全过程管理的有效载体。组织（企业）应通过建立质量体系，对所确定的全部过程和各个环节进行系统管理，并深入理解和有效运用"过程方法"对所有过程进行管理和控制。全过程中各个环节的配合和信息的反馈也是非常重要的。例如，制造过程中可以反映出设计过程中的质量问题，使用过程中又可以反映出设计和制造过程中的质量问题，及时地把这些信息反馈到有关的部门，是现代企业质量管理中的重要环节，是不断提高产品质量，促进产品质量良性循环不可缺少的条件。

（二）将 TQM 引入高校教学质量管理的必要性与可行性

1. 必要性分析

（1）解决高等教育大众化进程中数量与质量矛盾的需要。我国已经由高等教育基础薄弱的国家一跃成为规模世界第一的高等教育大国。高等教育规模的扩大，适应了社会经济发展和人民群众教育消费的需求，是开发和储备人力资源的有效途径，对实施人才强国战略和全面建设小康社会目标意义重大。但与此同时，高校也存在着办学资源紧张，师资队伍、硬件设备、后勤服务和软环境建设相对滞后，生源质量差别增大，教学过程和办学秩序受到市场冲击等问题。高校教育教学质量面临着多方面的严峻考验，包括家长、学生、用人单位在内的社会的方方面面，对我国高校的教育教学质量问题越来越关注，也提出了新的更高的质量要求。因此，如何建立健全高校教学质量管理体系，具有重要的现实意义。

客观上要求高校管理工作者摒弃狭隘、落后的传统管理理念，走出相对狭小的学校圈子，到社会上去广泛吸收各种管理理论的精华，尤其要吸收工商界中较广泛应用的、相对成熟的全面质量管理理念和模式，并将其兼收并蓄地融合在高等学校的教学管理工作中，以提高高校内部教学管理水平和效率。因此，引入全面质量管理理念，全面加强教学质量管理，已成为高校在大众化高等教育进程中的必然选择。也只有进一步提高教育教学质量，妥善解决数量扩张与质量提升的矛盾，才能使我国大众化教育获得可持续发展。

（2）适应经济全球化挑战，加快我国高等教育与国际接轨的需要。我们所处的时代已经进入了经济全球化的发展时代，经济全球化在给世界经济带来新的繁荣和发展机遇的同时，也推动了高等教育及其资源的国际化，这必将给国内高等教育带来新的机遇与挑战。所谓高等教育资源国际化，就是指不同国家和不同地区的高等教育在办学实践中，通过联合培养、合作研究等方式，在人才、知识、技术、设备、资金和资料等方面进行经常广泛的国际交流，从而建成国际性的高等教育体系，培养出大批国际性人才，以应付日趋激烈的国际竞争。自从我国加入WTO后，教育领域的竞争日趋国际化。随着高等教育国际化的发展，国内外高校与教育机构之间的合作交流日益增多，国家间在教育资源上的竞争也越来越激烈，而质量则是国际竞争的根本保证，要提高高等教育人才培养的质量，必须建立国际化的高等教育质量保障体系。

（3）提高教学质量和办学效益、增强市场竞争力的需要。高校在服务经济社会发展的同时，也消耗着大量的公共资源，需要大量的办学资金支持。当前，我国高等教育经费不足是制约高校数量发展和质量提高的瓶颈，要想解决这个问题，除了改革高等教育投资体制和高校自身加大教学投入外，更主要的问题是如何提高现有教学资源的利用率，提高办学效益。提高教学资源的利用率，归根到底是提高教学管理的水平和质量，实现高校教学管理的科学化。这是高校"做大"后继续"做强"所面临的一个重要课题。由于全面质量管理的一个重要理念是强调低成本和高效益，因此，全面质量管理是提高管理效益和解决经费不足的有效途径之一。通过建立健全教学全面质量管理体系，有利于实现学校教育教学资源的最优化配置，有利于加强高校质量成本管理，不断提高人才培养质量和办学效益，并依靠良好的质量信誉在资金市场上获得更多的办学经费支持。

2.可行性分析

（1）从质量管理目标看。"以顾客为导向"或"以消费者为中心"是全面质量管理的核心原则之一。高等学校的顾客（消费者）主要由内部（直接）顾客和外部（间接）顾客两部分构成。对于高校来说，它提供的是一种教育教学服务，其直接的"顾客"是学生。学生既是教育教学服务的对象，也是教育教学服务的"终端产品"。但由于高等教育又要为国家和社会培养人才，国家投资是主渠道，学生缴费只是高校培养成本的一部分。因此，除了学生这一直接顾客外，高校还有间接顾客——政府和社会，高校也必须让这些顾客满意。可见，在市场经济条件下，高校也是有目标市场的。不管是教育教学服务，还是学生产品，只有准确适应目标市场（特别是学生和用人单位）的需要，满足目标市场的要求，这样的高校教育教学质量才可能是高质量的。让顾客满意，首先是让学生满意，要让学生对学校的教育教学服务和人才培养环境感到满意；

其次是用人单位满意，用人单位对学校通过教育教学服务而"生产"出的"产品"（即毕业生）感到满意。因而，保证和不断改进对学生及其相关顾客的服务成为学校的中心任务，尽一切可能关注和满足人的需求成为学校管理工作的核心。高校教学管理的功能也就从被动保障转换为主动服务，学校工作的重点都紧紧围绕不断改善、提高服务质量这个基本目标。

显然，高校与企业在质量管理目标及其实现途径等诸多方面具有相通之处。两者的质量管理目标都是根据"顾客"的需要来提高"产品"和服务质量、提高管理工作的效率和效益。为实现质量管理目标，两者都要调动全员的积极性和主动性，控制质量形成的全过程及诸多影响因素。

（2）从质量管理过程看。高等学校的人才培养过程与企业产品生产过程有着类似性，高校质量管理与企业质量管理也有许多相似之处。例如，生产型企业的全部生产过程可用输入——过程——输出三个部分表述，高校的人才培养过程也包括输入（招生）——过程（培养）——输出（毕业）三个部分。也就是说，企业生产具有生产活动属性，它有原材料、设备等的投入，通过生产加工（设计制造）产出有形产品，企业可以对从投入到产出的全过程进行质量管理，使最终生产的产品达到让顾客满意的程度；而高校的教育教学活动具有服务活动和生产活动的双重属性，它同样可以实现过程的质量管理，只不过其产出是无形的。高校通过教师、课程、教学设施、仪器设备等的投入，向学生提供一系列教学服务；对于家长，高校通过教育教学服务，提供的是受过教育和知识、能力、素质得到提高的学生；对于政府和社会用人单位，高校通过教育教学服务，向社会输送的是合格的"终端产品"——毕业生。可见，将企业界的全面质量管理原理与方法运用于高校人才培养过程及其质量控制，应该是可行的。

（3）从质量管理主体看。质量管理以人为本，人是 TQM 中的第一要素和赖以运作的主体，TQM 强调参与管理人员的全员性。教学工作是高等学校的中心任务，它牵涉教、学、管等方方面面，每一环节都对教学质量产生影响。高校教学全面质量管理的主体是全体教职员工，每位领导、教师、管理人员、服务人员乃至学生的工作质量，都与整体教学质量密切相关，教学质量管理人人有责。教学质量是全体师生员工共同努力的结果，任何一个人或任何一个部门的工作质量出了问题，都会引起"质量链"的中断。只有做到每位人员的质量意识强，教学与管理水平高，工作自觉自律、尽职尽责，才会有高的个体工作质量，进而集合成为高的整体工作质量。

（4）从质量管理实践看。TQM 代表了质量管理的发展方向，它所提供的普遍的质量管理理念、方法和模式，具有广泛的适用性，反映了质量管理的普遍规律。从质量管理实践看，TQM 理论已被世界上许多国家的高校所应用，在我国高校也有一定的实践基础。我国教育组织的 TQM 实践始自 20 世纪 80 年代后期。随着人们对质量问题的日益关注，学术界也开始有人研究 TQM 理论与我国教育教学实践结合的问题，并发表了一大批学术论文，出版了一些著作，为我国高校实施教学 TQM 提供了很好的理论基础。国内外教育组织推行 TQM，将全面质量管理的理念与方法应用于高校教学质量管理，是必要的，也是可行的。但是，将 TQM 引入高校教学管理，绝不能照搬企业的做法，关键是把握 TQM 理论的精髓和内涵，结合高校教学管理实际，加以移植、整合和创新，建立适合我国国情的高校教学全面质量管理体系与模式。

（三）高校教学全面质量管理的内涵与特点

1. 全面性

高校教学质量管理是全面的质量管理，这里的全面性有四层含义：一是树立全面的质量观。高校的教学质量体现在所培养学生的综合素质上，必须贯彻党的教育方针，使学生在德、智、体、美诸方面得到全面发展，达到培养高素质专门人才的教学目的。二是坚持全面的质量标准。即评价教学质量的高低，不能只看对学生某一方面的培养工作，而要进行全面衡量：既要重视对学生的理论知识、实践能力和创新精神的培养，又要重视对学生的政治思想品德、身心素质等方面的培养，以促进学生知识、能力和素质全面发展以及智力因素与非智力因素的协调发展。三是促进所有学生的全面发展，重视人才培养的全面教学质量，不让一个学生掉队。四是对学校的全部工作都要进行质量管理，注意对管理、教育、教学工作的各个层面、各个环节进行质量控制。

2. 全员性

高校教学质量管理是全员质量管理，它涉及全校各个部门、各个单位的所有成员，需要学校所有人齐抓共管。也就是说，教学质量管理不单是教学校长、教务处、教学院长等某些人或某个部门的事，而是需要各级领导、行政管理人员、教师、教辅人员和学生的共同参与并接受管理。各级领导和行政管理人员要服务于教学部门和教师，教师要以高质量的教学服务于学生。在高校这个系统中，所有成员都处于管理与被管理的体系之中，教学质量是全校所有人员工作质量的综合反映。因此，在教学质量管理中，必须充分调动每一个干部、教师、职工和学生的积极性、主动性和创造性，自觉地提高自己的工作质量，保证整体教学质量的提高。

3. 全过程性

教学全面质量管理也强调过程控制，强调预防为主，坚持质量管理的全程性。所谓全过程性，从横向看，是指高校教学质量管理贯穿于教学工作的整个过程，即从市场调研、专业设置和招生开始，直到学生毕业设计（论文）及就业的全过程。从纵向看，教学全面质量管理的过程主要包括招生过程的质量管理、计划过程的质量管理、教学运行过程的质量管理、教学辅助过程的质量管理和考试过程的质量管理等。有关教学工作的每个过程和每个环节都影响学生的培养质量，必须对每个过程的具体教学环节和可能影响教学质量的各种教学信息、内外部因素进行有效的质量控制，建立质量监控与信息反馈系统。注意对教学工作的各个层面、各个环节的"接口"进行设计和质量控制。强调每一个环节都符合预定的目标，以保证各项工作能紧紧围绕教学质量整体目标协调、高效地开展。同时也要注意到，教学质量不是检验出来的，而是在教育教学过程中产生的，要重视预防的积极意义，而不仅仅是强调终结性评价。

4. 全方位性

全方位是指教育质量不仅是教学质量，还包括与人才培养质量有关的所有工作的质量，如学生管理、科学研究、社会实践、学生创新创业精神的培养、校园文化的营造等。事实上，在高校内部各部门之间也存在着一种消费者和服务者的关系，如学校的实验室、图书馆、后勤、校办产业等都要为教学第一线服务，为学生服务。必须通过对教学、科研、学工、后勤等部门的全方位管理，调动各部门的积极因素，发挥所有的人、财、物的作用，共同为提高教学质量服务。各级管理机构有共性职能和具体职能，其共性职能是根据总体人才培养目标，制订计划，落实措施，为教学服务，保证教学工作的正常运转；其具体职能是科学分工，各行其权，各负其责。

（四）高校教学全面质量管理模式的基本框架

高等学校教学质量管理是对高校整个教学及教学管理过程进行的有效监督和控制，它具有全面性、全员性、全过程性和全要素性等特点，所以应该借鉴企业全面质量管理模式，实行教学全面质量管理。所谓"模式"，一般是指某种事物的标准形式或使人可以照着做的标准样式。一定的教育需要一定的教育质量管理与之配合。有什么样的教育，就有什么样的教育质量管理模式。同时，一定的质量管理模式又会反过来影响实际的教育教学工作，甚至对教育教学工作有很强的导向作用。

为确保高校教学质量的提高，必须以质量为核心，以全员参与为基础，以全过程、全方位监控为手段，从发展的、系统的视角，努力构建高校内部教学全面质量管理体系，不断探索符合国情和校情的高校教学全面质量管理新模式。

笔者建立了高校教学全面质量管理的"七全"模式，主要包括以下七方面的内容：

（1）全面的教育教学质量观，即要树立多样化质量观、全面素质质量观、大教学质量观和"以顾客为导向"的教育教学服务质量观。

（2）全面的教学质量标准，即要坚持基础性与多样性、稳定性与发展性相统一的原则，建立与高等教育大众化相适应的多层次、多样化的教学质量标准。

（3）全员的教学质量管理，即质量管理要依靠全校师生员工的积极参与和共同努力。他们不仅是质量监控的对象，也是质量管理的主体。必须建立健全教学质量责任制，加强教学质量团队建设、质量意识教育和质量文化的培养。

（4）全过程的教学质量管理，即对从学生入学到毕业的全过程、各个环节进行质量控制，及时发现问题，不断改进和提高质量。要求重视预防的积极意义，而非仅重视终结性评价的作用。

（5）全要素的教学质量管理，即对直接或间接影响教学质量的各种软硬件因素（包括人、财、物、教学环境以及专业、课程、师资等）进行全面的质量控制和改进。

（6）全方位的教学质量监控，即建立由各部门和各方面人员组成的质量监控网络，对教、学、管的质量进行全方位监督和控制。

（7）全面的教学管理方法，即运用灵活多样的方法、途径和手段，获取全面的教学信息；通过科学的分析和判断，得出正确的结论，做出正确的决策，促进教学质量管理的科学化、规范化、高效化。

第五节 高校教学管理的信息化发展

一、高校教学管理信息化的概念与特点

（一）高校教学管理信息化的概念

管理信息化是以信息化带动工业化，实现企业管理现代化的过程。它是将现代信息技术与先进的管理理念相融合，转变企业生产方式、经营方式、业务流程、传统管理方式和组织方式，重新整合企业内外部资源，提高企业效率和效益、增强企业竞争力的过程。

高校教学管理信息化是管理信息化思想在高等学校教育管理领域的衍生。是指在现代教育思想指导下，利用计算机、网络通信及多媒体等现代化信息技术，对高校教学过程进行管理，从而达到既定教学目标的状态或方式，是信息技术在高等学校教育管理领域的具体应用。高校教学管理信息化依托先进的信息技术，依据现代高等教育与管理思想，改变高等学校传统的教学管理方式，通过对教学过程实施高效率的计划、组织、指挥、协调、控制，以实现高等学校教学目标的过程。高校教学管理信息化不仅仅意味着高校教学管理信息系统相关硬件、软件平台的开发建设，更包含了教学管理理念的现代化、科学化、高效化。

（二）高校教学管理信息化的特点

1.数字化特点

数字化作为教学管理信息化的基础，结合计算机信息技术将复杂烦琐的教学管理信息以数字化的形式表达出来，使教育信息技术系统的应

用设备变得简单，同时又能保障性能的可靠性。这样不仅便于教师的教学管理，提升了教学质量和效率，同时对启发学生的思维具有有利影响，为教师的教学管理提供有效的科学依据。

2. 网络化特点

通过结合计算机资源使信息资源共享，利用网络平台将教学中的各项环节进行有机结合，实现教学管理信息的控制和管理系统的互动。使系统能够人性化、通信做到自然化，这是高校教学管理信息化建设中一项显著特征。

二、高校教学管理信息化的发展历程

我国高校教学管理信息化的建设从起步到今天，经历了一段较长的时间。其发展历程既与现代信息技术的应用和发展息息相关，又与我国高等教育事业自身的发展密不可分。纵观我国高校教学管理信息化的发展历程，针对其使用需求和建设目标在不同时期的逐步发展，以及居于其核心的教学管理信息系统开发平台和应用环境的不同，我们可以将我国高校教学管理信息化的发展历程大致分为以下几个主要阶段：

（一）以手工操作为主，单机软件处理为辅的教学管理阶段

20 世纪 90 年代初，由于国内计算机软、硬件资源较为匮乏，特别是计算机网络资源的欠缺，国内高校的教学管理基本上仍以手工操作为主。虽然多数高校已经将计算机引入教学管理工作中，但其应用范围大多局限于文档处理等低层次的应用。随着美国微软公司 Windows3.2 中文版单机视窗操作系统在国内成功引入，教学管理层次较高一点的高校逐步尝试使用 FoxPro、Paradox 等平面文件数据库开发系统来开发具有某些特定功能的单机教学管理软件，以实现对学生成绩或学籍等某一方面的辅助管理。由于这些平面文件数据库开发系统自身的不足，决定了由其开发的这些应用软件容错性和参照完整性差，更谈不上兼容性。此外由于存储数据的平面文件在操作系统级别上是有结构的，因此容易引起数

据丢失和泄密，也容易遭到计算机病毒的破坏，无法满足大量数据处理和数据保密安全的需要。同时单机的平面数据文件无法实现有效地数据共享与并发访问处理，造成了这些管理软件处理的信息是孤立的、单一的，在各部门的教学管理工作中仍然要依靠大量的人力手工操作。因此，此阶段是手工操作为主，单机管理软件为辅。

（二）基于单机处理和数据文件服务器共享相结合的教学管理阶段

20世纪90年代中后期，随着计算机网络技术的快速发展，以美国微软公司Windows NT和Novell公司Netware等为代表的一批网络操作系统进入了一个广泛的应用时期。加之美国微软公司全新视窗单机操作系统Windows95在单机应用领域的空前成功，都有力地推动了高校从教学管理单机化信息处理向文件服务器式信息化管理的探索。

高校各相关部门在教学管理工作中，依靠集线器或交换机等网络通信设备，将校内多个计算机联网组成一个内部的计算机网络，在一定范围内实现了简单的数据交换和文件共享，对校内教学管理信息化资源的共享和整合起到了一定作用。在此计算机网络环境中，信息的交换和共享是以单个数据文件共享的形式实现的。各管理部门只是将各自单机管理软件的部分数据以某种类型文件上传到文件服务器供其他部门下载访问，各部门按照一定的数据格式进行数据导入和导出，在形式上实现了某种离线的、非实时的数据共享。但由于这种共享模式没有采用中央服务器集中存储、运行、管理统一数据库供各计算机终端访问的方式，造成了教学管理信息资源的访问很不顺畅，各部门的单机教学管理软件多数时间是在提供数据格式转换的服务。另外，由于共享的数据文件是离线的、非实时的，各部门实际管理的最新数据和已经被其他部门访问的共享数据往往是不一致的。在这种情况下，信息不对称就会是很容易发生的事情，同时各部门单机管理数据的种种不足仍然存在。

（三）基于 Client/Server（客户机 / 服务器）架构的教学管理信息化阶段

20 世纪 90 年代末至 21 世纪初，随着美国 Intel 公司 Pentium Ⅲ、Pentium4 系列芯片的推出，服务器和 PC 机硬件的全面升级换代拉开大幕。此外 Oracle、SQL Server、DB2 等大型关系数据库管理系统得到了广泛的应用。Delphi、Power Builder、Visual Studio 等第三代可视化开发工具的强力推出，所有这一切都为高校教学管理信息化全新架构平台开发提供了充分的技术支持，这就是目前在一些应用领域仍然被广泛应用的 Client/Server 架构。该架构通过将任务合理分配到客户端和服务器端，降低了系统的整体开销，充分发挥两端硬件平台的潜能，同时较为合理地使用网络资源。

在单机处理和数据文件服务器共享相结合的教学管理信息化处理模式已经不能满足高校正常的教学管理背景下，多数高校着手进行 Client/Server 架构的教学管理信息化建设。

Client/Server 架构综合了各教学管理部门的使用需求和目的，规划了教学管理信息系统需要实现的主要功能，强化突出了教学管理核心业务处理模块的功能实现，满足了教学管理各部门的使用需求，可以说在教学管理信息化建设道路上取得了前所未有的成功。但该架构的特点决定了每一台要运行教学管理信息系统的计算机都必须安装客户端程序，特别是两层 Client/Server 架构的教学管理信息系统。客户端往往还要安装 Oracle 等大型数据库管理系统的客户端连接程序，加上该架构的终端连接数据一般不能太多。因此，Client/Server 架构的软件维护和管理成本是很高的，所有这些使得基于该架构的教学管理信息系统的服务对象是比较有限的，若要提供更为广泛的信息化服务，其不足就会非常明显地显现出来。但是毋庸置疑，基于 Client/Server 架构的教学管理信息系统的建设对高校教学管理信息的建设起到了开拓性的推动作用。时至今日它仍是高校教学管理信息化建设和实施过程中一个重要的组成部分。

（四）以浏览器/Web 服务器（Browser/Web Server）架构为主，客户端/服务器（Client/Server）架构为辅的教学管理信息化阶段

　　Client/Server 架构的广泛运用有力地推动了教学管理信息化的建设。但是随着各高校办学规模的迅速膨胀，教学管理信息化要面对的服务对象规模变得非常庞大，同时教学管理信息化建设的目的和需求已经从实现管理职能向为师生提供更广泛的信息化服务转变。由于 Client/Server 架构要求每一台接入的计算机只有在安装了专门的客户端软件后才能访问到服务器的数据。因此仅仅依靠 Client/Server 架构要为数以万计的师生提供广泛的教学信息服务是非常困难的。与此同时，计算机业界关于 Internet 技术的兴起和发展，催生了对 Client/Server 架构的变化和改进，Browser/Web Server 架构应运而生。

　　在 Browser/Web Server 架构下，教学管理信息系统通常由客户端、Web 服务器、数据库服务器三个部分组成。由于采用了 J2EE、NET 等新的 Web 开发技术，该架构系统的主要事务处理逻辑被封装在 Web 服务器和数据库服务器端，一小部分事务处理逻辑通过类似 Java Script 等多种脚本语言封装在客户端。客户端只要通过 Web 浏览器这种全新的用户界面就可以实现原来需要复杂的客户端专用软件才能实现的绝大多数功能。由于 Windows、Linux、Mactonish OS 等主流操作系统都集成了 Web 浏览器，因此在 Browser/Web Server 架构下客户端访问服务器的方式非常便捷，只要是能够访问校园网的客户端都可以通过 Web 浏览器轻松地访问教学管理信息系统。如果校园网的访问不受 IP 地址的限制，那么任何一个 Internet 终端都可以随时访问教学管理信息系统，无疑这样的信息服务范围是足够广阔的，Browser/Web Server 架构在这方面的优势是非常明显。

　　而就目前开发技术而言，该架构也有其美中不足的地方，特别是基于该架构的应用系统在处理大数据量、持续访问、业务逻辑复杂的数据汇总查询方面的能力和处理复杂报表方面的能力都明显弱于 Client/Server 架构。同时由于该架构建立在广域网甚至是 Internet 之上，面向的是不可知的用户群，相对于 Client/Server 架构面向相对固定的用户群，它在信息安全的控制能力方面也要明显弱于前者。而教学管理信息系统在这几个方面，恰恰有着很高的要求。因此当今主流的教学管理信息化建设是将两者的优势进行结合，对外面向广大师生以 Browser/Web Server 架构为主提供广泛的信息化交互服务，对内面向相对固定的教学管理人员以 Client/Server 架构为辅实现集中的信息管理和维护。两种架构的良好配合为教学管理信息化建设提供了一个较为成熟的解决方案。

以上是对我国高校教学管理信息化建设四个主要发展阶段的总体描述。

三、高校教学管理信息化的必要性

（一）教学管理信息化是适应信息化时代发展的必然要求

信息化是当今世界社会发展的大趋势，以网络技术和多媒体技术为核心的信息技术已成为拓展人类能力的主要工具。近年来，校园数字化建设越来越受到重视，校园信息化发展迅速，规模不断扩大，全国大多数高校已经建立起校园网，为教学管理信息化创造了有利条件。掌握并运用信息技术，更快、更好地获取和利用信息来进行教学管理已经成为衡量高校教学管理质量的重要标志之一。

（二）教学管理信息化是高校改革发展的必然要求

为了顺应经济社会发展的需要，高校的教育越来越侧重于对学生的能力和素质的培养。目前，已经有不少学校实行学分制，大量开设选修课程，使教学模式日趋灵活多样，这对教学管理手段提出了新的要求。同时，为了提高高等教育普及率，近年来高校不断扩大招生数量，办学规模的变化也给教学管理工作带来了前所未有的挑战。只有充分运用信息技术手段进行教学管理，提高管理效率，才能适应高校改革发展的需要。

（三）教学管理信息化是当前教学管理模式创新的必然要求

传统的教学管理工作，要人工处理教学过程中产生的各种信息。工作量大、重复劳动多、效率低下。利用现代信息技术来进行教学管理，不仅可以改善传统管理模式存在的上述问题，而且可以实现如教学信息资源共享及快速集成等许多传统模式不能实现的功能，从而提高教学信息处理的自动化、科学化程度。实践证明，教学管理信息化是实现教学管理现代化的重要途径，是当前教学管理模式创新的必然趋势，必须加紧推进。

（四）教学管理信息化是提高高校教学管理质量的必然要求

高校的教学管理是一项庞大的系统工程，头绪多、涉及面广、数据量大、随机事务繁杂。尤其是近几年扩招，在校生人数剧增，给教学管理工作带来了巨大的压力。不仅如此，作为教学管理工作灵魂的教学管理理念，从思想到实践都需要一个转化的平台。如果教学管理方法与手段仍然停留在过去落后的手工操作阶段，那么就会严重制约教学改革和教学管理工作的进一步发展。因此，将先进的教学管理理念与现代信息技术相结合，构建适应教育发展新潮流的信息服务平台，实现教学管理的信息化，成为整个教学管理工作的重要任务。

四、高校教学管理信息化发展的路径

（一）加强信息化基础条件建设

1.要加强校园网的建设

信息化的教学管理必须是基于校园网网络平台的，需要注意的几点是：一要加强现有网络的优化升级，对于影响网络速度的瓶颈问题必须加以解决。二要加强与电信运营商的沟通，进一步协调、解决好跨网访问带来的问题。三要增加和加强网络管理队伍的技术力量，"三分技术，七分管理"，管理好网络是校园网络能否发挥好作用的关键。由于网络是一个开放的世界，存在各种潜在的威胁，网络建好后因为管理不到位而导致网络应用能力下降的事例比比皆是。所以学校一定要增加网络管理的技术力量，特别是要由技术精湛的高级人才来负责整个网络管理团队，带领他们管理维护好整个校园网络，保障网络访问、数据传输的畅通、快捷。四要定时安排现有网络管理人员的分批学习培训，提升他们的技能水平，以更好地为管理好校园网络服务。

2. 建立全校数据中心

应该对全校的信息资源进行统一规划、建设，建立全校的数据中心，这是目前高校信息化的发展趋势。数据中心的建设不仅能够优化资源配置，也便于对资源的统一管理和维护。

3. 加强软件建设

关于软件方面的建设指的是教学管理信息系统功能的进一步改进和完善。应该要加强与高校管理人员以及教师、学生也就是最终用户的沟通；整合学校的软件研发技术力量，组建更加强大的技术开发团队，增加相关院系和部门的合作：量力而行，采取"自主开发"与"技术引进"相结合的方式，学校自己力量能做到的自己做，不能做到的也不排斥引进外来专业软件公司的技术力量。①总之，要通过多种方式和手段使软件的功能更完善，运行更稳定可靠，更智能化，更有决策支持能力。

（二）完善信息化建设组织构建，突出顶层设计

任何一项重要工作的实施和推进，都要有完善的领导组织机构予以支撑。高校教学管理信息建设是关系学校教学和人才培养全局的系统性工程，不是哪个部门就能独立完成的工作，需要全校上下各相关部门

---

① 李春阳. 高校教学管理机制的改革创新 [J]. 中学政治教学参考，2020（22）：97.

通力协作，二级院系积极贯彻，广大教学管理人员和教职工广泛参与。

而在教学管理信息化建设中，要将这些方方面面的部门和人员有机组织起来，形成一个高效的信息化建设整体工作推进的网络，就必须在学校领导层面突出顶层设计。作为引导教学管理信息化建设的领导核心，并在此基础上建立一个比较完善的领导组织架构，负责协调和处理教学管理信息化建设过程中的具体问题。

教学管理信息化建设突出学校领导层面的顶层设计。自上而下，是学校的决策意志强有力的体现，能够确保此项工作实施的重要性和权威性，在很大程度上减少此项工作在各部门、各二级院系、教学管理队伍和广大教职工中推行贯彻的阻力。完善的领导组织机构，便于明确各部门、各二级院系在教学管理信息化建设中所承担的角色和任务；确保此项工作在职能部门之间、二级院系之间的横向协调，职能部门与二级院系之间的纵向协调；从运行机制上避免教学管理信息化建设实施过程中部门之间、院系之间的相互推诿。

同时学校领导层面的顶层设计和完善的领导组织架构，从机制上保障了教学管理信息化建设不是学校个别领导的决策行为，而是学校决策层共同研究的集体意志，保证了教学管理信息化建设在相当长一段时间内政策的连续性和完整性，有效避免了教学管理信息化的整体建设进程由于个别领导的更换而产生受阻的情况。

（三）加强宣传，促进广大教职员工广泛参与

教学管理信息化建设的最终目的是为高校教学管理人员、广大教职员工和学生服务。要达到理想的建设效果，除要有各职能部门和二级院系的积极贯彻落实外，还依赖基层广大教职员工的广泛参与。

现阶段，在进行教学管理信息化建设过程中，由于广大教职员工仍然习惯于传统的管理模式和管理经验，对教学管理信息系统的使用接受需要一个心理认同和操作熟练的过程。也因此，往往对新系统的使用动力不足，对参与教学管理信息化建设的关注度不够，甚至表现出对教学

管理信息化建设持有怀疑和抵触情绪。为应对这样的不利局面，各高校应该采用多种途径加强对教学管理信息化建设重要性的宣传力度，引起广大教职员工对信息化建设的重视，并集思广益，对广大教职员工关于教学管理信息化建设的意见和建议及时做出回应，让广大教职员工切实感受到学校对他们参与教学管理信息化建设的重视和尊重，使他们更乐意积极地参与到教学管理信息化建设中。

一方面，在宣传策略和宣传方法上，不能简单地仅靠下发一个文件或发布一个通知来完成。这种刻板冰冷的方式容易让广大教职工感受到是被迫参与教学管理信息化建设，宣传效果甚微，甚至会起反作用。各高校应当配合使用积极鼓励的引导政策，对在教学管理信息化建设中涌现的优秀教职员工典型给予适当鼓励和表彰，将优秀典型使用教学管理信息系统的良好感受进行大张旗鼓的宣传。通过以点带面，使广大教职员工充分了解教学管理信息化建设的目的，明白使用教学管理信息系统将给自身的工作、学习带来的便利，引导广大教职员工主动地参与到教学管理信息化建设中。

另一方面，各高校应该重视广大教职员工在参与教学管理信息化建设中提出的意见和建议，并及时给予正面的回应。如在教学管理信息系统的试用推荐上，要及时根据广大教职员工的试用情况进行相应改进；系统正式投入使用后，也需要在运行、维护工作中不断听取广大教职员工的反馈意见，通过对系统及时的维护升级，改进完善系统的各项功能。

（四）健全教学管理信息化相关配套制度

当前我国部分高校在教学管理信息化建设中对教学管理信息系统的创建研发投入了很大精力。但相关配套制度却相对欠缺，造成了信息系统运行存在不规范使用的现象。损害了教学运行数据的真实有效，影响了教学管理信息系统的运行成效。因此，在教学管理信息化建设中还要健全教学管理信息化相关配套制度。

从教学管理信息系统运行的技术实施层面来看，要制定标准的系统运行数据信息编码规则，保证教学运行数据处理的统一、规范，避免因数据格式混乱、数据内容含义不清晰等影响系统运行后期的数据统计分析。

从教学管理信息系统运行的管理层面来看，制定教学管理各项配套制度，可以对教学管理信息的使用进行正确的规范和约束，保证教学管理信息系统运行的规范、透明和公正。对教学管理各种服务事项办事流程的建章立制，便于相关服务信息的对外发布和接受监督，促进教学管理信息化建设规范、有序、持续地顺利开展。

（五）缜密调研，创建合适的教学管理信息系统

教学管理信息系统的创建是教学管理信息化建设具体实施过程中处于核心的一项基础性工作。教学管理信息化建设的技术目标最终都要通过教学管理信息系统进行实现和支撑。因此教学管理信息系统创建的科学、合理、先进，运行状态良好，是教学管理信息化建设取得良好成效的重要保障。反之，其对教学管理信息化建设的消极影响也是很明显的。

教学管理信息系统的创建是一项费时、耗力、实施难度大的复杂工程，不是一朝一夕能够完成的。因此，为了确保信息管理系统的最终运行能适应学校的教学管理，并能切实产生积极良好的应用效果，避免信息系统创建过程中投入的人力、资金和时间的巨大浪费，必须在教学管理信息系统创建前期缜密调研，合理规划，切忌盲目投入。

要进行教学管理信息系统创建前的缜密调查研究，一方面，要对学校的办学定位、教学管理模式和管理流程进行准确的梳理和科学的总结。对学校的各种办学资源进行翔实的统计分析，做到对学校的整体概况了然于心。另一方面，就教学管理信息系统软件平台的创建途径而言，由于我国只有一少部分高校利用自行研发的途径，而大多数高校都是通过外购商业软件系统的途径，因此对于后者尤其要将现有商业软件系统的功能与学校的实际教学管理运行情况进行充分的比较测试，宁愿前期的调研时间长一点，也要尽量避免软件系统一旦购置后与学校的实际管理

情况不匹配的窘境发生。

各高校对人才培养目标的定位会随着国家、社会对人才需求的不断变化作出适当的调整。所以高校的教学管理不是一成不变，而是一个发展的、前进的过程。因此，在创建教学管理信息系统时要有合理规划。虽然学校未来发展的具体情况无法提前预知，但对学校的办学规模、教学改革和教学管理流程调整的发展趋势进行必要的统筹考虑和合理规划是非常必要的。这样可以在一定程度上避免因学校情况发生变化，信息管理系统在短时间内就要面临重大修改或重新创建带来的巨大浪费，为维护教学管理信息系统保持较长时间的稳定运行多了一份保障。

（六）强化培训，提升教职员工信息化建设参与能力

教职员工是高校教学管理信息化建设的最终受益者，更是教学管理信息化建设的主体。任何先进的教学管理信息系统最终要依赖广大教职员工积极正确的使用才能发挥它的效率，任何创新的教学管理制度也要靠他们主动规范的贯彻执行才能发挥作用。因此他们参与信息化建设的能力在很大程度上决定了教学管理信息化建设所能达到的高度。为解决现阶段广大教职员工参与信息化建设能力不强的状况，必须强化对教职员工信息技术应用技能和信息素养方面的培训。

首先，就高校教学管理人员而言，这支队伍既包括学校教学管理职能部门的工作人员，又包括各基层教学单位的教学管理人员。他们既是教学管理信息化建设成果的最大受益者，更是教学管理信息化建设的中坚力量。教学管理信息化建设对教学管理队伍的信息化综合素质提出了全新的要求。这支队伍信息技能和信息素养的高低以及发展的稳定，将直接影响教学管理水平和信息化建设的成效。加强对教学管理队伍信息技能和信息素养的培训，在教学管理人员熟悉本校教学管理规定和流程的基础上，突出强化教学管理人员对信息化管理的适应能力，使他们能熟练地应用信息技术处理各种复杂的教学管理事务。高校的教学管理工作不仅复杂而且头绪众多，一个教学管理人员要想胜任教学管理工作必

须经过较长时间的工作实践。任何队伍的建设，都免不了有人员的变动，教学管理队伍人员的正常发展和变动也是不可避免的，但教学管理信息化的建设需要一批具备信息素养良好、信息应用技能水平较高，同时具有实际教学管理经验的人才。因此维护教学管理队伍总体信息化综合素质的稳定发展是非常必要的。而要想维护教学管理队伍的稳定，只有依靠对教学管理人员的不断强化培训才能完成。

其次，就高校普通的师资队伍而言，其信息技术应用能力和信息素养的高低会对教学管理信息化建设的成效产生重要影响。由于现阶段绝大多数高校的办学规模得到了显著的扩张，因此相应的师资队伍也变得较为庞大，部分教师还很难适应信息化的教学管理环境。为此要开展全员信息化教学培训工程。一方面使部分受传统教育思想、教育观念影响较深的教师尽快接受现代教育教学思想，强化他们树立信息化教育理念，尽力弥补他们在信息素养上面的欠缺，培养他们在教学工作中自觉使用教学管理信息系统的习惯；另一方面，对信息技术应用水平较低的部分教师，有针对性地开展形式多样和教师喜闻乐见的信息技能使用培训，努力提升他们使用教学管理信息系统处理各种教学事宜的能力。

通过对广大教职员工信息素养和信息技术应用技能方面的培训，提升他们参与教学管理信息化的建设能力，可以确保教学管理信息化建设成效的全面推行，把教学管理信息化实施到位。

（七）以人为本，突出信息化服务

高校实行教学管理信息化建设的目的是要实现高校教学管理的现代化、科学化，提高教学管理水平和教学服务质量。由于教学管理信息化建设的管理对象与服务对象都是人。因此，人是高校教学管理信息化建设的出发点和回归点。当前我国部分高校在进行教学管理信息化建设时，过多地注重实现教学的管理职能，而对教学管理信息化建设的服务职能重视不够，导致教学管理信息化建设的受益面往往集中在教学管理方面，导致教学管理信息化建设层次不高。为应对这个不利局面，应当将科学发展观的核心思想"坚持以人为本"充分落实到高校的教学管理信息化建设中，转变职能，突出服务。

在高校教学管理信息化建设中秉持"以人为本"，充分肯定广大教师、学生和教学管理人员的主体地位和自主价值。既要解决教学管理人员在教学管理过程中遇到的种种问题，更要确保高校最广大的群体即普通教师和学生能够从教学管理信息化建设中得到更多切实的信息化、人性化优质服务。

在教学管理信息系统功能的设计定位上，一方面要考虑设计面向解决诸如教学计划管理、教学任务下达、课表编排、考试安排、学籍学历管理、成绩管理、网上教学评价、网上选课等管理问题的系统功能；另一方面更多听取广大教师和学生的意见，尊重教师的地位，体现教师的价值在系统功能设计上，为教师多设计一些信息化教学资源的管理共享交流平台。引入诸如大型公开在线课程项目、能量色散 X 射线光谱仪（EDX, Energy Dispersive X-Ray Spectroscopy）和优达学城（Udacity）等类似的"慕课"（Massive Open Online Course, MOCC, 大规模在线课程）资源和类似模块化面向对象动态学习环境（Modular Object-Oriented Dynamic Learming Environment, MOODLE）的在线学习开发平台，为学生多考虑设计一些人性化、便利的自助学业事务办理功能。将教学管理信息系统的功能进行丰富，从原来单一的"管理"系统变成"管理和服务"系统。

在教学管理信息化配套制度的制定上，也要充分考虑广大教师和学生的切身感受，该下放的权限要坚决下放，不该约束的坚决不约束。摒弃传统的教学管理制度中不合理、不科学的死板僵硬规定，将人性化的思想贯穿于信息化配套制度制定的全过程。转变教学管理部门的工作职责，一方面在实现管理目标的过程中提供优质的教学服务，另一方面以提高教学服务水平为途径促进教学管理水平的提高和改进。

"以人为本"是崇高的管理理念，也是高校教学管理信息化建设向更高水平迈进的必由之路和奋斗目标。

第四章　高校教师管理创新与发展

教师管理历来是教育管理的一个重要领域。教师是学校组织的核心组成者，是学校的核心利益相关者，也是重要的教育资源之一。教师素质如何直接决定了学校的教学质量如何。教师管理和教师发展的状况决定了学校的发展状况。因此，高校教师管理创新与发展具有重要的意义。

第一节　高校教师及其管理概述

一、高校教师的工作特点

（一）教书与育人相结合

高等学校的教师是教学、科研的主力军，承担着传授知识、培养技能、发展科学的光荣使命。同时又要承担教书育人，培养学生形成正确的世界观、人生观的重要职责。教书水平、育人效果好，将教书与育人紧密结合起来，是成为一名优秀的高校教师标准。只教书不育人的教师已成为不合格的、不适应现代教育发展要求的教师。教师在提高知识传授、知识运用能力的时候，也要提高自己的育人能力，使自己真正成为学生的导师、育人的模范。

（二）复杂劳动和创造劳动相结合

高校教师培养目标的高标准、高层次，教育工作的学术性、探索性，决定了高校教师工作的高度复杂性和创造性的工作特点。高校教师工作作为一项复杂性的劳动，需要渊博的专业知识、丰富的教学经验、独立的研究能力以及较高的政治水平。教育对象的文化层次、年龄特征等又增加了工作的难度和复杂度。同时，高校教师要在有限的时间内，把丰富的现代科学文化知识加工成学生能接受的信息，进而转化成学生的智慧和才能，还要培养学生的良好品德及行为习惯。这些都需要通过教师的创造性工作才能实现。

（三）个别劳动和群体劳动相结合

高校教师不实行坐班制，他们一般采取个别活动的方式来工作。无论在教学、科研上，还是在思想政治工作中，教师都有较强的灵活性和独立性。他们的工作时间、地点不受时空的限制，可以在 8 小时之内，也可以在 8 小时之外；可以在课堂上、教室中，也可以在其他场所。这种工作方式可以充分发挥教师的积极性、自觉性、主动性、创造性。

另外，教育也是一种群体的工作、合作的工作。因为培养人是一项系统的综合性的工程，需要学校各方面的部门和人员的合作才能完成。即需要教师的个别劳动与教育工作者的群体劳动相结合、相配合才能完成。单纯强调其中的一个方面，而忽视其他方面，是片面的，是不和谐的教育。

二、高校教师在学校发展中的地位

（一）教师是学校发展的战略资源

教师在学校发展中具有非常重要的地位，是支撑学校发展甚至是整个教育事业发展的最重要资源。或者说，教师是学校发展的第一资源，是学校发展中的最难替代的生产要素。

所谓战略资源原指在战争之中对全局起到重要影响的资源，现在泛指对某一事物、现象或者组织的总体走向起着重要作用的资源。在知识传授的场所中，传授知识者必然是其战略性资源。因为，在知识传授的场所（即学校）中，唯有知识的传授者能够持续不断地为其存在和发展提供动力。

在学校组织之中，教师通过参与"教与学"这一学校核心活动，将自身的知识传递给学生，提升学生素质、发展学生能力，为学校组织的存在和发展提供动力，保持学校的运转。从根本上说，学生的发展是学校的立校之本；培养学生是学校存在的最基本理由，学生的培养质量是学校的核心竞争力。也就是说，通过"教与学"活动的开展，教师用自己的人力资本为学校的发展持续不断地提供着不可替代的资源。

设立学校及其他教育机构必须具备的基本条件之一就是要有合格的教师。仅此便可以看出教师对于学校而言属于不可替代的战略资源。教师是学校发展中的不可替代的战略资源主要体现在以下两个方面：

1.专业性使教师成为学校发展中不可替代的资源

专业性是指从事某项职业需要满足的一定的专门知识和技能标准。一般来说，专业标准主要包括从业人员在工作时必须运用专门的知识和技能；从业人员必须要经过长期的训练才能够胜任；工作要为社会发展提供不可缺少的服务并强调服务精神，而非过分强调经济报酬；从业人员在其专业领域具有较大的自主权；从业人员需要有一定的职业道德约束；从业人员需要不断进修才能够保持其专业性；从业人员必须获得较高的社会评价。

（1）从事教育工作必须广泛掌握多方面知识。从教师职业的准入制度来看，从事教育工作必须要运用一定的教育教学知识和技能，并且需要在某一领域广泛掌握所要传授的知识。一个未能掌握基本教育教学知识和技能的教师显然不是一个合格的教师。世界各国对教师都有一定的准入制度。其中，教育教学知识和技能是必须要经过考核的项目。并且，在教师职业的准入制度中，不同层级教师的知识水平和学历水平也是重要的考核内容之一。取得高等学校教师资格的人，应当具备研究生或者大学本科毕业学历。

（2）从事教育工作必须要经过较长期的训练。我国教师职业准入制度虽没有明确规定教师必须是接受过师范教育者，但是目前主要来源于师范院校毕业生。大部分教师在师范院校的学习时间一般都超过了3年，经过了一个较长期的训练过程。

（3）教师职业为社会发展提供了不可缺少的服务。教师是培养社会人才的重要职业，为社会输送了大量的优质人力资源。在现代社会之中，人力资源已经超越资本而成为第一资源。教师在社会人力资源开发中扮演了非常重要的角色。人力资源研究者认为人力资源的开发主要有两大途径：一是通过科学有效地对现有人力资源进行配置，发挥现有人力资源的最佳效益；二是大力发展教育，通过教育手段不断提高人的受教育水平，增加其知识和技能，以此提高人力资源水平。

从根本上说，社会人力资源的开发取决于教育的水平和质量。而教师作为学校教学活动主体，通过教育活动为社会提供了培养人才、开发人力资源等不可或缺的服务。并且，实践也证明了教师职业并未也不可能完全依靠物质激励得以维持。教师职业事实上更多地强调了一种服务精神：服务学生、服务社会。现在所提倡的"以学生为中心"和"生本教育"以及大学社会服务职能的衍生都体现了教师职业的服务精神。同样地，一些对教师职业的赞扬之词也表明了教师职业的服务精神，比如将教师比喻成蜡烛和春蚕。

（4）教师必须要坚守严格的职业道德。教师职业如同其他专业化的职业一样，需要遵守一定的职业道德。教师必须要遵守宪法、法律和职业道德，为人师表。教育关系着整个社会发展与国家竞争力的人力资源基础，也关系着中华民族伟大复兴之梦的建设者的培养质量。教育事业的直接责任肩负者毫无疑问是教师。作为教育事业直接肩负者的教师如果不能坚守职业道德，教育事业就会陷入困顿，社会人力资源开发将失去根本，社会发展和中华民族的伟大复兴之梦也无从谈起。教师的基本职业道德大而笼统地可以概括为"忠诚奉献、热爱学生、诲人不倦"。这是教师的基本义务，也是教师的基本职业道德。

教师职业具有较为明显的专业性，基本满足了专业性的几个重要标准。正是由于教师职业的专业性，所以教师在社会发展和学校发展的生态群落中才具有不可替代的位置，成为学校发展的不可替代的资源。

2. 教师有能力监护学校发展并具有相应公共品格

教师由于其较强的专业性、较高的文化知识要求以及处于学校"教与学"核心技术层面等而具有了监护学校发展的能力。不仅如此，教师还具有监护学校发展的公共品格。教师职业的准入制度已经规定了教师通常都具有较高的文化知识水平。国内外的研究结果和实践都已经表明文化知识水平同个人能力和参与民主管理意愿都有着密切关系。通常，文化知识水平越高，个人能力就越强，参与民主管理的意愿也越强。

（1）教师有能力监护学校发展。首先，教师对学校发展具有敏感性。教师是学校组织中占绝大多数的群体，广泛分布于学校核心岗位、一线工作岗位，对学校发展具有敏感性。教师由于处于学校教育工作的一线，所以是对学生的学习和发展情况最有发言权的群体，同样也是对学校发展状况和发展方向最有发言权的群体。他们通常能够非常及时地了解学生学习、发展及学校发展的最新动向，也能够依据其专业知识预测学校发展的战略方向。教师在学校发展监控系统之中相当于无处不在的传感器，能够广泛收取来自学校发展各个方面的信息并及时进行传导。一旦学校发展偏离了预定的轨道，最先发现问题的人往往是一线教师，而非那些学校管理阶层。正是因为如此，教师是学校发展的最佳监护群体。其次，教师具有分析学校发展信息的能力。文化知识水平和对于知识的兴趣使得大部分教师能够自觉地了解学校外部环境的相关信息，并结合学校发展过程中的信息进行分析。外部信息、学校发展信息和教师文化知识水平相结合使得教师具备了分析学校发展信息的能力，能够较准确地把握学校发展信息的实质性内容。教师能够分析学校当前发展是否偏离了环境需求、学校内在发展需求以及预定发展规划偏离了多少，并能分析出主要原因并寻找解决办法。

（2）教师具有监护学校发展的公共品格。美国社会心理学家马斯洛的需求层次理论将人的需求从低到高依次划分为生理需求、安全需求、归属需求、尊重需求和自我实现的需求五个层次。生理需求主要包括呼吸、食物、睡眠、性等基本生存需求；安全需求主要包括健康、财产、人身等需求；归属需求主要包括友情、爱情、性亲密等需求；尊重需求主要包括自我尊重、被他人尊重及对他人尊重的需求；自我实现的需求是最高层次的需求，主要包括道德、创造力、自觉性、问题解决能力、公正度、接受现实的能力等需求。

对于教师而言，需求的五个层次同时存在。但是，教师较高的文化知识水平和专业信仰在很大程度上影响了其需求程度在各个层次的分布状况。相对于其他职业人群而言，教师倾向于更高层次的需求。这是很多教师能够在艰苦的环境中始终坚持从事教育工作的重要原因，也是教师值得敬佩的重要方面。很多时候，教师在低层次的需求尚未得到完全满足的情况下，就会对高层次需求的满足表现出强烈的渴求。教师在对尊重的需求和自我实现的需求方面表现得特别明显。在很多教师眼中，尊重需要和自我实现的需要比工资和吃饭都要重要得多。

由于教师往往在学校的工作中最重视的是尊重需要和自我实现的需要，所以教师通常将自己和学校发展联系在一起，认为自己和学校之间是一种共生共荣的关系，而不仅仅是一种雇佣与被雇佣的简单劳资关系。虽然薪酬会对教师尤其是青年教师的发展和工作积极性产生重要的影响，但大部分教师更关心的仍然是学校的发展以及依托学校而发生的"教与学"活动。对于一位教师而言，没有什么比培养出优秀的学生更具优越感和幸福感，也没有什么比培养出众多优秀学生更加能够实现自我价值和满足自我实现的需求了。而优秀学生的培养必须要依赖学校的运转。因此，教师通常比公司的员工更加关心其所在组织的发展，将个人和学校的关系视为一种共生关系。一旦教师将自己和学校间的关系视为共生关系，那么他们关心、监护学校发展的公共品格就顺理成章地得以形成。

综合而言，教师对于学校发展来说，既能够持续不断地提供不可替代的资源，又具有对学校发展进行全方位、全过程监护的能力和相应的公共品格。因此，教师是学校发展的战略性资源。

（二）教师是学校教育质量的根基

对于所有的学校而言，教育质量都是其生命线，决定着其生存和发展状态。这一点，任何一个懂行的人都不会提出质疑。即便是在组织目标多元化现象比较明显的高校，教育质量也是其生命线。一所高校一旦失去教育质量，那么它要么沦为公司，要么沦为科研机构，要么倒闭。因为教育质量不达标的学校不能被称为学校。对于一所学校而言，其核心竞争力便在于教育质量。教育质量是衡量学校办学水平与竞争实力最重要的指标和维度。一所学校的教育质量决定了其在本层次教育领域和本地区教育领域中的地位和影响力。

换句话说，只有高质量的教育，才能培养出大量优秀毕业生；没有大量的优秀毕业生，优秀的学校就无从谈起。所以，教育质量犹如维护学校生存和发展的发动机。如果教育质量发生问题，轻则损害学校的形象，减慢学校发展的速度；重则会使学校停滞发展，在学校与学校之间的竞争中被淘汰出局。由此可见，教育质量对学校发展十分重要。说教育质量是学校赖以生存和发展的基础，是学校提升竞争力、走向卓越的根本依靠也不为过。

如果将学校教育看成一个服务过程，那么教育质量便可以被看作一种服务质量。与其他的服务不同的是，教育不能按完全统一的标准选择学生，更没办法也不应该把所有的学生改造成预先设计好的具有统一标准的"成品"。因为教育的标准本来就是多元化的。学校教育的直接消费者是学生，但是学校教育这项服务的最终消费者却不仅是学生，还包括家长、用人单位、高一级学校、社会、政府等。不同消费者对学校教育的质量标准要求并不完全一致，并且不同消费者之间对学校教育服务的作用以及与学校教育服务的紧密程度存在差异。

学校教育这项服务既不能按照完全统一的标准选择学生（原材料），又不能把学生改造成预先设计好的统一标准的"成品"。所以，教育质量最大的可控制环节便是教育服务的过程。

在上述教育消费者中，教育过程通常是学生及其家长以及政府所关注的教育服务环节。对于高一级学校和用人单位而言，他们仅仅关注教育服务的结果，即毕业生身上所固有的特性能够满足其需求的程度。从技术层面讲，教育服务过程这个可控环节，实际上主要是"教与学"活动的过程。而"教与学"的活动恰恰是一个复杂而又专业的过程，加之教育标准的多元化，就使得教育服务过程这个看起来可控的环节也变得不怎么可控。"教与学"的复杂性和教育目标的多元化使得教育服务过程只有其核心主体的学生和教师能够直接感知。学生由于其心智尚未成熟或者尚未完全成熟也在对教育服务过程的理性感知和需求诉求表达方面大打折扣。

所以，教育服务过程实际上在很大程度上被掌握在"教与学"的另一个核心主体——教师之手。教师一方面是直接、具体的教育服务提供者和服务原材料（学生）的加工塑造者；另一方面，还具有教师职业的专业性和教师的教学自主权。教师对教育质量的理解、教师的价值观、教师的教学态度都在很大程度上影响着教育质量。

在学校教育过程中，学生毕竟不同于工业生产中的原材料，他们是有思想、有意识的人。在"教与学"的过程中，学生具有能动性和自主选择性。所以，这个过程是一个双向互动过程。一旦教师获得了学生的认可，教师的价值观便会对学生产生长远而深刻的影响。有时，教师在"教与学"活动中的一句话可能会影响学生的一生。并且，在"教与学"活动中，教师还扮演着管理者的角色。一名教师对课堂的把握和管理也会对教育服务的整体质量产生较大影响。比如，教师对课堂的管理方式、方法如果较科学，则整个班级的学习成绩就会偏高；而教师对课堂教学资源的分配则会对学生享受教育服务的公平性产生重要影响。

无论如何，教育质量的高低更多地会取决于教师的整体素质、价值观和行动。所以，教师是学校教育质量的根基。教育质量最重要的影响因素是教师素质、工作态度、教师发展以及教师资源配置。其中，教师发展是根本性的影响因素。

三、高校教师管理的内涵与意义

（一）教师管理的内涵

教师管理是高校对教师教学、科研活动进行组织、协调、安排、控制的总称。它是高校教务管理人员在党的教育方针的指导下，按照一定的标准，运用多种手段，有目的、有计划、有组织地对教师教学、科研活动进行管理，从而将学生培养成为现代化建设的合格人才的过程。

从历史的角度来看，教师管理的内容是随着教育事业的发展而逐渐丰富完善起来的。一般认为，现代教师管理的基本内容应主要包括教师的任用，即制定教师队伍发展规划，对外招聘教师，对内进行教师岗位的聘任；教师的评价，即依据一定的标准对教师的工作状态和工作成就做出判断和评定；教师的培训，即提出一定的要求，提供一定的条件，通过多种方式更新教师的知识，提高教师的能力；教师的激励，即通过满足教师合理的需求来提高教师的工作积极性。从世界范围来看，自第二次世界大战结束以来，上述教师管理的内容已基本为各国政府所接受并且在各国的教师管理实践中稳定下来。然而，这并不意味着现代教师管理的内容是完全统一而固定的。事实上，就教师管理的内容细节而言，不仅各国之间存在着较大的差异，而且，随着社会对教师职业性质认识的深化和对教师专业要求的提高，其内容也在不断地发展和变化。

（二）教师管理的意义

1.教师管理是高校管理的重要组成部分

教师是高校最基本的组织元素之一。在高校教育过程中，教师要根据政府和高校的要求以及学生身心发展的规律和特点，创造性地贯彻执行教育教学计划，有计划地对学生进行教育和培养，从而为社会培育合格的公民。为了使教师能够准确理解国家的教育方针，正确认识学生身心发展的规律，同时也为了充分调动教师的工作积极性，保证教育教学工作的质量，政府和高校就必须制定相关的教师管理制度和规范。因此，教师管理必然是高校组织运行的基本前提和高校管理的一个重要组成部分。

2.教师管理是教育改革成功的重要保障

教育改革是世界各国教育事业发展中的长久命题，它给各国的教育事业发展带来了勃勃的生机。然而从严格意义上说，教育改革只是一个价值中立的命题。它强调变革的事实，而并不涉及价值判断。因此，教育改革并不等于教育进步。只有当教育改革获得成功时，教育改革才能体现其积极的进步意义。教育改革的成功需要多种条件来做保障，其中教师的素质甚为关键。因为教师是新的教育思想、新的教育方法、新的教育措施的最终贯彻者和执行者。为了使教师队伍的状况符合教育改革的要求，政府和高校往往需要制定一系列教师管理的新政策、新措施以提高教师队伍的素质，并激励教师积极投身于教育改革之中。从这个意义上说，教师管理是教育改革成功的重要保障。

3.教师管理是教师成长发展的重要条件

教师的专业成长与发展一方面有赖于教师自身的终身学习意识和自我完善的要求，另一方面也取决于政府和高校为教师的专业成长所提供的客观条件。因此，现代的教师管理应当是一个含义宽泛的概念，它不仅是指对教师的使用和管辖，而且还应包括如何通过建立集体教研、教师进修、职务培训、梯队建设等方面的制度和措施，为教师的成长发展提供良好的环境条件。

第二节　高校教师管理制度与教师发展

一、教师薪酬制度与教师发展

在马斯洛需要层次理论中，教师同其他从业者在需求层次的分布方面存在差异。其更加看重诸如尊重需要和自我发展需要等高层次需求。但是作为现代社会之中生存和生活的人，他们同样具有经济人的一面，同样有着最基本的生理需求。教师只有解决了物质需求的后顾之忧后，才能够有更多的精力去追求那些高层次的需求，才能够努力实现自我发展，更进一步推动学校发展和教育质量提升。教师薪酬是教师基本物质需求得到满足的前提条件，同时也是激励教师发展的重要手段。

（一）相关概念

1.教师薪酬

所谓教师薪酬是指教师因为工作劳动而获得的以工资、奖金以及实物形式支付的劳动回报，有时也被称作教师劳动报酬。它是国家或者学校基于教师的劳动而给予教师个体的一种经济性酬劳，其设计和管理与教师劳动的特点密切相关。

2.教师薪酬管理

教师薪酬管理的概念有广义和狭义之分。广义的教师薪酬管理指的是教师人力资源管理的一项重要职能，涉及教师的工资、奖金、津贴、福利、服务等经济性劳动报酬分配的各个方面。包括教师薪酬水平、教师薪酬体系、教师薪酬结构、教师薪酬形式等内容；还包括教师薪酬计划的拟定、薪酬管理政策的制定等整个教师薪酬管理过程。狭义的教师薪酬管理则是指教师薪酬制度建立后的操作实施，包括教师薪酬分配的计划、组织、协调、沟通、评价等实际管理和控制工作。

（二）教师薪酬的表现形式

教师薪酬存在着多种表现形式，通常主要包括工资、奖金、津贴和福利等基本形式。不同形式的薪酬代表着不同的管理理念，不同形式的薪酬在总体薪酬中所占的比例隐含着特定的教师管理价值取向。它们对教师个体的工作行为会产生不同的影响。

1. 工资

工资是教师薪酬中的主要组成部分。是指国家或者学校对教师所承担的工作定期支付固定数额的基本的金钱形式的报酬。工资通常对其他可变薪酬的设定有着重要的影响。工资是教师薪酬中最容易被接受的部分，因为对于教师个体而言，工资是薪酬中最稳定的部分，能够给教师的物质生活带来最稳定的保障；对于学校而言，工资是最容易计算和进行成本控制的教师薪酬部分。虽然教师薪酬的工资形式是许多教师和学校管理者乐于接受的形式，但是仅以工资作为教师薪酬的做法也受到了来自各方的批评。并且工资通常与教师的努力程度、劳动成果没有直接的关系，很难对教师的工作起到激励作用。

2. 奖金

奖金属于可变薪酬的范畴，具有很强的激励性。教师薪酬中的奖金是指对教师工作中的超额劳动或者高于平均劳动质量的部分给予一定的金钱形式的奖励。奖金与教师的工作绩效直接相关。当教师的工作绩效发生变化时，奖金的数量就发生变化。因此，奖金是教师薪酬中的一种典型的按劳分配形式。由于奖金通常具有灵活性、及时性以及荣誉性，所以，如果奖金形式的教师薪酬运用得适当可以在很大程度上刺激教师的工作行为，促进教师积极主动发展自我。

3.津贴

津贴也是当前许多国家教师薪酬的一种重要形式，具有调节教师工作地域、条件等和激励教师工作的作用。它主要是指补偿教师在特殊工作条件下的劳动消耗及生活费额外支出的教师薪酬补充形式。当前，我国教师薪酬中的津贴常见的有区域津贴、生活津贴、职务津贴及职称津贴。区域津贴通常是指被发放给那些艰苦地区、边远地区以及欠发达的农村职教人员的津贴，旨在鼓励教师到上述地区去从事教育工作。生活津贴主要是为了补偿教师某些额外的生活费用支出而设立的津贴，比较常见的是寒暑津贴和物价补贴。职务津贴和职称津贴通常是对担任相应职务、职称的教师，因现工资低于职务、职称最佳等级而给予的补贴。

4.福利

福利也被称为边缘薪酬。是为了维护教职员工的身心健康和生活安定而在工资之外给予的各种补助和优惠，属于学校组织整体性报酬中的"免费赠送"部分。它可以是金钱形式的也可以是物质形式的，还可以是其他形式的。比如保险性福利、抚恤性福利、教育培训的福利以及带薪休假的福利等。教师具有带薪休寒暑假的权利。还有一些学校给教师提供午餐费、交通补助，建立免费或者半收费的托儿所、俱乐部，等等。这些都属于福利的范畴。

（三）教师薪酬设计的原则

教师薪酬设计应当遵循公平原则、竞争原则和经济原则等几项基本的原则。只有上述几项原则在教师薪酬体系中得到了充分体现，才能够真正地激励教师发展，最终促进学校发展。

1.教师薪酬设计应当遵循公平原则

公平原则是教师薪酬设计需要遵循的首要原则。它要求教师薪酬设计要体现内部和外部两个一致性。所谓教师薪酬的内部一致性是指教师的薪酬在本行业之中相同的付出要得到大致均等的回报。所谓教师薪酬的外部一致性是指教师同外部其他行业在劳动能力要求和劳动付出大致相当的情况下，其薪酬应当大致相当。教师经济人的一面驱使其必然在薪酬方面考虑投入和产出的比率来确认劳动的公平感。无论是教师薪酬内部不一致还是外部不一致都有可能导致教师降低其对薪酬的认同感和公平感。无论何种行业，一旦员工对于薪酬的认同感和公平感缺失就会极可能影响到工作热情和对本职业的归属感，降低工作积极性。因此，教师薪酬的总体水平设计，应当了解教师行业和本地区其他行业的薪酬水平，确保教师薪酬总体水平不低于本地区薪酬水平的平均水平。并且，教师薪酬的总体水平设计按照供求均衡工资理论还需要考虑市场供求关系。一旦大量优秀教师流失将会严重影响到学校的教育质量，影响学校甚至整个教育事业的发展。学校内部教师工资的不一致同样会削弱教师对薪酬的公平感，从而影响教师工作积极性，造成怠工现象，最终影响学校的长远发展。

总之，教师薪酬设计的公平原则要求体现教师薪酬的内外部公平性，使薪酬的分配公平和程序公平得以实现。

2.教师薪酬设计应当遵循竞争原则

学校要想留住优秀的教师和激励教师发展就必须在设计薪酬时考虑引入竞争机制，而不是考虑平均主义。教师薪酬设计的竞争原则实际上是其公平原则的延伸。公平不仅指横向的基本公平，还指纵向的效率公平。绝对的平均并不等于公平。竞争原则旨在刺激教师努力提升工作能力和工作绩效。竞争原则中的部分内容属于内部公平的延伸。

在一个学校内部，如果教师的薪酬都处于平均水平，几乎不会刺激教师的工作行为，所有的教师都将只安于现状，按部就班地进行工作。如此一来，学校仅能保持其基本的运转，对于学校发展和教育质量提高而言没有多少的正向激励作用。因为假如将教师也看成完全的经济人，教师只有将其投入保持在平均水平才能保证自己的投入和产出基本持平。投入过多则投入和产出的比率偏高，似乎是做了"亏本买卖"；投入过低则容易受到领导的批评和别人的指责。

竞争原则中还有一部分内容属于外部公平的延伸。效率工资理论认为支付高于市场平均水平的薪酬有利于激发员工的工作积极性。一个教育质量在同行业保持领先的学校，可能会将内部的薪酬水平定位在市场的较高水平。这样该学校在寻求优秀教师时，容易由于较高的薪酬水平而吸引到优秀教师，从而保持或者进一步加大其对优秀教师的吸引力。

3.教师薪酬设计应当遵循经济原则

所谓经济原则是指用尽可能少的支出达到目的的原则。学校在提高教师的薪酬水平以吸引优秀教师的同时，必然也会给学校带来更多的成本支出。教师薪酬水平的提高也符合边际收益递减规律，即当教师的薪酬标准达到一定的水平之后，增加的薪酬对教师工作绩效、教师发展及学校发展的贡献程度会呈现递减的趋势。因此，教师薪酬水平应当被控制在合理的区间之内，而非越高越好。教师薪酬设计应当考虑到薪酬的投入产出效益，即对教师投入工作和发展的激励作用。教师薪酬水平的最佳状态是教师薪酬的边际收益等于边际成本的状态。这种最优状态在教师薪酬设计的实践中很难达到。在现实中，学校只要确保以较低的成本保持教师薪酬在人才市场的竞争力和教师较高的薪酬满意度即可。

（四）教师薪酬对教师管理和教师发展的作用

1.教师薪酬对教师发展的保障作用

从本质上讲，教师薪酬是教师的劳动力作为生产要素的价格形式，是提供劳动力生产要素的教师与其消费者在市场上达成的供求契约中，消费者由于使用了教师的劳动力生产要素对教师的劳动付出进行的一种补偿。

对于教师而言，获得的薪酬为他们提供了维持自身基本物质生活需求的基础，也为他们提供了学习提高、养育子女、赡养老人等方面的基本物质保障，补偿了他们在工作中所消耗的脑力与体力付出，从而使他们能够继续和更积极地投入工作中去。

根据马斯洛的需求层次理论，人只有在基本的生理需求得到满足的前提下才有可能追求上一层次的需求。教师群体虽然特殊，但作为生活在现实社会中的活生生的人，同样具有养育子女、赡养老人等基本社会义务，同样需要生存法。因此，教师群体虽然在对基本物质需求方面的渴求没有其他群体强烈，但是同样需要在基本物质需求得到满足的前提下才能够具有更多的时间、精力追求高层次的需求。并且，在劳动分工程度较高的现代社会，薪酬还是教师追求更高层次需求的基本条件。

2.教师薪酬对教师管理和发展的信号作用

教师薪酬的形式、结构、水平等实际上也属于表示一定含义的信号。这些信号隐含了教师管理的理念，能够对教师管理和发展起到一定的作用。

（1）教师薪酬对教师管理和发展具有表征作用。一方面，教师薪酬总体水平的信号反映了社会对于教育行业和教师职业的价值认可度。教师薪酬总体水平越高，就表示社会对教育行业及教师职业的价值认可度越高，教师社会地位也就越高；另一方面，在教育行业内部，某个教师的薪酬水平也反映了教师个体在行业内部的价值认可度和层次。

（2）教师薪酬对教师管理和发展还具有引导作用。教师薪酬具有的表征作用顺理成章地促成了其引导作用的生成。

一方面，从宏观角度讲，教师薪酬所表征的社会地位和社会价值认可度可以引导社会劳动力在教育行业和其他行业之间的流动。如果教师薪酬所表征的社会地位和社会价值认可度高于社会平均水平，就能够引导其他行业的优秀人才转到教育行业，并从事教师工作。

另一方面，从微观角度讲，教师薪酬在教育行业内部的高低水平所表征的教师个体在行业内的价值认可度和层次，以及教师薪酬结构所隐含的管理理念共同为教师指明努力和发展的方向。比如，如果一所学校非常重视科研，那么该学校可能会在教师薪酬结构上体现出对科研的高度奖励。如此，教师便会努力提高科研能力。如果一所学校非常重视教育质量的提高，该学校则可能会在薪酬结构上体现为对教学质量的奖励比重较大。如此，教师便会努力提高教育教学技能，以提高教育质量。

3.教师薪酬对教师发展的激励作用

薪酬不仅对教师具有稳定和保障作用，还对教师工作积极性的发挥具有刺激作用。激励作用是教师薪酬的重要作用之一。因为激励本身就是管理的一种重要手段和方式。当教师薪酬设计中引入了竞争性要素时，薪酬对教师发展的激励作用将变得更加明显。因为在引入了竞争性要素之后，薪酬不仅是一种经济刺激，还表征了教师自我成就和自我发展的实现程度。对于教师群体而言，自我成就和自我发展的刺激对工作的激励作用丝毫不弱于经济刺激。因此，需求层次的提出者马斯洛也曾明确提倡学校组织应该提供能够满足教师最高层次需求的条件。因为追求自我实现的学生、教师、管理者是最好的实践者。教师对自我成就和自我发展的追求永无止境。这意味着它们可以持久地激励教师不断发展自我。

二、教师人事管理制度与教师发展

教师人事管理是教师管理的重要内容。良好的教师人事管理制度和文化对教师发展起着重要的正向作用，而不合时宜的教师人事管理制度则会阻碍教师发展。

（一）教师的聘任制度

1.教师的任用资格

教育质量的高低在很大程度上取决于教师素质的高低。因此，许多国家都通过法律法规等形式明确规定了教师的任职资格以保证教师的质量。如我国的《中华人民共和国教师法》、日本的《教员许可法》等都是以法律形式明确规定了教师的任职资格。在德国，中小学的正规教师必须接受综合大学的培训；学生必须完成大学的第二年基础课程，分数达标并完成师范培训课程后，才有资格申请教师许可证。在英国，大学毕业生要想获得教师资格证，必须再接受 1 年的教育教学培训。

2. 教师的任用方式

不同国家和同一国家的不同历史阶段对教师的任用方式由于教育发展水平和教育行政体制的差异而有所不同。我国在对教育事业实行集中统一教育行政体制的时期曾采取过由上级教育行政部门和组织人事部门按照计划向学校委派教师的派任制。改革开放之后，派任制的教师任用方式逐渐被淘汰，转而被聘任制的教师任用方式所代替。

3. 教师的任用流程

教师的任用流程由于学校的层级不同而存在一定的区别。我国的高等学校教师的任用流程与其他学校教师的任用流程具有较大差别。相对而言，高等学校由于其教师专业性更强而在教师的任用方面具有更大的自主权。

当前我国教师的任用通常都采取公开招聘的形式。高等学校教师的任用通常只需要各院系用人单位向学校申报用人计划，经学校同意后由学校人事处向社会公开发布招聘计划和条件，应聘者报名后由院系进行资格初审组织面试，待面试通过者体检和其他考核后，学校人事处和应聘者签订聘用合同，并报省教育厅等相关教育行政部门备案即可。

（二）教师的培训制度

参加培训既是教师的一项基本权利又是教师的一项基本义务，是教师人事管理的一项重要内容。教师的考核是指学校和其他教育机构根据国家制定的教师职务、任职条件和职责，运用定性和定量相结合的方法对教师的工作进行定期或者不定期的考查与评价。这也是教师人事管理的一项重要内容。

教师的培训包括脱产培训和在职培训两种，此处主要是指在职培训。所谓教师的在职培训是指对已经在岗的教师，在不脱离岗位工作的条件下进行有组织、有计划地再培养。其要旨在于满足在职教师的自身发展需要，提高教师的专业知识和技能，并端正其教学态度。

比较常见的教师培训形式有讲授式培训、自学式培训、参观考察式培训、专题研究式培训、集体讨论式培训等。各种教师培训的形式涉及的内容十分丰富，以实际需要为导向，归纳起来大致包括教师教学、班级管理、师德教育、考试与考试评价、教学技能等方面的内容。

教师的培训需求来自内外两个方面。一方面，社会发展、教育事业的发展以及教育工作本身对教师提出不断提升工作能力的要求。它通常表现为培训部门对教师提出的培训要求。这种教育培训需求可以被称为外部培训需求。另一方面，教师面对外部环境的变化会有一种提升自己以实现自我和发展自我的渴求，从而形成一种对自身教育教学能力提升的内驱力。它通常表现为教师自己提出接受培训的要求。这种培训需求可以被称为内部培训需求。

（三）教师人事管理制度对教师发展的作用

无论是教师的任用、教师的培训还是教师的考核都对教师发展乃至整个教育事业发展具有重要的意义和作用。教师人事管理制度对教师发展的正向作用主要表现在保持和提高教师专业化程度，监督和促进教师自我发展以及维持教师发展秩序三个方面。

1.保持和提升教师的专业化程度

教师的专业化程度低的问题一直是教师教育所要解决的重大问题。相比于医生、律师的职业，教师职业的专业化程度明显较低。因此，提升教师的专业化程度是教师发展的重要内容和目标。

教师培训可以在很大程度上提升教师的专业化程度。教师专业化主要是指教师能够掌握其所教学科的专门知识和技能体系，系统的教育教学知识和技能；树立高尚的职业道德观；具有自我学习和自我提升的意识和能力等。教师专业化是一个发展的概念，是一个植根于特定社会发展阶段的概念。教师专业化往往随着社会和科学技术的发展而不断提高其基本标准。也就是说，当前既定的学科专门知识和技能、教育教学知识和技能、职业道德、自我学习和自我提升的意识和能力等水平被认为已经达到了专业化的要求，但这个水平在将来会不会被认可我们不得而知。

那么，如何才能保持和提升教师的专业化程度？唯有通过不间断的教师培训和教师的自我学习才能够不断更新教师专业化的各个构成要素，才能保持同社会和科学技术发展同步的知识、技能、能力、职业道德，才能保持和提升教师的专业化程度。

2.监督和促进教师自我发展

教师发展的需求来自内外两个方面，但最终需要通过教师自己的实际行动才能得以实现。教师虽有实现自我发展的内在需求，但并非每个人都能够自觉地付诸行动。因此，完全依靠自觉的教师自我发展是不现实也是不应该的，还需要外部的制约和监督机制发挥作用，内外齐动，双管齐下。其中，教师薪酬、教师考核的制度及日常管理安排就能够对教师自我发展起到较大的外部刺激、引导和监督作用。

世界各国对教师的考核内容及考核方式各有不同，但基本都会将考核结果和教师的聘用、晋级、晋职、评优、薪酬等联系起来。教师如果不能够持续不断地自我学习和自我提高，其考核结果必然不理想，那么随之而来的晋级、晋职、评优、薪酬都会受到很大影响。在严重的情况下，教师甚至会被解聘或者开除。在通常情况下，如果教师在工作中由于个人工作能力不足或者工作态度差等原因导致出现差错，由学校或者政府其他部门给予其一定的惩罚；对于违反法律者，还将追究其法律责任。因此，教师管理对教师过错、过失的惩罚制度会对教师形成一种潜在的威慑力，促使教师不断地自我发展。

教师管理制度实际上既对教师的自我发展提供了一种激励，又提供了一种可能的惩罚。相关心理学研究表明，激励会通过对教师自我发展行为提供一种强化刺激从而增强教师的自我发展行为；而惩罚则会通过对教师自我发展的懈怠行为产生一定的抑制作用，从而减少教师自我发展的懈怠行为。

总之，学校组织的管理制度能通过激励和惩罚来强化和抑制教师某种行为来达到监督和促进教师自我发展的目的。

3.维持教师发展秩序

教师发展不仅是教师个体的发展，还包括教师的团队发展和相互发展；教师发展行为也不仅是教师的个人行为，还包括教师的团体行为。只有教师团体发展了，教育质量才能够真正得以提高。而要想实现教师的团体发展和相互发展就必须形成一种良好的教师发展秩序。教师发展秩序的形成可以依靠教师个体的自觉，但更重要的是要形成良好的、规范的教师管理制度。没有秩序的教师发展注定是混乱和失败的。

管理具有一定的权威性和强制性。通过良好的、规范的教师管理制度，教育行政部门和学校能够形成有重点的、分层次的和有针对性的教师发展计划，科学合理地分配教师，促进教师的团队发展和相互发展。无论是一个国家还是一所学校，其有利于教师发展的资源都是有限和相对稀缺的。因此，不可能也不应该让所有的教师按照统一标准以齐步走的形式发展。

第三节　高校教师管理创新与发展的策略

一、树立"以人为本"的教师管理理念

"以人为本"不是一句口号，要真正落到实处。高等教育教学是根本，教学中教师是核心。在高校的教师管理中，要牢固树立以人为中心的现代管理新理念，追求教师资源管理的人本性，提升教师的归属感，同时将教师资源开发提升到第一的位置，使高校的人事工作能着眼于人力资源的开发，致力于人才的合理、充分利用；加强管理者现代管理理论的培训和提高，积极吸收管理学领域最新的科学研究成果，并将其运用到高校师资资源管理的实际中来，做到人力资源管理方法的科学化、规范化、民主化以及管理体制的合法化和规范化，营造尊师重教的良好氛围，始终坚持尊重教师的意愿，了解教师的需求，最大限度地激发教师的积极性和创造性，使教师的潜能得到最大限度地发挥，实现高校教师管理过程中理性管理和人性化管理的有机结合。要将管理职能转化为服务职能，为教师提供良好的发展空间，为教师解决后顾之忧，营造科学的发展平台，提升教师对学校的满意度，实现教师的满意与学校的可持续健康发展的最佳结合。

人本管理最重要的一点就是要宽容。其有两方面的含义：一是对待教师要宽容。要细心发掘教师的优点，同时要尊重教师个人的尊严、自我价值和个人的需要，要宽容对待教师在性格方面的特性，要经常了解教师对学校工作的意见，让教师参与到学校重大制度与改革措施的制定中来；二是对待教师的学术观点要宽容。学校特别是各学科的学术带头人要能够容忍甚至是提倡多种学术观点的并存，对个别教师提出的特异

性观点不能直接予以否认，要营造高校"百花齐放、百家争鸣"的宽松的学术氛围。当然，宽容不是放纵，高校教师资源管理需要有效的规章制度来规范教师行为。在负强化的基础上，更应该利用正强化效应，帮助教师尤其是青年教师制定自身的发展目标，并在教师目标的实现过程中实施有效的激励，使教师实现自我再造，充分发掘自身潜能，为教师向更高层次发展和更高价值的自我实现提供可能。

教师资源的管理应尽可能地由学院来进行，学校层面应主要负责宏观的督导与引导，其原因主要有以下三个方面：

第一，教师的管理权过分集中到学校手中，在很大程度上造成了教师和学校的对立。教师对学校的管理措施产生抵触思想，学校科层制的组织结构使学校的管理措施在实施过程中效率较低，是造成学校行政失灵的主要因素。按照治理理论的观点，对人力资源的管理应调动全方位的力量，特别要发挥学院在教师资源管理中的作用。

第二，学院是学校学科建设和发展的主要承担者。更了解学科建设中对教师资源的需求，并根据发展目标进行有针对性的管理是现代人力资源管理理论的应有之义。

第三，学院更了解教师在个人发展中的需求，在管理中更能体现对教师的人文关怀。

二、建立并完善高校教师管理指挥系统

（一）高校教师管理指挥系统的建立

教师管理指挥系统的功能在于联结领导者与被领导者之间的关系。通过一定的管理措施和良好的沟通以及领导者的组织等，有效激励被领导者为完成管理目标而努力。因此，教师管理指挥系统一般包含以下几个方面的内容：

1. 人员系统

人是指挥系统的主体，离开了人就谈不上人与人之间的关系，也就

谈不上指挥与领导。指挥系统中的人员包括指挥人员和被指挥人员，他们处于不同的地位，需要完成不同的职责。这是由组织系统中的职务结构所决定的。

指挥人员借助组织赋予的权力行使其指挥的职责，并采用一定的手段，促使被指挥人员完成指挥人员认为必须完成的任务（指令），而被指挥人员则接受指挥人员的指令、执行和完成任务。当然，被指挥人员不是被动地接受指挥人员下达的任务，然后消极地完成任务。一个完善的人员系统应该充分发挥被指挥人员在指挥系统中的重要作用。

在教师管理的指挥系统中，管理者中处于指挥人员位置的，通常被称为领导者。领导者根据目标的要求和工作的经验，提出某一阶段的任务及其完成办法。但是，领导者对目标的理解也不一定是完全正确的，其精力也不可能永远充沛，其所下达的某项任务与整体目标发生偏差的事是不可避免的。这时候就需要被指挥人员深入思考、提出问题，并及时解决问题，以保证整体目标的实现。当然，在一般情况下，这种调整需要得到指挥人员的首肯。这样才能保证指挥系统的协调运行。教师管理指挥系统更需要这种协调。

2. 信息系统

除了人员系统之外，一个指挥系统必不可少的是人与人之间的信息沟通。这些信息包括指挥系统内部的，如指挥人员下达的任务等；也包括指挥系统外部与内部交换的信息，主要为环境信息。指挥人员不仅需要了解组织内部及组织对象的一般信息，被指挥人员处理信息的能力，组织对象的行为表现等内容，更重要的是指挥人员要善于发现环境信息，为决策提供基本素材。新的社会形势给高校教师队伍建设带来了巨大的挑战，所以，指挥人员根据对环境信息和组织内部信息的综合分析，及时做出调整决策，对于稳定教师队伍、提高教师队伍基本素质、激发教师工作的热情是十分必要。

3.制度系统

在一个指挥系统内，指挥人员不可能事事都照顾到，事事都亲自做出决策。一些常规性的管理活动有时并不需要由指挥人员发布任务。事实上，建立完善的管理制度系统是指挥人员直接进行指挥的一个重要形式。对于一些常规性教师管理的内容，通过一定的制度形式来规定管理的具体办法，也是指挥系统必不可少的重要内容。我们知道，人的精力是有限的，所以指挥人员更应该将有限的精力用到处理大事上去。对于一般的管理问题，指挥人员可以通过下放指挥权的办法，让被指挥人员来解决；但更重要的，是要用制度的形式使任务规范化，增强制度的严肃性和权威性，以达到被指挥人员接受指挥人员间接指令的目的，从而使指挥系统更有效地发挥作用。这样做，既可以提高指挥系统的效率，又可以保证指挥系统不因一些人为的因素而失去效力。实际上，如果每一项管理活动都由指挥人员直接指挥才能产生效力，那么管理本身的效率是十分低下的，是不可能适应现代管理的基本要求的。所以现代高校教师管理指挥系统需要建立制度系统。

4.控制系统

由于领导者不可能永远正确，那么领导者所发出的指令也就有可能偏离教师管理的目标。特别是当某些管理指令被制度固定以后，管理系统在运行的过程中，或者由于管理者对制度的理解存在偏差，或者由于制度本身不适用于新的形势而造成管理上的失误，进而导致管理指挥系统失效。因此，管理指挥系统本身应该具有自我控制的功能。这项功能是由其控制系统来实现的。就高校教师管理系统来说，一般作为控制系统的可以是教师管理委员会等部门机构。这一系统就教师管理过程中所出现的指挥失误或执行失误加以调整和纠正，以保证管理行为不偏离应达到的教师管理的整体目标的轨道。

以上系统组成了教师管理指挥系统，缺一不可。人员系统是教师管理指挥系统的主体，是处理管理信息制度的制定和执行者；而信息系统为指挥系统提供中介,保证了指挥系统的有效运行;制度系统是指挥系统概念的延伸,可以保证指挥系统的高效率;控制系统则是指挥系统不偏离整体目标的重要保障。

(二)高校教师管理指挥系统的完善

建立教师管理指挥系统是教师管理组织建设的重要内容。而教师管理指挥系统的维护和进一步完善则是指挥系统发挥效力的必然要求。任何系统都有其建立和维护的过程,系统的维护往往比系统的建立更为重要和复杂。事物总处于变化发展之中。这种变化发展不仅体现在物质生产、经济活动领域,也体现在教师管理系统中。因此,教师管理指挥系统应该能充分适应这种变化。不仅要通过自身的控制系统来适应变化,更重要的是要在控制系统控制的范围之外完善指挥系统。下面主要分析人员系统和制度系统的完善:

1.人员系统的完善

教师管理指挥系统是以人为主体的系统。人员系统是教师管理指挥系统中最重要的系统之一,其完善程度关系到指挥系统的运行状况。

(1)人员素质的提高。要完善人员系统,首先要提高人员素质。人员素质的提高包括两个方面的内容:一是指挥人员素质的提高;二是被指挥人员素质的提高。

指挥人员素质的提高主要指政策水平、领导能力和领导艺术的提高,特别是决策能力的提高。同时,指挥人员还应该具备掌握管理内容、管理信息的能力,要善于处理突发事件,要善于用人并能掌握激发人的积极性的能力。因为教师通常是较高层次的优秀人才,所以管理者要想做好管理工作就必须具备更高的管理能力和基本素质,特别是指挥人员的领导素质。

被指挥人员素质的提高是完善人员系统的重要内容。一切管理活动都是通过被指挥人员才得以实施的。被指挥人员通常是指教师管理组织中的一般管理者,其素质的提高主要包括:管理学科知识的增长,对教师心理素质、行为特征理解能力的训练，教师管理的特殊方法训练等。

人员素质的提高通常有以下几种方法：

①脱产进修。掌握管理理论知识、教育科学知识最好的办法就是脱产进修。通过一段时间的学习和提高，达到完善知识结构的目的。

②在实践中积累经验。教师管理活动是一种实践性的活动。管理工作的经验只有在实践中才能形成。因此，注重在管理实践活动中提高管理者的相关能力，是管理者素质提高的重要途径。

③不断提高自我修养。提高管理者素质的关键是提高自我修养。外在的作用必须转化内在的动力是促进管理者素质提高的重要因素。

（2）人事协调。一个有效的指挥系统需要有一个高效的指挥队伍。在一个高效率的指挥队伍中，组织中人与人之间的协调关系是十分重要的。要想实现人事协调，指挥队伍中的每个成员就必须具有共同一致的管理意识，这样就可以创设相互合作的群体环境，形成协调的群体结构。共同一致的管理意识是使管理人员向着一个共同目标努力的重要保障；相互合作的群体环境则是完成管理任务的必要条件。互相倾轧的环境不可能产生好的效果，所以组织效率优化的重要内容就是要保证群体结构协调。如老中青的结合、异质性格的结合、不同学科人员的结合等都是协调群体结构的重要内容。人事协调是一个广泛的概念，不仅包括人际关系的协调，也包括人事结构的协调。协调的人事关系和人事结构是一个指挥系统发挥高效力的必要条件。

2.制度系统的完善

制度系统在指挥系统中所起的作用不容忽视，完善制度系统和建立制度系统有着同样重要的作用。制度系统的完善包括两个方面的内容：

（1）制度系统的修正。制度系统的完善不是指制度系统的重建，而是主要指在原有系统基础上的修正。教师培养制度、教师职务评审制度、教师职务聘任制度、教师工作质量评价制度等制度一直在教师管理系统中起着重要的作用。在教师管理过程中，由于环境、形势、对象等的变化，管理者应对解决问题的措施、办法及时做出调整。如在教师职务评审过程中对某个教师的突出贡献给予特定的评价。当然，修正制度系统绝不是为了否定制度系统本身的严肃性和权威性，而是为了充分保证制度的连续性和长效性。管理者对于制度系统的修正必须慎重考虑，决不能因为某个个人问题使整个制度系统出现间断，进而使制度系统失去它的公正性，否则就不可能使制度系统产生其所应该产生的作用。

（2）制度系统的自我调控。制度系统本身是严肃的。但这绝不是说制度系统是死板的。制度系统的运行恰恰需要其具有必要的灵活性。我们说制度系统一旦建立，无论是教师选任制度、教师职务评聘制度还是教师工作质量的评价制度，都应该具有稳定性和持久性。但事实上，由于人管理本身的局限性，不同的人在不同的环境下所出现的问题不可能一样。比如教师职务评审，由于每一个教师的成果、工作业绩、思想状况都不一样，所以用一个固定的衡量标准来对不同对象加以衡量比较就是一件复杂的事。再加上环境不同、学科内容不同，不同管理者对制度的理解也不同，就会导致管理结果不合理的情况出现。这就要求制度本身具有一定的灵活性，也就是说，制度本身不仅是一种普遍适用指令，而且在对于某些特殊问题的处理上应具有相应的伸缩性。这实际上是制度系统自我调控的内容。除了指挥系统本身的修正外，制度系统自我调控也是十分重要的。这是制度系统完善的最重要的内容之一。

（三）加快高校教师管理指挥系统运行的方法

系统的运行过程主要是指系统各要素为达成系统目标而进行的活动过程。教师管理指挥系统的运行过程也是指挥人员通过指挥管理活动的实施过程，从而使教师管理的整体目标得以达成的一个完整过程，其中最重要的部分就是调动教师教学、科研工作的积极性和主动性。这是教师管理活动的主要目的。而教师管理指挥系统的运行过程也正是激励教师发挥作用的过程。

1.激励与激励因素

管理工作涉及如何为达成共同目标而在一起的人们创造并维持一个良好的工作环境。所以如果一个管理者不知道怎么样去激发人的积极性是不可能胜任管理者这一岗位的。事实上，所有那些对某一个组织的管理工作负有职责的人都必须把能激励人们尽可能有效地做出贡献的因素体现在整个的组织系统中。

（1）激励。激励能够激发人的积极性和创造性。激励与人的动机密切相关，人的行为是由动机支配的，而动机又是由需要引起的。人们的行为不管是有意识的还是无意识的，都是基于需要而发生的。因此，行为学家们把促成行为的欲望称为需要。管理者要激励他们的下属，实际上就是使下属的需要得到满足。

（2）激励因素。激励因素是能够促使人工作的因素，通常包括较高的薪水、有声望的头衔、职务、同事们的捧场等。激励措施反映了人们的各种需求和欲望，促使人们去实现自己的愿望或目标。同时，激励措施也是调整需求冲突的一种手段。

一个管理者可以创建一种可以激发出下属工作动力的环境。例如，教师在一个享有较高知名度的高校工作，一般会因受到激励而为维护高校的知名度做出贡献。同样，一所管理得当并取得显著效果的学校也会提高教师管理质量。有效的教师管理活动必须把每一个教师的干劲充分地激发出来并使他们的需求得到满足。

2.激励方法

激励是使有利动机得到强化，使不利动机得到削弱的过程；或是肯定某种行为，使其动机得到强化，否定某种行为，使其动机得到削弱。激励的方法是多种多样的，而教师管理的激励措施更具有特殊性。教师作为高层次的人才个体，其需要有着不同的特点。他们除了基本需要外，高成就的需要在教师需要中占据重要的地位。人的需要的不同，针对其所使用的激励方法和技巧也应不同。这里笔者简单阐述几种常用的激励方法：

（1）目标激励。目标是人在各项活动中所追求的预期结果在人们头脑中的反映，它是人的动机体系的一个重要成分。目标激励主要是通过设置目标来激发教师的内在动机，当然这个目标必须能够将教师的需要与学校的目标紧密联系起来，所以说设置合理的目标是目标激励的关键。教师的需要主要包括生活需要、工作需要和自我实现的需要，自我实现的需要是教师的最高追求。学校的发展必须在满足教师生活的需要和工作需要的基础上，保证教师自身的发展。学校应将自身目标的实现与个人需要的满足紧密结合起来，在实现自身目标的前提下满足教师的需要。

（2）物质激励。物质需要是人的各类需要的基础，只有物质需求得到满足，才能追求更高层次的需求。为此应尽可能地改善教师的生活条件，解决工资待遇、住房、医疗等问题。薪酬作为激发教师工作积极性的方式，必须具备公平性和竞争性。这里的公平不是绝对的公平，而是相对公平，不搞"平均主义"，所有教师按统一标准奖罚。薪酬应当与教师的业绩、贡献、职称、教学工作量和教学质量挂钩，适当拉开各级各类教师职务的薪资水平，保证按贡献分配。为了更好地激励教师多出成果，可以适当建立相应的业绩津贴制、年薪制。从而使教师不为生活所累，专心从事教学和学术研究。

（3）培训与发展激励。培训的激励价值在于它能满足教师的最高层次的需要，也就是自我成长和发展的需要。要立足于教师整体素质的提高，积极探索教师"培养、培训、管理"一体化的有效机制。不同类别、不同层次、不同任务的教师要有不同的培训内容和培训方式。例如，对于刚聘用的青年教师我们可以借鉴美国高校实施的导师制，建立青年教师导师制、青年教师助教制等制度，学校安排富有教学实践经验的老教师对青年教师进行教学实践培训。而对于具有一定学术声望和学术成就的教授，要建立学术间的交流。在培训方式上，设立短期和长期培训班，业余时间培训和系统学习，校外进修和校内培训，充分发挥现代信息技术的作用，推进教师培训工作的信息化建设。在培训模式上，构建多样化的培训模式，包括教师岗前培训、教育课程培训、教学研究公开课、青年教师授课比赛等，还可以撰写教学后记、教师专业成长日记等实现教师的自我教育培训模式。最后，要采取一定的激励措施，将教师培训与工资、晋级、晋职等联系起来，通过学术休假制度和有力的经费支持以保障教师参加培训的现实可能。

（4）参与激励。高校教师普遍具有强烈的学者意识，往往不希望管理者过多地干涉他们的工作。也就是说，高校教师具有不开放的接纳管理的心理特点。针对这一点，管理者应该让教师进行自身管理，参与到有关政策、制度的制定和决策活动中来，以使教师个体在心理上产生一种自觉的意识。这样，教师通常会认为决策是个体意志的反映，因而对工作的满意度较高，较易产生极强的工作积极性。

有部分教师不关心教学质量的要求，也不关心教师培养的规划，只是凭着经验来组织教学、科研活动，甚至对教师管理也有抵触情绪。管理者为实施有效管理而制定的一些政策、措施，在他们看来竟是一种管制教师的"枷锁"，而不能自觉地参与管理活动中来，从而导致许多制度执行效果不佳。这一点需要管理者引起足够重视。管理者应该使教师了解教师管理的过程和具体内容、有关规定，让教师参与到决策活动中来，改变管理者与教师之间的这种不协调关系，调动教师参与管理、配合管理的主动性，以保证教师管理的有效运行。

三、完善教师聘任制度

对高校来说，推行聘用制的主要目的是打破教师职务终身制，改变教师对学校的人身依附，克服教师在职称评聘过程中论资排辈现象。在高校聘用制的推行过程中，应做好以下几个方面的工作。

（一）科学设置岗位，下放岗位聘任权限

这其中包括两层含义：一是要根据学校的岗位总数以及各教学单位承担的教学任务情况，科学测定各单位编制；二是将岗位分成关键岗位

和一般岗位。关键岗位由学校聘任，一般岗位则根据各单位编制情况，综合考虑学科发展等因素，合理地分配到各个单位，由各单位自行聘任。

（二）合理设置任期

任期设置的合理与否，将直接决定聘任制推行的成败。任期过长，则起不到聘任制应有的激励作用，使低职称者努力的动力减退，对高职称者又起不到刺激作用；任期过短，一方面增加教师担心失业的心理负担，另一方面使功利性的研究活动增加，违背了科学发展规律，不利于教师从事科研活动的独立性和基础性研究的长期进行。同时，具备条件的学校应实行低职称教师在一定年度内的非升即走制度。在聘任到期后，如果通不过专门委员会对其进行的教学效果、科研能力以及学术水平的考核，就必须离开学校，这将极大地促进年轻教师勤奋上进，不断提高专业水平和敬业精神，还将对人才的流动和学术的交流起到积极的促进作用。与此同时，我们不妨在特定的群体内尝试终身教授制，为那些对学校发展做出突出贡献，在学校的学科建设和教师梯队建设中举足轻重的，在国内外有着极高影响力的大师级学者授予教授终身制，使他们能够安心从事研究工作。特别是一些科研周期长、工作量大的基础性研究，这有利于对学科内的教师梯队建设起到传、帮、带的作用。需要指出的是，教授终身制在实行过程中人数不能过多，必须坚持宁缺毋滥的原则。并且最终授予权应掌握在代表学校最高学术水平的校学术委员会手中，以防止权力被滥用。

（三）完善聘任程序

要制定规范的聘任办法，并且在办法的制定中广泛征求教师意见，让教师积极参与到聘任制度的制定中来。在聘任程序上应公开、公正、公平，坚决杜绝人为操作。对于学校关键岗位的聘任，在我国无中介审议机构或机构职能不健全的情况下，必要时要聘请国内其他高校的同行专家对申请人进行鉴定；聘任工作应面向全社会公开，考核过程和结果也都要进行公示；建立教师申诉制度，如教师对聘任结果有异议，可以到指定的申诉部门申诉，申诉部必须受理教师的异议投诉，并在规定的时间内予以答复。

（四）要与政府职能部门一起做好聘用教师的生活保障工作

特别是在推行聘用制改革的初期，政府职能部门除了要做好未聘教师的社会保障外，学校也应在能力范围内，为教师再就业创造条件，保证教师队伍的稳定。在聘任制的推行过程中，教师身份的转变是重点也是难点，只有在改变教师对学校的人身依附，完成从"学校人"到"社会人"的转变，建立学校与教师间真正的契约关系，聘任制才有可能真正实行。

四、完善教师绩效考核评价体系，建立科学的教师工作量核算模型

（一）完善教师绩效考核评价体系

1.设计全面的评价考核指标体系

教师评价考核内容包括政治思想（德）、业务水平（能）、工作态度（勤）和工作绩效（绩）四个方面，是高等院校为实现培养人才、科学研究和社会服务职能而对教师要求的体现。政治思想方面主要考核教师的政治态度、思想品德、师德、学术道德、遵纪守法等。业务水平主要考核教师的能力和知识结构，包括教育教学能力、科研能力、创新能力和专业知识水平、教育科学知识水平等。工作态度主要考核教师的责任感、工作积极性、团结协作精神、组织纪律性等。工作绩效主要考核教师所完成的工作数量和工作质量，一般包括教学工作、思想教育工作、科研工作和社会服务工作的数量和质量。

在考核指标体系的设计上，要坚持全面性的原则，制定以业绩为核心，由品德、知识、能力等要素构成的全面的评价考核指标体系。既要

考核师德学风，又要考核专业能力；既要考核教学，又要考核科研；既要考核学术工作，又要考核社会服务工作；既要严格要求，又要体现人文关怀；既要考核个人能力，又要考核个人的合作意识和团队意识。在设计每一个要素的考核内容时，也要坚持全面性。例如，在进行教师教学绩效考核时，不仅重视过程，也重视效果；不仅重视课堂教学，也重视课外辅导；不仅重视教学能力，也重视教学态度；不仅有共性要求，对不同学科也要区别对待。再如，教师评价中要处理好教学和科研的相互关系，纠正"重科研、轻教学"的倾向。强调教书育人是教师的天职，教学是教师最重要的工作。应建立完善有效的激励和约束机制，调动教师参与教学的积极性。坚持教授上讲台，把为本科生授课作为教授、副教授的基本要求纳入教师评价考核指标。不仅考核教学工作量，教学质量更应当成为晋升、奖惩的重要依据。

在坚持全面性原则的前提下，不同类型的高等院校应结合学校的实际，将上述方面内容具体化。要充分考虑评价考核指标体系与学校的定位、发展战略保持一致；充分体现学校的定位和发展目标符合教师的要求，确保学校教学工作、科研工作的质量和社会服务工作的顺利开展，从而推动学校教育事业的发展。例如，由于研究型大学、教学研究型大学、教学型大学各自的定位和发展战略不同，实现培养人才、科学研究、社会服务等职能的侧重点不同，对教师的绩效评价考核要求就不同。

2. 考核过程要公开、公正、公平

公开原则是指对教师的考核过程、考核标准以及考核结果要公开，不能搞暗箱操作，不能人为干预；公正原则是要求考核者在考核过程中要实事求是，不能人云亦云、送"人情分"，更不能打击报复；考核者在教师中要树立威信，树立较高的学术地位，使教学效果的公认程度高；公平原则是指应综合考核教师，不能因某一点原因就全盘否定教师的所有努力，要给教师申诉的权利和机会。

3.考核应采用量化指标，又不能绝对量化

量化的指标可以更明确的评价教师的教学和科研工作，它不像描述性评价容易掺杂个人主观因素，也可以通过调整权重等方法使评价更科学。但在设计量化指标的时候，要充分考虑到质的方面的因素，不能单单只考虑授课学时、发表论文数量等，否则容易产生教师对量的追求而忽视对质的追求的导向作用。

4.实施分类评价考核

在学校的教育教学工作中存在着岗位分工，教师所从事的具体工作和承担的角色也不同。在决定评价考核时，要以承认差异性为前提，这是实践人力资源分类管理思想的重要要求。因此，要根据学科类型、水平及不同岗位的职责、特点，分类设计评价指标和评价标准。使教师能够形成自己的教学和科研特色，充分发挥其个性和特长。

例如，公共课教师和专业课教师在教学和科研上的要求就不同。公共课教师的评价考核标准应以教学为主、科研为辅；专业课教师的评价标准应体现教学和科研并重。基础学科、应用学科、人文社会学科等不同类型的学科的科研考核标准应区分出学科的特点；讲师、副教授和教授等不同级别的评价标准应有所不同；学科带头人和教学名师在科研和教学上的评价标准也应当不同。学科带头人应侧重考核其在把握学科发展方向、开辟新研究领域、开展前瞻性研究中的"领头羊"作用以及在学术梯（团）队建设中的组织作用；教学名师则侧重考核其在教学改革、教学研究、精品课程建设、教学梯队建设等方面的作用。

（二）工作量核算

在工作量的核算上，大体可以分为两种方法：一是教学与科研单独核算；二是将教学工作量和科研工作量分别量化，赋予一定分值后加总，然后根据总分对教师的工作总量进行排序。这两种统计方法都有各自的缺点，第一种不易于管理者掌握教师的工作总量；而第二种方法中，教

学与科研是两个不同性质的量，直接相加不能准确反映教师的实际贡献，与实际也有较大误差。而且适用范围十分有限，只能在同一类课程或专业内进行比较排序。因此，大多数高校倾向于教学工作量与科研工作量分别核算，笔者也赞同这种计算方法。

1. 教学工作量的核算

教学工作量不应仅仅是教学授课工作量与班级系数简单的加乘计算，还应考虑到质的因素。同样讲授一门课程，有的教师讲课认真、备课充分，教学方法深受学生们欢迎，教学效果好，而有的教师则可能要差许多。如果按同样系数计算工作量，则教学好的教师就会心理失衡，所以应该将教师的教学效果计算到教师的工作量中。

2. 科研工作量的核算

科研对于教师来说，能够使自己与自己学科领域的新进展保持一致，从而进行高质量的教学，学术研究的过程和结果往往能改变教学的内容和方法。因此，大学教师必须从事一定的科学研究。但就工作量的核算来说，由于科研成果的学术性价值难以评估，从而给核算工作带来了很大的困难。很多高等院校为了发表而进行的科研，也被博耶称为"发现的学术"。它成了大学使命的主要部分，"发表或者出局"已成为教师职业生涯的基本模式。因此，我们在核算科研工作量时，只能根据教师科研成果的类型以及级别进行核算。科研工作量主要包括发表论文、承担课题、出版学术专著。

很多学校将教材视为科研成果的一部分，但在实际工作中我们发现，绝大部分的教材都是东抄西凑，反映不出作者的学术思想和学术水平。教材更侧重于衡量教师对专业知识的掌握程度，但它缺乏对专业领域新探索和新问题的探究，其学术价值不大。所以教材更应成为教师教学活动的一部分，应在教学工作量中予以核算。在科研工作量的核算上，我们要给予那些从事周期长的基础性研究的教师一些特殊政策。比如，如果经学术委员会认定，该教师的科研活动有较高的学术价值，可以在成果出来之前，按阶段认定该教师的科研工作量，并在研究成果出来后，根据实际情况核算其科研工作量。

第四节　高校教师管理的发展趋势

一、管理理念向人力资源管理发展

高校教师属于高级知识分子，是有良好的个人修养，有情感、有人格尊严、有思想的"人"。他们高度看重自我价值的实现，格外重视他人、组织及社会的评价，并强烈希望得到社会的认可和尊重。所以单纯依靠物质的激励无法满足高校教师的需求，这就需要重视对教师进行精神激励。

现代人力资源管理研究表明现代员工都有参与管理的要求和愿望。所以要充分发扬"以人为本"的管理理念，对教师的管理不能简单地理解为"管老师"。要将教师作为服务的对象，及时了解教师的需要，形成尊重知识、尊重人才的氛围；要理解、尊重、关心、信任教师，善于运用情感激励与教师建立良好的关系，使他们心情舒畅，增加教师的认同感和归属感。

管理者与教师要加强交流、相互尊重，共同参与学校事务的民主管理，满足教师责任、成就、认可和成长的需要，让教师切实感受到自己是学校大家庭中的一员。这样既能调动教师的积极性，又能使管理者和教师之间和谐相处。

二、管理方式向动态管理发展

教师的教学工作和育人能力是一种动态持续性的行为过程。两者在发挥作用上也是从量变到质变的动态发展过程。对高校教师工作的管理评价应当摒弃原有的只停留在一点或者一面的表象评价管理方法。在新形势下的高校教师管理工作更应当充分研究和发展持续性的动态管理评价方法和奖励机制。

第一，高校可以组织、建设大学教学质量评估任务组，对高校的设备及时升级、更新；对教师开展培训，使其在课堂上的教学标准化；对系统人员进行培训，提高现有大学产生的工作结果，避免系统漏洞，提高标准化水平。

第二，鼓励教师提升自身的能力和综合素质，积极投入到教学工作中，确保教学课程的质量。针对高校教学质量评价系统的情况进行评价。评价过程逐渐的标准化和规范化，使教学质量的提高与教学质量评价体系的成熟两者相辅相成。

第三，通过研究成立在线教学质量评价奖励机制以及建设群众监督制度，大大地降低无效评价结果出现的可能性。

第四，提高教学评价结果反馈的及时性。教师的教学评价结果，如评价学生的排名，教师评价排名，专家评价排名和总排名等信息可以通过短信方式通知老师本人，便于教师根据自己的教学评价结果及时做出改进。

总之，对高校教师的管理要向着健康、可持续性的动态管理发展，构建合理、公平的高校教师管理机制，为教师提升自身建设好营养土壤。

三、管理制度向契约制发展

近年来，美国的高等教育一直走在世界前列，其对高校教师队伍的建设、聘任、管理、培训等方面形成了一套科学合理的教师管理制度。他们采取公开招聘、公平竞争、自主招聘的选人和用人方式；建立科学合理的高校教师绩效考核评价指标体系，评价主体多元化，重视自我评价；实行"非升即走"的淘汰机制，实行终身教授制，建立公正合理、规范化的职称评定机制；建立培训进修制度、学术休假制度、带薪休假制度。这一完整的制度体系为美国高等教育的发展起到了重要作用，也对世界其他各国高校教师管理提供了宝贵的经验。

当前我国对高校教师的行业还保留着事业单位铁饭碗的传统印象。社会上甚至教师本身还原始地认为教师这个职业是终身制。这种根深蒂固的思想从源头上遏制了高校教师自身主动发展的动机，社会环境也干扰了教师自我管理能力的提升。对高校教师管理的新契机正是要求改变这种体制内的终身职业生涯观念，把合同契约性引入高校教师管理机制系统中来。有效地激发高校教师自身能力发展的主动性和积极性。

四、管理激励向能力差异精细化发展

高校教师管理激励当前仍然存在许多问题。例如，随着近年高等教育院校不断"扩招"，高等教育资源出现紧缺，特别是高校教师资源。同时，高校教师管理制度过于粗放，很多制度形同虚设，对教师的约束、激励作用有限。这就使得高校教师比较散漫，缺乏积极性，对教学以及学校院系的事务漠不关心、应付了事。这不仅极大地浪费了资源，也影响了高校教育教学质量，使高校很多日常工作无法开展，高校应有的职能也没有得到很好地发挥。

教师岗位职责不明确，不细化。目前高校教师管理的规章制度以及教师手册，只是粗略的规定了高校教师要完成的教学课时数以及在规定的时间内要发表的论文数量，对教学的质量以及论文的质量并没有明确要求。同时，高校要求教师具有教学、科研和社会服务三大职责，显然现在的高校教师管理制度忽视了对社会服务的要求。这样的管理制度如何调动高校教师的积极性，如何让教师履行其应有的职责，高校的职能又如何发挥？因此，高校对教师的管理和激励机制必须建立一套精细化的考核评价标准，能够充分发挥教师的潜能，履行其应有的职责。这种标准的精细化要从教师的教学水平、育人能力、管理能力、科研能力等多方面入手，形成健康有机的管理评价机制和激励机制。

总之，将精细化管理理论运用到高校教师管理的改革之中，建立完善的高校教师精细化管理制度，是当务之急。细化教师岗位职责，建立精细化的教师考核评价体制，强化精细化的教师激励制度，充分调动高校教师的积极性和创造性，不断提高办学质量，在激烈的高校竞争中立于不败之地。

第五章　高校学生管理创新与发展

学生管理是教育管理的重要内容。随着高校扩招和社会的不断发展，高校学生的管理工作显得更加重要。固有的模式虽然可以保持成绩，但是必须要进行不断的创新，才能够更好地发展，才能让高校教育真正为社会主义的发展贡献力量。

第一节　高校学生管理概述

一、高校学生管理的概念

高校学生管理是对大学生的学习和活动进行计划、组织、协调、控制的过程。是以高校大学生为主体，以培养他们为目标，按照国家的政策、方针、规定对学生进行全方位的教育管理。并且是使学生能够有计划、有目标的开展学习、努力学习的过程。从我国学生管理的实践来看，我国的学生管理可分为狭义的学生管理和广义的学生管理。

广义是指"管理学生（人）和管理学生工作（事）"。本书的学生管理为狭义的"学生管理"，狭义的"管理学生"主要包括三方面：一是按照大学生自身的活动形式可划分为学习管理（包括课堂学习管理和课外学习管理）、生活管理（包括食堂生活管理和宿舍生活管理等）、行为管理、技能管理和常规管理；二是按受教育内容划分，可分为德育、智育、体育、卫生、美育和劳动技术教育等方面的管理；三是按管理方式划分，可分为自我管理、班级管理和行政管理。

二、高校学生管理的特征

（一）专业性

近年来，高校学生管理工作越来越成为一门值得研究的学科，它有着独立的模式和科学的体系。和社会的其他领域相比较，更为规范化、科学化，通过管理、服务、教育三位一体来完成学生管理工作。并以此来阐释教学、管理、学生之间的关系，以专业的管理方式来维系校园秩序。因此，高校学生管理工作的专业性显而易见。高校学生管理的专业性必须体现在实际工作当中掌握的时代脉搏、把握的学生动态、紧握的管理环节。以全新的视角和模式开展高校学生管理工作，针对问题及时解决，跟踪调查。当然，要想使高校学生管理工作成为高校学生教育管理的主渠道，只在思想上重视是远远不够的，一定要打破传统理念并更新理念，全面适应学生群体及环境特征。让高校学生管理工作汲取更多的科学管理手段及方法，推进高校学生管理工作全面走向专业化，成为教育传播的主体阵营。

（二）关联性

高校学生管理工作不是高等教育范畴中的独立个体，而是与高校各项工作紧密相连的重要组成部分。它是高校教育成果的有力保障，在高等教育的各个环节中起到支撑作用。各高校都不可能实现单纯的教育教学工作。同样，高校也不能实现单纯的管理。要使高校学生管理工作成为高校教育、教学的推动者和维护者。使学生在接受管理的同时得到较好的教育，获得良好的教学指导。

（三）实践性

高等教育以培养适合社会需要和适应时代发展的高级知识人才为目

标，要着重提高学生解决实际问题的能力。随着社会形势的不断变化和发展，要求学生管理模式随之改变。新的管理方法和手段不能只是空谈理论，而应该在实际的工作中得到切实的运用，以达到理论指导实践的目的。只有将具有实践性的学生工作管理，才能更好地适应日益变化的社会环境。

（四）开放性

高校的学生管理具有开放性。日常管理工作可以通过多种途径和方法开展，既可以通过课堂教学教育，又可以通过组织校园文化活动进行日常管理，还可以通过学校教育、社会教育、家庭教育等多种渠道展开。学生管理工作者要善于利用多方资源，懂得统筹和协调，形成促进学生管理的合力。

（五）持续性

高校学生管理系统是一项复杂的工程。每一项具体工作的完成都要以学生管理的总体目标为方向，都要体现学生管理的效果，都要促进大学生的全面发展。高校学生工作管理要建立长效的工作机制，使学校教育、社会教育、家庭教育三者有效结合，通过外在的制度管理和内在的学生自我约束，结合思想政治教育，来提高学生管理的效果和系统性。

三、高校学生管理的目标

（一）培养政治素质过硬的大学生

当代大学生应具备爱国主义精神、集体协作意识、坚定社会主义信念、拥护共产党的领导。这是作为一名合格大学生应具备的基本素质。发扬中华民族优良传统和文化是当代大学生不可推卸的责任。要想培养出对社会有用的人才，就要教育学生拥护四项基本原则，树立努力为建设社会主义伟大事业做贡献的理想信念。这也是高校人才培养的崇高目标。

（二）培养文化素质较高的大学生

作为高等教育，科学文化素质教育必然是教育主题。大学生必须要具备扎实的理论功底、完整的知识结构。在具备一定程度的理论储备基础上进行实践，勇于创造、敢于开拓。要尊重并热爱科学，尊重科学理论成果。养成良好的学习习惯，掌握正确的学习方法，保持长久的求知欲望。坚持终身学习、终身探索。

（三）培养创新素质较强的大学生

时代的飞速发展和环境的不断变化，使当代大学生面临着巨大压力。大学生应该具备正确的思维方式和较强的创新能力，不断拓宽自己的知识面和理论储备；要拥有敢于创新的精神，勤于思考，科学地、辩证地、全面地去分析和判定事物，不断突破自我，创造新知。这也是科学发展的必然途径。在创新的过程中继而创造发明，达到增强大学生创新实践能力的目的，以此拓展学生综合素质。

（四）培养身心素质健康的大学生

现今高校大学生的健康不仅仅是狭义的身体健康，还包含着心理健康。身体健康可以通过体育锻炼来得以实现。锻炼强健的体魄，使大学生拥有充沛的精力和坚强的毅力。心理健康是当今高校较为重视的一部分，由于通讯和网络技术日益发达，学生与社会的接触也愈发密切。学生心理层次复杂，能否拥有健康的心理素质是大学生能否成才的重要依据。只有拥有健康的心理，才能理智、冷静地面对和解决问题，才能树立正确的世界观、人生观、价值观，才能成为社会的有用人才。

四、高校学生管理的基本原则

（一）高校学生管理基本原则的确立依据

高校学生管理基本原则的形成具有很强的实践性。它源于实践，具有充分的实践依据。同时，它又以教育科学和管理科学为理论基础，有着充分的理论依据。

1. 理论依据是人全面发展的理论和教育方针

我国社会主义大学的性质决定了我们必须确保学校培养出来的大学生是具有较高素质的人才。不仅要有扎实的科学文化知识和健康的体魄，还要具有高度的社会主义觉悟，即要有理想、有道德、有文化、有纪律。培养全面发展的人是高校的培养目标，是办好社会主义大学、培养担当民族复兴大任的时代新人的出发点和归宿点。社会主义学校制定学生管理的基本原则，就是要以"以人为本"的思想及教育方针作为理论依据。

2. 科学依据是高等教育科学和现代管理科学

高等教育具有自身客观存在的规律性。只有认识和掌握这些规律，并按照规律办教育，才能确保培养目标的实现。高校学生管理作为高等教育的一个重要组成部分，必须遵循高等教育的客观规律。高等教育规律分为外部基本规律和内部基本规律。

外部基本规律揭示了教育与经济的外部关系，主要反映教育在国家建设和社会发展中的地位和作用、教育投资的经济和社会效益、教育的主要社会职能等方面。尽管在教育、经济与社会文化等诸多关系中，它们存在着相互影响与制约的作用，但总的来说，在经济、社会文化与教育的相互关系中，是经济、社会文化决定教育而非教育决定经济、社会文化。因此，随着经济、社会文化的变化，教育也将发生变化以适应和服务于经济、社会文化。作为高等教育中的学生管理也应当如此。一部中外教育史，往往折射出中外的经济和社会文化变革史，这是高校学生管理者必须明确的。内部基本规律揭示了教育的内部关系，主要反映在培养目标，不同专业人才的培养规格、途径与方法等方面，它与社会的变化密切相连。科学的发展，促使教育手段的优化，科学的发展和社会的变革对人才提出了新的要求，这又促使教育的培养目标发生变化，如此等等，不一而足。高校学生管理必须遵循教育规律，要根据我国高等教育发展的状况，充分认识高级专门人才培养对发展社会主义市场经济所起的积极作用，使高校培养的学生主动适应社会的需要。要进一步明确社会主义高等学校的培养目标和人才规格，端正办学指导思想，摆正德、智、体三者的关系，积极探索更为有效的管理途径与方法，使高校学生管理系统化、科学化和现代化。

运用现代管理科学的理论与方法对高校学生进行管理，是时代发展的必然要求。现代管理科学作为高校学生管理原则的依据，就是在制定学生管理基本原则时，使学生管理队伍的组织机构严密、管理制度科学、人员分工合理、职责范围明确、奖惩分明、动作协调、工作高效。高校学生管理人员要善于运用现代管理科学的系统整体性原理、要素有用性原理、动态相关性原理、人的能动性原理、规律效应性原理、时空变化性原理、信息传递性原理、控制反馈性原理等，使学生管理组织系统化，管理决策科学化，管理方法规范化和管理手段现代化。

3. 实践依据是我国高校学生管理的经验与教训

社会主义大学必须坚持社会主义办学方向。坚持社会主义大学管理的基本指导思想，就是要确保社会主义大学的社会主义方向，调动全校师生员工的积极性，为培养担当民族复兴大任的时代新人而不懈奋斗。一切管理工作都要根据对应的方针、政策去组织和实施。各项规章制度的制定都要有利于调动广大师生员工建设社会主义的积极性。只有这样，才能有利于合格人才的培养，为社会主义市场经济的建设和发展服务，为社会经济协调持续发展和社会主义现代化发展服务。这是确立高校学生管理基本原则的立足点。

高校学生管理工作的规范化、制度化，会把符合社会主义方向的，同时又经实践检验的较为成熟的民主管理和科学管理体制、程序、办法用制度的形式固定下来，使工作形成规范。其核心是责、权、利相结合，使制度的思想性和科学性相统一。

坚持实践第一的观点，理论联系实际。面向社会，实行教育与生产劳动相结合。社会主义高校培养的人才，必须适应经济和社会发展的需要。在思想上有高度的社会主义觉悟，诚实守信，敬业乐群，有奉献精神；在业务上既要有较好的理论素养，又要有较强的分析问题和解决问题的能力，要有脚踏实地的实干精神和开拓创新的创造能力。这既是高校学生管理原则制定的出发点，又是其归宿。

尽管高校学生管理取得了成功的经验，但并非一路凯歌。在成功中也有教训。近年来，不断涌现的大学生与所在学校的诉讼案告诉我们，高校学生管理制度亟待与时俱进，要有所创新。

（二）高校学生管理基本原则的内容

1. 工作方向性的原则

管理是一种有目的的活动，管理工作必然具有方向性。以坚持社会主义方向为准绳，这是我国学生管理工作的一个本质特点。社会的性质制约着学校的性质，进而决定学校一切管理工作的性质，因此高校学生管理工作要作为一种有目的、有意识的自觉活动，为社会主义现代化建设培养造就大批合格人才，这是高校学生管理工作必须遵循的一条最基本、最重要的原则。

2. 理论与实践相结合的原则

理论与实践相结合，坚持实践是检验真理的标准，这是马克思主义的基本原理，也是高校学生管理的基本原则。准确领会和掌握马克思主义相关科学及各种管理原理，把握它们的精神实质，这是搞好学生管理工作的前提。但是，管理原理的应用价值和范围是受不同学校、不同管理对象和管理者水平等因素制约的。党和国家在社会主义现代化建设进程中有着基本的教育方针和政策，在各个不同发展时期，针对不同特点，又提出一系列具体的方针、政策和要求。这些方针、政策和要求，应当体现在各高校学生管理的具体措施、方法之中。但是科学的学生管理必须从本地区、本校、本专业、本年级学生的具体情况出发，从学生的素质、兴趣、爱好和青年的生理、心理特点等出发，制定相应的方法和措施。

3. 行政管理与思想教育相结合的原则

培养学生的共产主义思想品德既需要耐心细致的说理教育，也需要坚持不懈的行为训练，使学校的教育要求变为学生的行为习惯，否则，教育的效果就不会持续和巩固。学生良好行为习惯的训练和培养离不开科学的管理，没有合理的规章制度、行为规范，思想政治教育就会显得空乏无力。行政管理在培养社会主义合格人才的过程中具有不容忽视的作用。它为教育工作提供规范、准则和纪律保证，但是具体的大学生管理是通过规章制度、行为纪律对学生的思想行为进行科学的指导和制约的。这些制度、措施、纪律表现为社会与学校的集体意志对大学生的要求，表现为对大学生行为的外在限制。因此，单纯地运用管理制度去解决学生复杂的精神世界问题是违背教育规律和不切实际的。高校对学生进行管理措施的制定与实施，必须以培养和提高学生的认识能力、自觉遵守规章制度的自觉性为前提。自觉的纪律来源于正确的认识，离不开正确的教育，只能通过科学而有效的思想教育，帮助学生提高执行纪律的自觉性，实现真正管理的效能。

4. 民主管理的原则

高校学生管理工作的一个重要方面，就是要培养学生自我控制、自我管理的能力，激励学生在管理中的主动意识和主人翁态度，充分调动学生自我管理的内在积极性。因此，在社会主义学校学生管理工作中，坚持民主管理的原则才是符合整体管理目标的。

从大学生的心理特征看，他们处于心理自我发现期。这一时期他们产生了认识和支配自我、支配环境的强烈意识。他们的思想和行为表现为明显区别于中学生的相对独立倾向，希望自己的意志和人格受到更多外界的尊重。他们会思考学校制定的规章制度、行为纪律的合理性，一般不希望被动地处于服从和遵守的地位，而是要求参与管理。根据学生培养目标和他们的心理特点，在管理工作中应充分发扬民主，把学生看成既是管理对象同时又是管理主体。

在实行民主管理时，应注意发挥党团员学生的作用，重视学生干部的选拔与培养。这是调动学生中的积极因素，实现学生民主管理的重要任务之一。

五、高校学生管理的作用

（一）育人的作用

高校学生管理是高校管理的重要方面，高校是人才培养的基地，高校管理是为培养人才服务的，高校学生管理更是直接针对大学生的。但这种管理却与一般意义上的管理不一样，它不是单纯的管理，而是带有教育性质的服务，即不仅要通过管理促进高校的有效运行，而且要通过管理达到教育目的，使学生成为高校的合格"产品"。也就是说，高校的学生管理是一种"管理育人"的管理，这种管理要与高校的教学、思想政治工作和心理健康教育等一系列工作有机结合起来，产生一种管理育人的效果，促使教育方针在高校真正得到落实。

（二）稳定的作用

高校学生是一个特殊的社会群体，他们具有青年的特质。朝气蓬勃、充满激情、追求真理、关心时事，但也有着青年固有的不足。他们在法律上是完全民事行为能力人，在心理上也是准成年人。与其他同龄人相比，他们掌握着更多的知识，但较之真正的知识分子，他们的知识又存在结构上的缺陷和知识量上的不足。在全面建设小康社会的过程中，各种政治、经济、社会和文化等方面的矛盾必将反映到大学生中来。如果管理不到位，高校的群体事件就可能变为政治性群体事件，从而给社会的稳定带来威胁。因此，依法管理，预警在先，通过制定并实施符合学校实际的规章制度，引导大学生端正学习态度。明确学习目的，掌握正确的学习方法，养成良好的生活习惯，通过各种渠道和措施，为大学生建构良好的心理品质，形成稳定的情绪，从而保持学校的稳定，是高校学生管理的重要作用之一。

（三）增强能力的作用

高校是培养人才的场所。因此，高校的学生管理应有培养学生的功能，应发挥增强学生能力的积极作用。例如，社会实践的管理，可以增强大学生的社会实践和社会活动能力；实验室的管理，可以增强学生的动手能力；心理咨询可以提高学生自我认识、自我调节的能力；学生的党团活动可以提高学生对党团的认识水平等。

第二节　高校学生管理理念的创新

学生管理理念是高校学生管理的指导思想。学生管理的对象是学生，无论是在学校的办学目标，还是在国家发展的重要性上都是学校的主体，是学校管理的出发点和归宿，又是高校管理的动力。学生管理作为高校教育管理工作的重要组成部分，必须在理念上有所提升、拓展和创新。用先进的新理念指导实践，开发学生潜能，陶冶学生情操、提高学生素质，促进学生个性发展。

一、高校学生管理理念创新的内容

（一）树立以生为本的理念

在今天，教育工作随着社会的发展逐步完善，并不断推动人类社会向前发展。这也是教育工作的最终目的，而这一目的是通过培养社会所需要的人才来实现的。由于各高校管理工作是围绕人来进行的，这就要求在学生管理上应树立以生为本的理念。要以学生为本，尊重人本质的主体性、能动性和多样性；注重学生的个性发展，并在学生管理工作中坚持管理和服务思想并重。树立"以生为本"的管理思想，是做好高校学生管理工作的基础，也是从根本上创新学生管理工作理念。

1.充分尊重学生的主体性

马克思说"人始终是主体"。同样，学生在学生管理工作当中也是绝对主体，是教育的主体对象。高校学生管理应该根据学生不同程度的变化来调整高校学生管理的方式和方法，进而实现组织的目标。同时，大学生（被管理者）还需要管理者的教育引导，因此高校学生又是管理的客体。所以，在管理工作中应该确立"以学生为本"的理念，要尊重学生的人格特点，最大限度地发挥学生的主观能动性，使学生能够积极主动的配合学校的教育和管理，又能主动采取自我教育、自我管理的方式。

2.注重学生的创新性发展和个性化发展

新形势下的学生管理工作不仅要突出学生的主体地位，还要尊重学生的个性发展。全面注重学生创新思维的培养，就要设定多层次发展目标，全心全意为学生的发展服；充分调动学生在管理工作中的积极性，发挥他们的创造性。具体可以通过理想信念教育、正面引导、反面惩戒来对学生进行思想政治教育和日常管理。从道理上说服学生，促使学生明辨是非，知晓荣辱，从而使学生正确规范自己的行为，调整自己的状态；从行动上对学生进行激励和锻炼，把学生的内需激发为发展的动力。

学生成才是高校学生管理工作的出发点和归宿，是高校学生管理工作的目标。只有在以生为本的价值观指导下，高校学生管理工作者才能把目光清醒的投注于人类命运的终极关怀中。努力改变被工作异化的状态，在活动中充分展示自我主体性，并与他人共同营建一种和谐共进、全面发展的生存状态。高校学生管理工作的核心是人文关怀，要把服务学生、尊重学生、培养学生、激励学生，促进学生全面发展作为学生管理工作的根本目标。以生为本要充分尊重学生的人格、权利和创造性，从被动管理向主动接受管理发展，满足学生需求、适应学生特点。强化学生自身素质提高、综合能力加强。在管理者实施管理工作时以一种朋友的心态去解决学生问题，从而使管理效果更为显著。帮助学生解决实际困难，维护学生的合法权益，对学生提供一些方向性和指导性的建议和意见。

（二）树立全面的服务、教育、管理一体化理念

为学生的成长和成才创设良好的氛围，促进学生发展，将服务于高效培养认为的使命作为学生工作关注的重点。以学生为本，牢固树立为学生服务的理念，紧紧围绕学生需求，构建顺应学生发展的教育、管理和服务三位一体的学生工作体制，这是学生工作可持续、协调发展的必然选择。随着学生规模不断扩大，学生工作职能的不断丰富，学生事务的不断增多，导致校级管理不顺畅，缺乏系统性与灵活性，不利于学生的全面发展。因此要树立学生工作的教育、管理、服务一体化的理念。树立以生为本的理念，学生管理工作者被赋予多重角色，他们既是管理者、教育者，更是学生的服务者。这就要求在学生管理的过程中有教育、管理、服务一体化的理念，把教育过程、管理过程和服务过程相结合，使三者相互渗透，互相促进。

学生工作者应先树立服务意识，在情感上不给学生距离感，更容易形成和谐的沟通氛围。比如关心学生就业，适时地为学生提供市场信息，在市场经济与高校学生中起到枢纽作用，为学生就业进行指导和服务。树立服务意识还体现在对学生弱势群体的服务，为他们提供奖助学金和经济援助，以解决其后顾之忧。通过设立奖学金、为贫困学生申请贷款、提供勤工助学岗位、实行缓期交费制度、给贫困生发放补贴等来帮助贫困生渡过难关。学生会、社团组织活动，号召大家共同帮助和资助生病的、经济困难的学生，让他们感受到集体的温暖。

要做好学生管理工作，必须转变"管理学生"为"服务学生"的理

念。使教育疏导与服务育人、管理育人相结合，建立良好的师生关系，使学生的被服务感、被尊重感、被信任感增强，并以此来开展学生管理工作。开展学生管理工作，首先要增强服务意识，为学生在校学习和生活提供良好服务，真正做到服务育人；要为学生解决困难，构造良好的学习环境，从而达到高校学生管理工作的最终目标，培养出对社会有用的合格人才。在学生管理工作过程中，学生管理工作者要做到身体力行、为人师表、言传身教、自觉履行职责来服务于学生的身心，自觉地承担起教书育人、管理育人和服务育人的重任；要引导学生树立起终身学习的思想，掌握科学的学习方法，培养自主学习的能力，变"要我学"为"我要学"，并以此来为学生服务；更需要培养学生的创业意识和创业能力，关注学生的各种状况，维护学生的合法权益，为学生的利益和成长、成才着想。

（三）树立科学发展的民主化学生管理理念

现代高校学生是一个具有较高素养的特殊社会群体，他们对事物的认知有着别具一格的见解，反感被管理者用命令的方式来进行管理。因此，在当前学生管理工作中我们必须强化学生管理中的民主观念，彰显人文管理精神。学生管理中学生主体地位不可动摇，要做到一切为了学生，为了学生一切。爱护学生、理解学生、尊重学生，努力营造平等、民主的育人氛围，构建科学的管理发展模式。并且要让学生在管理活动中参与管理、参与决策，从而使管理者和被管理者为实现共同的目标而奋斗。还要为学生的权利和自由发展创造良好的民主条件，给他们提供科学民主的参与管理平台，促进学生管理科学发展的民主化进程。

民主化就是要培养学生自律、自立和自我管理的能力，变被动接受管理为主动参与管理。让学生在管理活动中参与选择、参与创造、参与管理、参与决策，使管理者和被管理者心灵相通，为实现共同目的而努力奋斗。学生管理工作需要加强民主观念，强化独立意识、服务意识，这有利于克服传统制度的弊端和漏洞，使高校学生管理工作趋于正规化、系统化、合理化，实现全方位为学生成长、成才服务。这就要求学校以服务者的姿态从各方面为学生提供服务。既包括学生学习上的指导，也包括学生学习设施、环境的改善。既要注意服务内容覆盖的全面性，又要注意服务客体的全面性，真正使学生在民主的氛围中得到实惠，切实维护自身的合法权益，进而实现学生的全面发展。通过一些系列的活动提高学生的自我教育和自我管理能力。如：参加学生会团体、学生社团等学生组织，通过这些学生组织可以让青年学生参与到活动中来，参与到学校的管理工作中。新形势下，我国高校在学校发展过程中都会听取学生们的意见，并鼓励学生参与学校的管理和监督，培养学生的自律能力，让学生以不同的形式参与到学校的发展中来，尊重他们的民主权利，唤起他们的责任感。

二、实现高校学生管理理念创新的途径

第一，从理论上弄清学生管理的教育属性是实现学生管理理念创新的起点。高校的学生管理具有其特殊性，它的任务是通过对学校有限的教育资源进行配置，促进学生的全面发展，为社会培养更多的合格人才。其管理的对象是作为大学教育的主体—— 学生，其管理方式主要是通过智力活动和知识中介来进行，其工作性质具有很强的精神性。高校学生管理的这种特殊性决定了大学学生管理的性质主要是高等教育学的分支而不是一般管理工作的分支，它必须遵循高等教育的基本规律和原则。它不是一般意义上的行政管理工作，也不是一般意义上的服务工作，而是一种教育活动，是以一种特定的方式来完成推动和发展全面提高学生素质的根本任务。高校学生管理这种教育属性的定位，对学校学生管理人员管理理念的转变起着根本性的作用。有了这样一种定位，就可以避免一些本来具有教育地位的大学学生管理工作，却降成普通职业，甚至成为他们谋生的手段或谋求其他工作的一个跳板的现象。因此，我们必须弄清学生管理工作的教育属性，重塑学校学生管理人员的教育意识，促使其对自己的角色进行准确定位，并以此作为实现学生管理人员管理

理念创新的起点。

第二，努力培养专业化的学生工作管理队伍是实现学生管理人员管理理念创新的根本。学生管理工作的教育属性决定了高校学生工作专业化的要求。从目前我国高校学生工作人员的组成结构情况看，大多数高校学生工作人员没有进行过专业的训练，其专业化程度较低。而随着学生工作的开展，学生工作对诸如心理学、教育学、行政管理学、政治学、法学、社会学等方面的专业知识要求越来越高，这就对高等学校学生管理工作提出了更高的要求。高等学校学生管理工作专业化既是高等教育内在逻辑的要求，也是知识经济时代高校学生管理工作的时代要求。高等学校应当开设高等教育行政专业，加强学生工作的相关学科建设，培养学生工作方面的专业人才，努力建设一支精干、稳定的、有专业依托的专业化学生工作队伍，这是实现高校学生管理思想现代化之根本。

第三，规范学生管理程序，制约管理行为是实现学生工作管理理念创新的保障。高校学生管理理念的现代转变不能仅停留在思想观念层面，要向法律的层面转化，通过严格的法律程序来"固化"现代的学生管理理念。当前，高校管理者要增强法律意识和法律观念，增强依法行政的自觉性。

学校规范学生管理程序时应注意以下几个问题，一是管理者要带头学习法律知识，尤其是要学习教育方面的法律法规；二是对高校的管理干部进行法律知识的培训，把是否具备较高的法律素质作为评价干部的重要内容；三是加快高校的民主政治建设，促进高校进一步深化内部管理体制改革，健全民主决策、民主管理、民主监督机制，使管理者的管理行为受到规范的管理程序的制约。

三、高校学生管理理念创新中应注意的问题

高校学生管理理念在创新中需要注意以下几个方面的问题：

第一，高校学生管理理念创新需要自我超越。高校学生管理者必须抛弃那种扼杀创新精神的腐朽的管理理念，要敢走创新之路。管理者不

仅要率先树立创新理念，而且还要引导和激励教职工的创新意识和创新精神。只有不断地获得持续创新力，用创新来赢得竞争优势，才能推动高校学生管理的创新发展。理念创新的过程是一个自我超越的过程，我们既要超越传统的思维方式和模式，又要超越已经形成的利益格局和习惯做法，只有这样才能找到更合适高校学生管理的创新道路。

第二，高校学生管理理念创新需要勇于实践。创新较常规要冒更大的风险，面临更大的不确定性。管理理念创新首先要确立"创新管理实践"的理念。在高校的学生管理实践中，不仅要关注纳入学校整体计划或整体战略之中的按正常程序进行的显性的创新活动，更要关注没有经过学校管理层批准的、以非常规形式进行的隐性的创新活动。应该说，两种创新活动对高校学生管理而言都具有极为重要的意义。

第三，高校学生管理理念创新需要准确定位。在知识经济社会中，"变化"是管理的前提，"创新"是管理的动力。高校管理者面对现实应作冷静分析，准确定位。所有高校不可能也不应该是同一类型，同一层次。事实上我国高校也不可能都去创世界一流，高校学生管理追求的应是管理理念要适应国家创新建设多方面、多层次的需要。各类高校都要在各自的层次和服务方向上创出特色、管出水平。高校学生管理者要关注外部环境的创新活动，准确及时地收集、整理外部创新信息，利用这些信息来帮助高校学生管理赢得或强化竞争优势。

第四，高校学生管理理念创新需要关注学习。处于学习化社会，必须加强学习观念，树立终身学习的学习理念，并以此来作为管理的基础，否则就会被时代抛弃。如今，教育已经扩展到一个人的一生，"一次教育"根本无法应对科技发展变化对高校学生管理的要求。只有坚持终身学习，才能培养出适应知识经济时代要求的敏锐的创新思维，成为具有高度信息处理能力和知识密集型人才；也只有通过学习型的管理，学生管理者才能够更有效地成为优秀的管理资源。

第三节 高校学生管理方法与途径的创新

一、创新学生管理方法

引用一些先进的管理方法，改善高校学生管理工作，提升工作质量。具体做法如下：

（一）引入精神激励法

通过精神激励的方式使学生思想觉悟和学习动力提高。这样才能更好地激发学生前进动力。激励理论是一种先进的具有可操作性的新型管理理论。激励，是指激发人的动机，诱导人的行为，使其发挥内在的潜力，为实现所追求的目标而努力的过程，其实质就是调动人的积极性。激励作为一种先进管理方法完全可以作用于高校学生管理并为其服务。高校管理者要理清激励管理理论的精髓，梳理适合学校实际情况的可运用的激励手段和措施。通过一定的物质和精神奖励，来调动老师和学生的积极性，使两者对于自己扮演的角色更加用心，互相通融，以便能够达成一定的绩效和成果，去赢得奖励。使他们都得到实惠感，提高工作绩效和质量。

高校管理者通过精神激励教育来引导学生树立正确的世界观、人生观、价值观，使学生能够理智的接受管理者的正面教育，并且内化为自己的行为指南，外化为规范的行动。同时，管理者对学生的正面教育引导还不能是空洞和脱离实际的，必须要在双方情感充分交融的情况下，使受教育者能够认同和接受教育者的引导教育。在此过程中，教育者可以利用一些评奖、评优、选用学生干部等学生较为关注的精神奖励去调动学生的积极性。还可以通过设置学生德育测评成绩让学生在平时的日常表现和学习中更加主动，使学生积极配合教师的教学与教育管理工作，从而达到双赢的效果。当然，在制定这些精神激励目标的时候要根据学生的不同特点和层次来制定相应的激励模式，以达到在落实激励手段后能取得良好的成果。

（二）引入物质激励方法

目前我国为鼓励学生努力求学、积极进取，设立了很多不同金额的奖学金和助学金，这都在无形当中对学生起到了相当大的激励影响。但是部分高校没有加以充分利用，只是把它当作事务性工作去落实、发放。其实可以把它作为一种物质激励手段，设立一定的难度和要求，即学生除了要满足较高的学习成绩这一要求外，还需要在其他方面满足老师的要求才可以得到奖金。

在当今这个经济全球化的时代，学生们比较重视物质享受，各类奖助学金就会调动学生学习和参与活动的积极性。这时，教育管理者就要把管理手段和策略运用到工作当中，培养学生的竞争意识、参与能力、自我管理能力，学生获取奖金的最终目标既能让学生振奋人心，促成手段又能让老师获取教育成果。但物质激励也要坚持激励方法的差异性原则，要因人而异。激励的最终目的还是为了改善和提高学生管理水平和工作质量，所以要不断改变激励方法适应学生的不断变化。

（三）引入自我管理方法

关于自我管理和自我教育的概念，笔者归纳为以下几点：自我管理，是指学生在教育者的引导下根据教育目的和培养目标的要求，运用科学的管理方法，对自己的思想和行为进行自我调节和自我控制的过程。从教育发展规律和学生管理实践的角度看，学生的成长发展，无论是知识的获得，还是能力的形成，都要通过学生自己的主观努力和积极实践才能实现。还有一种是所谓"自我管理和自我教育"，是指通过学校正确的教育和引导使学生自发的能够对自己进行约束和管理，它是我国高等教育追求的高级目标，符合我国社会进步和发展的需求，也符合高校要实行扁平化管理的需求。只有达到润物细无声的教育，切实让学生认同学校的教育、推崇学校的管理，才能使学生做到自我管理和自我教育。具体比如由学生自己设定管理规范，只有这样，他们才会在执行的过程中加大执行力度和自觉度。其次，要让尽可能多的学生参与管理，发挥集体的聪明才智，使他们在自我管理的过程中，既自觉遵守所制定的规范，又能使自觉的组织协调沟通能力得到很好的锻炼，发挥各自的才能，充分展示自己。在学生能够进行初级的自我管理的同时加强渗透更深层次的管理和引导。为学生多多提供一些自我管理的机会。比如帮助制定计划和制度，在机制上多提供一些可行性建议，使学生更加深刻地理解学生自我管理的意义；研究现状和未来趋势，从培养人才的高度看问题，制定目标和提出相应的口号。

为了配合管理工作的实施，还要培养一支乐于服务、善于管理、勤于思考的优质学生干部队伍。学生干部是学生中的先锋部队、先进分子，他们的行为潜移默化地影响着其他学生的行为。因此高校管理者要加强对他们进行各方面的教育，以增强他们工作的责任感和能力。最后，要注意统筹兼顾，善于总结。及时总结学生自我管理的经验和不足，及时调整工作制度和规定，使学生的自我管理逐渐趋向制度化、科学化和规范化。

在学生管理工作中，教育心理学越来越被人们重视，这是我们亟待加强的管理能力，也符合教育的基本规律和特点。从大学生的心理特点观察，他们正处在心理自我发现期，这一时期他们有强烈的认知感和自我支配感，渴望得到自由，思想和行为都很独立或者有强烈的独立化倾向，希望自己的人格受到他人更多的尊重。自己的表现受到格外的关注，渴望公平和平等。推行学生的自我管理和自我教育，促进学生的自我完善和全面发展，最大化的扩大学生管理效果。

大学生自我管理的内容十分丰富，范围涉及大学校园生活的各个方面。最主要的是要改革学生管理的组织结构，建立学生自我管理体制。学生自我管理体制的主体是学生，必须充分发挥学生的主体性和创造性。建立运转正常的学生自我管理机构，是使学生的自我管理制度化、经常化的保证。这些机构应包括：自律委员会，学生评议联席会，商讨决策班级大事的班级委员会，负责事务性的新式班委会和负责班级常规的纪监会等。同时在实际运行过程中还可以根据实际需要进行补充和修改。具体表现在以下几个方面：

（1）学生日常监督的自我管理。如成立督查小组，检查教学日常规范的实施状况，如早操、课间操和自习课的执行情况。检查日常行为规范，包括宿舍纪律、班级卫生、班级建设等。再如成立测评小组，根据培养目标和规章制度的具体要求，在德、智、体等方面，对班级和学生进行测量、考核和评定，对每个班级进行量化的考核，然后在一段时间进行评比，奖励优秀班集体和团队，将激励管理方法与自我管理方法有效进行结合，以达到更好的学生管理工作的效果。

（2）学生自我服务管理。如成立学生维权部，保持与食堂工作人员的联系，及时反馈学生对食堂的意见和建议，使两者达到更和谐融洽的状态，以便更好地为学生提供日常生活服务；成立安全委员会，做好防火、防盗、防止意外事件等相关活动；与校园警察保持畅通有效的联系，在发生事故的第一时间为学生的安全提供有效可靠的后勤保障服务。

（3）学生思想政治生活的自我管理。学生思想政治生活的自我管理、独立学习都是为了能达到成才的目标。那么，就要根据这一目标制定具体的实施方案。在形式上，学生自己办宣传栏、文化长廊、黑板报等，举行专题交流会、讨论会、辩论会等；在内容上，进行政治思想教育，道德品质教育，党的先进性教育，校风校纪教育等。深入学习科学发展观和社会主义核心价值体系等马克思主义中国化的最新理论成果，并以此为积淀来指导实践，保证自我管理的正确政治方向，对培养理想信念上坚定、思想上成熟、政治上合格的建设人才有着十分重要的意义。

（4）学生课外学习、业余生活的自我管理。课堂以外的学习活动不仅是对学生工作及学生学习压力的缓解，更是课堂教学的必要补充和拓展。开展丰富多样的校园文化活动，使学生得到全面的培养和锻炼，陶冶情操、提高综合素质。

（5）学生日常生活自我管理。合理有效地利用大学的各种生活条件，开展各种形式的活动都是管理的具体内容。学生自己组织知识竞赛、体育比赛、娱乐活动、到社区做好事等，这些有益的集体活动对于增强学生的自我管理能力有着重要的指导意义。通过社会实践、文艺活动、社团互动等课外活动，引导学生充分利用个人的自由时间，自主支配、合理利用，进而培养学生社会化的能力。

（四）引入目标管理方法

目标管理是美国管理学家德鲁克 1954 年在其名著的《管理的实践》中最先提出来的。这种管理的实质是全体人员参与制定目标，实行自我管理和自我控制。即在组织制定出一定时期内期望达到的目标后，由各部门和全体员工根据组织总目标的要求，采取"自上而下"和"自下而上"相结合，以及左右各部门相互配合的方式，来协商确定各自的分目标，并将这种目标商定做法贯穿到组织的各单位和个人，形成以组织总目标为中心的、上下左右紧密衔接和协商一致的目标体系。同时在目标执行过程中实行充分的逐级授权，使执行者能够自行地确定实现目标的方法、手段，达到有责又有权的自主、自我管理。将员工的自检、互检与上级的成果检查相结合，实行基于工作成果评价的管理控制。

目标的确立针对目标的实现来说，是非常关键的一步，它的前提必须是正确合理的。只有正确合理，才有实现目标的可能性，否则将会功亏一篑。将目标管理引入高校学生管理中，是为了使高校学生的管理工作能够在目标管理的理论指导下更好地开展实施。具体说来，在确立目标时，需要目标管理范围内的成员一起参与，共同制定具体目标，这样制定出来的目标才能符合大多数学生的基本要求。管理目标应符合当前国家发展的具体形式要求、教育目的和学校各阶段的工作任务及班级学生的具体实际情况，要在把握主流意识形态的发展趋势的基础上，制定适合高校学生管理工作特点的目标，做到切实可行符合规范。因此，在制定目标时应注意以下几个问题：

（1）目标要明确。因为只有目标明确，才有明确的努力方向，更加便于考核。有了明确的目标，在行动时才会有前进的动力。反之，在学生管理中就会像无头苍蝇，遇事不分轻重，乱成一团。其次，在将来的某个时刻，能够肯定目标是否实现，那么，这个目标就是明确的；如果一个目标被制定为"通过较合理的管理方法取得较好的成绩"就算不合要求。因为它是模棱两可的，没有现实的意义，人们无法确切知道这个目标是否正在实现或已经实现。为了保证它的可考核性，我们制定的目标必须明确具体。

（2）目标的难度要适当。确定集体的目标即班级总体目标一般应先易后难，循序渐进。要从实际出发，做到实事求是，难度适当。如果目标制定的太高，会让学生感觉是望尘莫及，可望而不可即，从而丧失了信心，不愿再继续为此而付出努力；目标设置的太低则让学生觉得易如反掌，索然无味，没有挑战性，不能燃起进取精神。因此，目标要难易适当。

（3）目标要有针对性。在确立目标时要根据人物和外部环境的不同特点制定不同的方案和目标。任何群体的个性特征都会有所不同，就像不可能有完全相同的两个人一样。因此，在设定目标时要差异对待，不可等同设定。比如一个班级，学生们必然存在着成绩、理解能力等方面的差异，倘若设定一个班全体同学都得一等奖学金，那就会偏离实际，使学生压力过大，给群体造成困扰。所以要根据班级学生的不同层次去设定目标，成绩一向良好的同学，可为其设定目标为一等奖学金；成绩一般的同学可为其设定目标为二等奖学金或三等奖学金。这样的"区别对待"有利于调动学生的主观能动性，加强学生努力学习积极进取的前进动力。

（4）目标要实际、可行，短期目标与长期目标相结合。设立目标并不困难，困难的是在完成和操作的过程中，是否具有可实施性。它是一个目标得以实现的根本保障和必要基础。在设立目标之前，要充分考虑到外部条件和内部环境能否能够适应，并促成目标的达成。当然，在确立目标时要从实际角度出发，短期目标与长期目标相结合。短期目标可以使学生群体更快的见到目标的成效，使学生信心十足，成就感倍增，动力加强，这对于长期目标的实现也起着一定的促进作用。长期目标也需要短期目标的阶段性成果来支撑，确定其可实施性和初步效果。短期目标决定着长期目标的科学性和可操作性。同样，短期目标也需要长期目标的引领和指导，学生管理工作阶段性易于取得成果，但是工作的持久性不够，最终的成功率很难预测，这大大削弱了学生工作的质量。

目标管理在学生管理工作中的介入对高校学生管理工作起到了积极的推进作用。可以为学生管理工作设定目标，以科学为依据、以法律为准绳去实现目标，努力为最终的优异成果做出贡献。在完成目标的过程中，及时查找工作中的不足，找出核心问题，以科学的管理方法和手段加以解决。确保预期的管理目标顺利完成。总之，科学的设定目标、实施目标是对高校学生管理工作的有力保障。学生管理工作是一项长期的科学工程，不仅仅需要工作具有合理性，更需要工作流程和工作目标具有科学性、先进性。这样才能保质保量的开展高校学生管理工作，加强高校学生管理工作的执行力，使高校学生管理工作实现不断创新、不断进步的目标。

二、创新学生管理途径

实施八项工程可以改善学生管理工作传统模式，拓宽学生管理具体工作的新途径，实现学生管理工作的最终目标，培养出优秀的、对社会有用的人才。"八项工程"即队伍建设工程、学风建设工程、青年马克思主义者培养工程、大学生文明修身工程、促进全面发展工程、校园文化建设工程、实践育人工程、大学生创新教育工程。

（一）队伍建设工程

培养和建设好"四支队伍"即辅导员与班主任队伍、党政团干部队伍、思想政治理论课教师队伍和学生干部队伍。

一是打造一支奉献精神强、能够成为广大学生的良师益友的辅导员与班主任队伍。近年来，辅导员、班主任队伍和思想政治理论课教师队伍建设已成为高校队伍建设的重中之重。在辅导员队伍、班主任队伍建设中树立"八个一"的标准（一个示范班、一个标兵寝室、一次主题班（团）会、一堂观摩课、一次思政教育报告、一篇德育论文、一项思政教育课题、一个职业技能证书）。

二是全力打造政治强、作风正、业务精的党政团干部队伍。保障学生的政治敏锐性，引领学生正确的政治方向性。

三是打造强有力的学习型、实践型、教学研究型思想政治教育工作队伍。在思想政治理论课教师队伍建设中以"精品课、示范课、课题研究"为载体的，高学历、高职称和高质量的教学、科研能力强的教师队伍。

四是打造模范型、精英型、服务型的优质学生干部队伍。为学生管理工作提供有利信息和根本保障。成为老师与学生、学生与学校之间的桥梁和纽带。要更好地推进高校学生管理工作，必须不断完善这四支队伍的建设，扎实推进师德师风建设，打造学生管理工作精品队伍。

（二）学风建设工程

学风建设是高校推动学生工作发展的永恒主题。主要可以采取以下措施：一是开展学风建设主题教育活动，"书香遍校园"活动；进行教学秩序督查，抓好"两个阵地"建设即班风建设、寝室风气建设；运用好"两个载体"即优秀学生话学风、校友典型报告；做好"两个举措"即评比表彰、典型引领，动态和过程管理；充分发挥规章制度在学生学习生活中的规范、激励和导向功能。二是加强日常管理。辅导员严格学生公寓检查制度并加强公寓检查力度。定期通报学生违纪情况，强化学生遵纪守法和道德实践意识。三是大力开展学生课外科技学术活动，营造生动活泼、健康向上的校园文化氛围。

（三）青年马克思主义者培养工程

依托党校、团校和校院两级组织，常抓不懈的用马克思主义中国化的最新成果来武装高校学生头脑，利用学校的各类培训和教育方式开展马克思主义教育工程，并不断创新教育载体和教育媒介。分层次培养学生，不断提高学生干部队伍、学生党员队伍在政治上的模范和领军作用。树立优秀典型，培养以点带面，辐射、覆盖到全体学生，使学生坚定中国特色社会主义的共同理想和信念。

（四）大学生文明修身工程

制定大学生文明修身工程实施方案。以"内修素质、外树形象、学有建树、德有长进"为工作目标，以"宣传教育、活动实践、典型培养"为载体，做到宣传教育有计划、活动实践有载体、典型培养有规划。高校应大力加强文明修身工程的建设，深入开展"礼仪""读书文化节""诚实守信""志愿服务""爱岗敬业""文明寝室""创先争优"等丰富多彩的文明修身活动，使高校学生文明素质得到较大提高。从而使学生管理工作顺利开展。

（五）促进全面发展工程

高校学生管理工作者要充分做到引导学生自我教育、自我管理、自我服务、促进学生的全面发展。可适时举办以下活动：开展育人讲坛、人文素质报告；大学生心理健康教育咨询活动和系列辅导讲座，资助体系建设，社会实践主题活动，大学生职业生涯规划设计，举办各类论坛，举办开展大学生素质拓展活动，关心关注重点学生活动，加大学生管理工作的覆盖面。

（六）校园文化建设工程

高校在学生管理工作过程中应充分发挥文化育人的重要作用，加强校园文化建设。整合学校宣传资源，重点建好学校网站、学校广播站、宣传长廊等媒体部门。加强对学校媒体部门的管理，拓展对外宣传工作的渠道。统一对外对内宣传的口径、内容和数据，及时公布学校发展动态。通过举办各项活动带动校园科技文化活动的健康发展，使单调的师生生活得以改变，并且激发学生的爱国情怀和学习热情。通过确定活动的主题，巧妙地把开展校园文化活动与加强学生的爱国主义、集体主义、形势政策教育有机地结合起来。利用重大节日、纪念日开展系列文化教育活动。这不仅提高了学生的思想文化素质，提升了学生对党的认识，还提高了学生的思想政治素质。同时，在校园文化活动中，调动广大学生积极参与，使学生在各类活动组织的各个环节中，得到充分地锻炼，学生能力素质也会得到显著提高，为构建文明和谐校园、促进高校学生管理工作奠定了坚实的基础。

（七）实践育人工程

大学生社会实践活动既是学生管理工作人员对学生进行思想教育的一种好形式，也是高校培养人才的一条好途径。按照社会实践与时代要求相结合；与了解国情、服务社会相结合；与学科专业特点相结合的基本思路，逐步形成了从形式到内容，从基本原则到具体措施，从点到面的实践和探索，开展具有专业特色的全方位学生社会实践活动体系。实现了人才培养，经济效益和社会效益的有机统一。通过组织开展各类社会实践活动，使当代学生进一步了解社会，增强学生的社会责任意识。及时掌握当前的就业形势，加强学生对学好科学文化知识和配合学校学生管理工作的重要性认识。

（八）大学生创新教育工程

高校学生管理工作人员要围绕学校学科专业建设和应用型人才的培

养目标，着力培养创新型人才，实施大学生创新教育。可采取的途径和载体为：大力加强学习型社团建设，举办学科竞赛活动，开展课外科技创新活动，参加省级、全国学生各类竞赛活动和行业组织的设计大赛。以项目引领促创业，邀请专家学者做学术讲座，引领当前新技术，辅助高校学生管理工作，推动理念创新。

第四节　"微时代"下高校学生管理的创新与发展

近些年"微时代"这一名词已经深入民心，"微元素"在人们的生活当中无处不在；我国高校校园环境，也被微博、微信等信息共享平台所"侵占"。大学生接触微信、微博的时间，远远大于与教师接触的时间，所以及时地了解"微时代"的发展现状以及认识微博、微信等信息共享平台在高校学生教育管理中所承担的角色，具有非常重要的意义。

一、"微时代"的相关概述

随着网络的发展，人们对于信息的获取渠道以及获取速度提出了更高的要求。微博正是在这样一个背景下通过计算机技术开发而产生的。而微博的诞生更是代表着人们正式进入了"微时代"。"微时代"的各种相关应用软件发挥着他们优越的功能，迅速与人们的生活紧密联系起来。微信、微博等即时传播工具广泛地被大学生接受，并成为他们日常生活中必不可少的网络社交工具。

（一）"微时代"的概念

有关"微时代"的概念有许多不同的观点，其中被人们广泛认同的概念是指：微时代即以微博作为传播媒介代表，以短小精炼作为文化传播特征的时代；微时代信息的传播速度更快、传播的内容更具冲击力和震撼。"微时代"的用户简称"微民"，是指运用微内容的所有用户。微民为推动"微时代"的可持续发展，起着不可忽视的重要作用。

"微时代"的主要内容有以下几点：

第一，"微时代"的代表性应用平台当属微博和微信。"微时代"的产生是由微博来推动的。微博，即微型博客，它是基于网络用户的人际关系为主要传播范围，通过网页、客户端、APP 和手机网页登入个人社区，以 140 个文字的信息内容实现信息传播目的的信息共享平台。第二，微信则是一种手机聊天的软件，微信用户可以通过手机、平板电脑等发送文字、照片、语音和视频等。微信用户可以通过扫一扫、摇一摇、附近的人和扫二维码的方式来添加好友和关注公众平台。第三，微小说是指以微博为载体，通过 140 个字符表达故事的内容，简练易懂，贴近生活，受到广大微民的喜爱。第四，微电影也就是微型电影，是指通过后期剪辑将电影的篇幅缩短，在极短的时间内向观众表达电影的内容和内涵。第五，微公益是指将身边发生的微不足道的故事发布到微博或者微信朋友圈中进行公益事业传播的活动。第六，微旅行是指将旅途中发生的故事以及所见所闻发布到微博或者微信中的活动。

（二）"微时代"的特点

网络科技以及手机信息技术在不断加速更新，"微时代"的特点也在不断增多和加强，最主要的特点有以下几点：

1.大众性

在"微时代"的信息传播活动中，人人都可以成为信息的传播者、编写者，可以自由地发表自己的观点。"微时代"下，社会对于信息的新闻敏感度以及人们发布的信息内容的要求并不高，可以是自身发生的小事情，也可以是随处观察到的小事物。以微博为例，140 个字符，可以不用严谨的逻辑关系、不用优美的文字表述就能发布信息。并且"微时代"下终端机器是以手机、掌上电脑为主的便携式网络设备，几乎人人都拥一部手机或者其他网络设备，人们可以随时随地地进行信息的传播更新日常活动。这一特性促进了大学生发表信息的积极性以及话题的参与性，削弱了小部分占据信息优势的精英人物对信息的控制力度，使大学生成为信息的传播者，让每个人都可以参与到信息的传播活动中，为高校学生教育管理工作的开展起到了促进作用。

2. 交互性

在"微时代"下，人们可以是信息的接受者也可以是信息的传播者，人与人之间交流的互动性越来越强。但对传统的传播信息媒体来说，人们似乎是被动地接收信息，并没有选择信息内容的权利。通俗来讲，报纸上写什么，人们就只能看到报纸上写的内容，电视上播什么，人们就只能看到电视里能播放的内容，但是在"微时代"中又是另一番景象。每一位微民，都可以在"微时代"中搜索自己需要的知识信息，主动地接收信息。并且传统的传播信息的媒体是单方向的传播信息，但是"微时代"中的信息传播是双向的。每一位微民既是信息的接受者，又是信息的传播者。微民可以通过微博、微信朋友圈等发布自己的言论，即接收到别人的信息同时，自己可以通过微博、微信向别人发送信息。这一特点使人人都能参与到对话题的探讨、交流并发布自己的观点，加强了微民之间的信息交互性，促进了大学生人际关系网地建立，为高校学生教育管理带来了难得的机遇。

3. 及时性

在"微时代"中，信息的传播速度变得更加迅速、及时。在信息的传播过程中，信息字符数量的减少，势必会增加信息的传播速度。微博以及微信等社交软件在手机、掌上电脑的普及应用，使信息的发布者可以随时随地的发布信息。一件新闻事件的发生，报纸上还未报道、电视上还未播放，但是通过微博、微信就可以使新闻事件及时呈现在人们面前，直接造就了"微时代"信息传播的及时性。这一特性，使大学生走在了信息前沿，给高校学生教育管理带来了挑战，也给大学生自我发展提供了难得的机遇。

4.匿名性

"微时代"是以图片、数字、文字、声音、符号等形式存在于现实中。在实际的生活当中，人们产生社交活动的原因是人与人之间的亲和感以及外在条件所产生的交往欲望，如人的职业、外貌、社会地位等都是影响着人们选择交流对象的主观因素；而在虚拟的"微时代"，人们通过"人——机——人"这种模式进行沟通交流，缺少面对面交流的可视感，也就不存在现实生活中受到职业、社会地位所相应的言行举止的限制。但没有这种压力和责任的限制，就容易造成网络道德规范的缺失。现实中的职业、社会地位、相貌、年龄等通通能够隐藏起来，不为他人所知，甚至一部分人在微博、微信中制造假的职业、社会地位、相貌、年龄等，这样的现象在"微时代"中时有发生。"微时代"中，人们可以在虚拟空间中追求现实世界所未能满足的幻想，因此，"微时代"在人们的思想上、生活中的影响是巨大的，同时对高校学生教育管理的影响也是巨大的。

5.流动性

4G通信技术的普及使信息的流动传播变得更加迅速。作为4G通信技术主要载体的手机，成了当下个人传播信息的主要媒体。当下使用手机上网的用户比例已经超过了传统PC上网的用户比例，这就大大提高了人们通过手机进行信息传播的速度。并且，手机、掌上电脑具有携带方便的优势，在一定时间内不受电源、网络的限制，可以随时随地进行信息的传播活动。在"微时代"下，微博、微信等信息共享平台在手机、掌上电脑上广泛运用，加速了信息的流动性，对高校学生教育管理带来了机遇。

二、"微时代"对大学生的积极影响

自 1994 年以来，中国的网络事业以一种前所未见的速度迅猛发展了起来，它让人们可以足不出户就知晓天下事。而微博的诞生更是标志着我们步入了"微时代"。大学生对新生事物的好奇心，使他们成为接触微博最早、用户最多的一个群体。在高校的校园中，手机网络应用软件涉及各个方面，比如教学、科研、管理、后勤服务等。微博、微信等软件的应用已经是大学生生活当中不可或缺的重要内容，他们的思想观念、行为意识、价值取向、情绪表达、语言习惯等都深深地烙有"微时代"的气息，他们利用"微时代"的优势来帮自己生活和学习，让自己的生活内容变得丰富、学习方式变得多样化，所以在某种意义上来看，"微时代"为大学生带来了积极的影响。

（一）有利于更新思想观念

微博、微信以它特有的魅力，吸引着大学生加入"微时代"中，潜移默化地促进大学生的思想观念的革新。大学生是微民中最庞大的一个群体，他们使用微博、微信的频率最为频繁，受到"微时代"的感染最为深刻。因此，他们在"微时代"的影响下，思想观念的更新更为明显，帮助大学生形成了以下四种观念意识：

1. 开放的观念

微博、微信成为一个内容丰富、范围广阔、信息获取迅速的信息共享平台，其中蕴藏了各种各样的思想观念，不同的政治、经济、文化等信息。这样一个丰富多彩的平台，为大学生认识世界提供了便利的条件，开阔了大学生的视野、促使他们打破自我"枷锁"，解放思想。因此，大学生通过长时间接触微博、微信，逐渐培养出了开放的思想观念，这有利于帮助大学生能够根据自身需求和社会需求自主的选择有利于自己的学习方向和工作方向。

2. 平等意识

在"微时代"中，任何微民都不受现实生活中职业、社会地位、声音相貌、文化背景、宗教信仰和个人爱好等因素的限制。因为他们在虚拟的微博、微信中只是一串普通的号码，没有特殊权利、没有不同待遇，一切的网络社交、网络活动都是在相同条件、平等环境中进行的。在这样一个倾向平等的社交环境中，可以促进大学生平等意识和权利意识的提高。

3. 效率观念

"微时代"具有及时性，使微博、微信成为信息内容丰富、传播速度快、处理数据量日益增多的信息共享平台。它的传播快捷性、运行简便性等特点，将信息的传播和获取都变得极为简单和快速。大学生在运用微博、微信的过程中，能够受到及时性的积极影响，必将会促进效率观念的形成。

4. 参与意识

如今，随着"微时代"的快速发展，以及在开放观念和平等意识的影响下，必将使大学生的参与意识得到提高。在微博、微信等这些信息共享平台中，到处都可以看到大学生参与的身影，教育者也能够通过这些社交平台了解到大学生对学校里发生的一些事情的看法和观点。因此，我们可以得出，"微时代"的建设是保证大学生有平台可以发表自己的意见和看法，是参与到校园文化建设中的重要途径。世界的变化和发展、祖国的兴盛和繁荣、民族的团结和前途，大学生都能通过"微时代"下的信息共享平台默默地关注着。通过使用微博、微信等信息共享平台，大学生可以全面细致、理性客观地了解国家目前所发展以及将要进行的时事及政策；还可以通过微博、微信等信息共享平台来阐述对国家时事的观点。所以说，"微时代"的发展，为大学生提供了更多能够参与到社会生活中的渠道。

（二）有利于提高心理素质

"微时代"不仅仅能够为大学生带来广阔的视野、丰富的知识，还可以通过微博、微信与人交流沟通，来获得成就感和满足感，促进大学生自信心的建立，从而提高大学生的心理素质。"微时代"下的手机通信技术的成熟发展，使全球各个国家和地区之间可以在信息共享平台上进行交流沟通，它将促使世界各个国家和地区形成一个整体，真正成为一个能够打破传统意义上的国界观念的"地球村"；大学生可以与不同国家或地区、不同文化背景、不同年龄层的人进行人际关系的交流。"微时代"的这种功能，使大学生的人际交往范围不再局限于校园环境，人际关系网大大地扩展开来，使相隔千里的人成为知己变成现实。

（三）有利于提高知识素养

"微时代"拓宽了大学生获取知识的渠道，丰富了信息的内容，从而有利于提高大学生的知识素养。传统的传播信息媒体主要由电视、报纸、广播等。而在传统的校园环境下，大学生获取信息知识的途径只有传统校园传播信息媒体和处在信息优势地位的教育者的传授。但这两种方式所传播的信息内容单一、数量有限、也并不是第一手的信息。事情可能已经在发生几天后，大学生才知道，造成了大学生信息的滞后性。但是微博的出现，使我们进入了"微时代"，并彻底打破了这种僵局。

"微时代"的流动性和及时性使信息的传播变得快捷，突破了传统信息传播方式的局限性。在"微时代"中，传播的信息不但内容丰富，而且快速及时，很多事情都在第一时间内在微博和微信中发布、转载、直播。大学生无论身处何时何地，只要打开微博、微信，就可以知晓"天下事"。"微时代"的出现拓宽了大学生知识信息获取的渠道，全世界信息呈现在他们面前，使大学生应接不暇，彻底打破了大学生原有的世界观。如今，大学生获取信息不在受传统信息传播媒体的限制，不再局限于传统的教学方式，因为微博、微信，已经成为大学生获取知识信息最重要的渠道之一。

（四）有利于强化主体意识

在"微时代"中，大学生可以根据个人爱好和兴趣查阅知识信息，娱乐、游戏，培养个人爱好和业余技能，从而强化自身的主体意识。随着"微时代"发展的不断深入，人们的思想观念以及个体意识也得到了长足的发展。微博、微信等信息共享平台是一个高度自由自主且虚拟的空间，个体在其中的活动需要极大的自我规范，这对培养大学生的主体意识创造了良好的氛围。

三、"微时代"高校学生管理创新与发展的策略

（一）实施"微管理"，转变和创新学生工作管理创新理念

1. 实施学生工作管理思维的转型

"微时代"下，随着微媒体在校园内的普及，学生工作管理者可以借助微媒体平台作为新的学生工作管理阵地和载体，使学生工作管理不断现代化和科学化，从而提高工作效率。这就需要学生工作管理者进行思维的转型。

（1）学生工作管理者应该从思想上重视微媒体平台所具备的潜在管理功能。"微时代"下，随着微博、微信等微媒体在大学生中的普及，管理者如果能运用这些平台作为和学生互动及管理的新方式和新途径，那么就能更好地融入学生的学习、生活中去，就有可能发挥潜在的管理功能。这就需要学生工作管理者转变思维方式，不对微媒体抱有偏见，能够正确认识微媒体、认真研究微媒体，大胆使用微媒体。

（2）管理思维可尝试由现实管理向虚拟管理转型。与学生进行面对面的交流是管理者普遍采用的方式，他们认为这种方式能较好地实现对学生的管理。但是在"微时代"，这种方式可能并不为学生们所普遍接受，甚至容易使部分学生产生厌烦的情绪。因此，应该将这种思维向虚拟管理转型，重视并尝试通过以学生喜闻乐见的虚拟微媒体平台实现宣

传、交流、管理、服务等功能。

（3）积极转变管理理念。把握"微时代"带来的机遇，树立"以学生为本"的理念，打造民主和谐的校园环境、构建科学完善的学生管理制度、重视学生的主体性地位，使管理更加的科学化、民主化和正规化，从而实现学生的全面发展。学校也应适应潮流，转变学生工作管理思维，适应新环境、新要求，将微媒体平台纳入学校整体学生工作管理战略之中，加大资金和技术的投入，谋求可持续发展的创新之路，为推进高校学生工作管理健康、有序地发展奠定坚实的基础。

2. 重视微媒体使用的价值引导

大学阶段是学生形成正确世界观、人生观和价值观的重要阶段，而与各种层出不穷信息的接触，容易对大学生的思想观念和道德认知造成不良影响，甚至出现理想信念不坚定、价值观混乱等问题，如果不及时加以引导，就可能造成难以弥补的遗憾。"微时代"既有利于学生更新思想观念，又容易使他们受到不良信息的误导，影响他们正确观念的形成。但是，如果能引导学生正确使用微媒体，使他们具有良好的微媒体使用素养，他们能有选择性地利用微媒体平台中的资源，从而抵制不良信息，促进学生自身的全面发展。首先，高校可尝试开设微博、微信等微媒体使用技术的培训班或选修课，向学生传授微媒体的基本知识和主要用途，使他们了解微媒体的传播途径和方式，提高对微媒体信息的独立思考、理解和批判性选择的能力，远离不良微媒体环境，并强化学生微媒体使用的道德意识和法制观念；其次，指导和鼓励学生尝试参加微媒体实践活动，提高微媒体使用技能。如制作微视频、微电影、举办微公益校园活动项目等。

（二）打造"微队伍"，推进和优化学生工作管理队伍

1. 建立"四位一体"的学生工作管理队伍

"微时代"下，可尝试利用微媒体平台的便捷、快速、易互交的特性

建立辅导员、教师、学生干部和家长"四位一体"的学生工作管理队伍。辅导员、教师、学生干部、家长不仅要在学生工作管理中发挥好各自的作用，相互之间还要加强配合、加强交流、优势互补、协调一致，从而实现"1+1+1+1>4"的效果，最大力度地发挥"四位一体"学生工作管理队伍的功用。

（1）辅导员方面。辅导员是学生思想政治工作和日常管理的骨干力量，是学生健康成长的指导者和引路人。他们的主要职责是负责学生思想政治教育工作；学生党团、班级工作、学生学业、就业、交友、心理指导咨询工作；学生宿舍管理、奖助困补、安全维稳等工作。在大学校园中与学生接触得最多、关系最为密切，学生对他们的依赖程度比较高。辅导员所带学生比例一般不低于 1：200，工作量大，任务较重。"微时代"下，辅导员可以利用微媒体平台提高工作效率，扩大学生受众面。如利用班级微信、微博、QQ 等微媒体准确地传达信息，巧妙地描述事件，积极地交流互动，有序地管理引导，以达到更好地服务学生的目的。

（2）教师方面。可从已有校园资源入手，一是加强对学生工作管理的相关部门，如学校学工处、保卫处、招生就业处、后勤处、团委、各（院）系学工办、学院/班级等教师的培训，提升他们使用微媒体的能力，鼓励他们利用微媒体平台开展工作。在具体工作中，他们既要维护好部门或个人的微媒体平台，又要关注和参与到学生媒体平台中去，只有这样才能达到较好的管理效果。通过微博、微信或 QQ 与学生交流，既能增进师生感情，又能及时了解学生动态；或是利用自己的微媒体平台在学生中传递正能量，引导学生树立正确的三观。二是专业教师。专业教师也可以通过微博、微信、微课程等学生所喜闻乐见的方式来组织课堂，并积极地与学生在学习上交流互动，甚至可将课堂延伸到课堂之外、课余时间，以增强学生学习的积极性，巩固教学效果。

（3）学生干部方面。除了学生会、团总支、社团联合会、青年志愿者等学生组织的学生干部之外，还可以组建一支作风好、纪律强、技术强的学生干部队伍深入学生中间，积极转发传播学校官方信息，及时关注学生中的舆情动态，传递正能量，发挥学生朋辈相互影响的积极作用。如：组建学生干部微团队，专门从事微电影、微故事、微公益、微访谈等微素材的制作，并发布到微媒体平台上，以达到教育管理的目的。

（4）学生家长方面。随着"微时代"的到来，越来越多的家长也使用微博、微信、QQ等微媒体，这就为教师、学生、家长三方互动、共同关注学生的成长提供了更好的平台。如，教师可将学生在校园学习、生活、心理等情况通过微媒体平台向家长反馈，特别是部分重点关注的学生对象，这样家长就不受限于时间、空间，能及时了解学生最新动态。为了更好地发挥"四位一体"的学生工作管理队伍的作用，学校也可通过开展微媒体培训、社会考察、知名媒体机构交流经验等学习活动加强他们对微时代的认识，鼓励他们提升使用微媒体的技术、能力。

2.激发学生"意见领袖"的积极引导作用

学生中的"意见领袖"发挥的作用具有两面性。一方面，如果他们在微媒体平台上发布的信息是正能量的、与浏览学生的互动是友好的、对校内事件和热门观点的探讨是积极的，就能引导舆论朝着积极的方向发展，且有利于事情的妥善解决。另一方面，如果他们发布的信息负能量爆棚或是对学校稍有不满就煽风点火引起校园风波，这种消极的舆论导向就给事情的解决造成更大的障碍。所以，高校可尝试培养一批"意见领袖"，并加强对他们的培养和引导，充分发挥他们的积极引导作用。通过他们在学生中解释、宣传、展开工作，使他们成为学生工作管理的重要力量，以便更好地为学生服务。如，在全国"两会"期间，学生"意见领袖"可以通过微博、微信等平台转发"两会"期间的热点话题，引导同学们共同关注时事政治，提高同学们热爱祖国、参与社会的积极性。总之，学生"意见领袖"在学生工作管理中的积极作用不容小觑。高校可从人才发展的角度出发，充分尊重学生主体地位，多渠道构建培育机制，并形成一个系统科学的培养体系，从而实现以学生管理学生、学生服务学生、学生影响学生的自我发展模式。

（三）搭建"微媒体"，建立和健全学生工作管理平台

1.建设微媒体基础设施

"微时代"下，为了使微博、微信等微媒体平台顺利进驻高校并发挥其作用，学校必须建设满足微博、微信等微媒体平台使用的基础设施、硬件环境和软件设备，并且长期管理维护，以保障微媒体平台在校园内的广泛运用。如，校园 WiFi 覆盖面要广，能到达包括教室、实训室、图书馆、运动场、食堂、学生宿舍等区域。总而言之，就是要创造以硬件条件为基础、以相应软件程序为补充、以长期维护为支撑，这样才能保障学生工作管理能够运用微媒体平台长期有效地开展。

2.搭建多元微媒体平台

首先，注册学校的官方微博、微信公众号等平台，构建家庭、学校、企业、社会互相关联的平台，固定更新内容，保持与外界之间的信息交换；其次，建立各院系、部门的微博、微信等微媒体平台，通过双向互动，倾听学生的意见和建议，不断改进学生工作管理的服务质量；再者，鼓励教师开通个人微博、微信等微媒体平台，并与学生进行互动，为学生学习、生活提供帮助；最后，鼓励学生组织、社团、班级构建自由、民主、文明、守纪的交流平台，进行群体之间的互动和思辨，激发学生及学生工作的活力。此外，搭建学校、部门、教师、学生组织多元微媒体平台后，不能只建不管，还应加强监督、管理、维护，统一协调、相互补充、避免重复，以达到有效利用。

3.构建精品微媒体平台

"微时代"下，为了更好地发挥微媒体平台在学生工作管理中的作用，还可构建专门的、针对性较强的学生工作管理精品微博、微信公众号平台。如，注册"校园百事通"微信公众号，并有针对性地以学生工作管理内容来开发微信公众号的模块。如在"校园百事通"微信公众号中创建学生教育、学生管理、学生服务等模块菜单；在学生教育模块中

设计党团教育、理想信念教育、法制教育、心理健康、安全教育、主题教育等栏目；在学生管理模块中设计校纪校规、奖惩通报、学生动态、档案管理、事务管理等栏目；在学生服务模块中设计文件通知、学习园地、就业创业、主题活动、校园生活、课表成绩查询、奖助困补贷、虚拟社区、联系我们等栏目。每个栏目下还可以添加子栏目。如，事务管理下开设宿舍管理、勤工助学、请假申请等栏目。所有栏目中的内容运用文字、图片、视频、音频等素材，且贴近学生、贴近生活。用具有地方特色、学校特色、学生容易接受的语境，引起学生的认同和共鸣，吸引学生注意力，满足学生需求，增加学生关注、点击、阅读、参与、转发、评论的兴趣，使得平台能够受到学生的广泛关注，从而不断提升学生工作管理的服务质量。

4.强化使用微媒体平台的监督管理机制

"微时代"下，微媒体技术在校园广泛运用，在这种环境下，信息的发布和使用比以往更加自由，且信息的传播在某种程度上处于一种"时间、空间、资讯无障碍"的状态，具有不确定性和难以控制性。另外，由于平台太多，且呈现自发、松散、无序的状态，缺乏统一组织，加上平台之间没有相互协调机制，难以实现有效利用。因此，"微时代"下，系统化的制度建设和科学的监督管理机制的落实显得尤为重要。可尝试采取如下措施：首先，研究制定科学、有效、统一的微媒体运行规章制度，加强对微媒体的有效监管，其次，对校园内多层次的微媒体平台进行监督和引导，并实时检查，从源头上净化过滤不良有害信息，确保学生拥有健康环境，但又要注意留有适当空间，避免挫伤学生参与的积极性，最后，实施线上、线下两手抓的监管机制，结合传统的管理方式，扩大监管的范围。"微时代"下，高校只有与时俱进地研究出科学的微媒体使用管理方法，并建立合理的微媒体使用管理机制，才能营造安全、有序的校园环境，维护校园稳定。

（四）开展"微活动"，丰富与创新学生工作管理方式

1. 构建"微活动"校园文化，形成润物无声管理特色

大学生十分注重校园文化生活，营造良好的"微活动"校园文化氛围可以调动学生参与活动的积极性。高校学生工作管理者可以尝试将微博、微信等微媒体平台运用于构建校园"微活动"中，并通过"微活动"向大学生传播教育知识信息、弘扬社会主旋律和树立正确的价值观念，以凸显"春风化雨、润物无声"的管理特色，为更好地开展"微时代"下高校学生工作管理奠定基础。首先，可尝试挖掘和培养一批思维活跃、现代意识强、善于策划组织且多才多艺的教师或学生干部队伍，使他们深入学生中间，并能够顺应时代需求，不断创建新的活动形式；其次，加入"微时代""微时尚"元素推广校园文化活动，广泛地吸引大学生积极地参与进来；第三，创新校园文化活动形式，在传统的校园文化活动形式的基础上，举办一些符合"微时代"发展，以"微时代"为主题的校园文化活动，比如微电影比赛、微博摄影评比、微商创业活动等。通过开展"微时代"校园文化活动，既丰富了学生的课余生活，又锻炼了学生的人际交往能力，有利于学生积累社会实践经验。

2. 推广"微公益"校园项目，凸显"育人无形"管理效果

"微公益"指的是通过微不足道的小事来进行公益事业的传播，汇微小成巨大，微公益强调积少成多。在"微时代"中，人人都是"微公益"的践行者。在学生中开展"微公益"校园活动项目，既能够帮助一些特殊学生，解决他们的困难，更能弘扬互帮互助精神，增进学生之间的感情，传播正能量，实现"育人无形"的效果。高校举办校园"微公益"活动项目意义深远。校园中的"微公益"不仅仅是一种简单意义上的校园文化活动，更重要的是通过"微公益"活动，培养学生感恩的生活态度，提升学生的社会责任感，升华学生的思想道德品质，以达到"我为人人，人为我"的人生境界。因此，高校学生工作管理者要了解有关

"微公益"的基本知识，并结合工作中的实际情况，经常举办一些适合学生参与的"微公益"校园活动项目，并在学生中积极地宣传。如，在学生中发起一月捐献一元的"微公益"校园活动，帮助校园中家境困难、患有严重疾病的同学；向同学们倡议捐出自己用旧了的书籍等学习用品或衣服等生活用品，寄给偏远山区的学生。

第五节　大数据时代高校学生管理的创新与发展

一、大数据与大数据时代概述

（一）大数据的概念

目前，理论界对大数据的概念界定有不同的看法。美国国家科学基金会（NSF）提出，大数据是多个种类的数据源和数据集，由结构化与非结构化组成，具有数量多、种类杂、生成快的特点。

对于大数据概念界定最佳的当属道格拉斯·兰尼在 2001 年提出的定义。他将大数据称为规模庞大的数据集合（volume），高速（velocity）累积和变化，具有广泛（variety）的来源。这个定义就是经典的 3V 定义，被人们广泛使用。直到 2012 年，该定义被世界经济论坛增加了一个"V"，它代表的是"value"，也就是价值。同时，世界经济论坛将大数据确定为一种新型的经济资产。不管大数据属于什么，它始终具有很高的价值。罗睿兰认为，"大数据丝毫不逊色于任何新发现的自然资源，它对当今时代发展的重要性就好比以往时代里电磁、蒸气的重要性。它有让社会发展节节攀升的实力。"麦肯锡认为，"大数据就是很难被以往的软件工具进行采集、存储等操作的庞大的数据集合。"人们通常会认为，大数据的数量级是"太字节"。显然，大数据强调的是数据的容量快速增大，并增大到与传统数据本质上不同的地步，大数据和传统数据在定义上最大的不同之处就在于此。人们大量挖掘和运用数据，是生产率提高的标志，也在提示人们，大数据时代已悄然来到。对于社会发展和科技发展来说，大数据的重要性都不容忽视。

（二）大数据时代及其特征

当信息技术作为非常重要的生产资料或生产工具时，人们就称那个时代为信息时代。如今，大数据成为新的生产资料，人们也就称当代为大数据时代。大数据时代具体来说就是利用网络渠道在收集大量数据的前提下对数据进行存储、处理、提炼价值和展示的信息时代。

大数据时代的特征如下：

1. 社会性

从社会角度而言，在大数据时代里，工业劳动越来越少，信息劳动流行开来。通过信息劳动所得到的产品在不离开它的最初拥有者的情况下就可以实现交换和买卖，这样的产品可以被计算机大量地复制、传送，并且不会产生其他费用。信息劳动产品的价值并不是由手工劳动实现的，而是通过知识得以实现，而这一切主要依赖计算机软件。

2. 广泛性

在大数据时代，计算机技术不仅对人文科学和自然科学的发展起到了促进作用，还使数据采集发展到了前所未有的地步。数据生成、保存和处理的方式也发生了巨大改变，人们的生活和工作都逐渐实现了数字化。这在很大程度上使人们的生活和工作方式发生了变化。

3. 公开性

在大数据时代，很多数据被更加开放地使用。在此过程中，应保护用户的隐私。但是大数据是在公共且公开的网络环境中生成的，这种公共且公开的网络环境的实现是由云计算，多个网络开放平台提供的服务以及一系列法律支持的。

4.动态性

大数据是以互联网的实时动态数据为基础的，而不是历史遗留的数据或者在严格把控的环境下产生的数据。数据可在任何时间和地点产生，所以具有动态性的不仅仅是数据的收集，还有数据的存储和处理，数据随时都在更新。

二、大数据时代高校学生管理的目标与任务

学生管理的改革与创新需要立足于现行的学生管理体制机制，研究其阻碍发展的原因，并通过信息化手段进行修正，最终适应人的发展需求和学校的发展目标。传统的学生管理模式呈现的"分、散、乱、冗"的现象根源就在于学生事务涉及部门广、层级多、工作重复率高、事务烦琐。所以，建立与信息化相适应的新型学生管理体制机制尤为重要。

笔者认为，不能独立地看待信息化建设，学生管理信息化不是学生管理方式信息化；更不能只重视技术在学生管理中的运用，信息化并不是技术单纯层面上的运用。学生管理信息化的目标和任务，应该建立在对新时代学生管理的目标和任务基础上进行确认。将学生管理融入信息化建设的过程，以最大限度地满足学生的需求和提高管理效率为最终目标；以帮助学生管理工作者更好地实现事务管理、思想政治教育和咨询服务为己任，让学生在轻松有序的环境下进行学习生活，在更贴近学生、更容易被接受的环境下自我成长。这是大数据时代学生管理信息化建设的方向。

学生管理信息化建设，一是针对管理型的学生事务，主要体现在校园 OA 平台。校园 OA 平台主要解决无纸化办公的网络化模式，共享学生信息，达到资源的高度整合和优化。在学生学籍管理、奖惩管理、资助管理、宿舍管理、就业管理等方面进行信息化建设，简化程序步骤，以

提高管理实效。此外，还可依赖手机和校园卡等信息产品，搜集信息加以分析，对学生的日常行为等提供更加精细化的管理。二是针对服务引导型学生事务的信息化，这类信息化建设主要是为学生管理提供新空间和新渠道，利用大数据技术，提供更加周全和系统的服务。具体而言即通过开创和利用各种产品、系统，服务于学生思想、学习、生活的方方面面，以服务来实现更有效的引导，提升实效性（图5-1）。

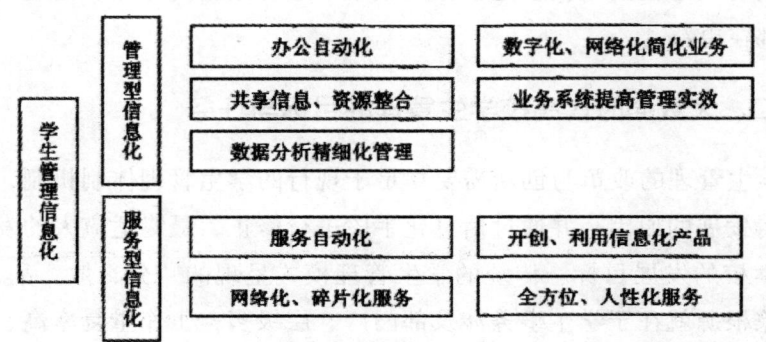

图 5-1　学生管理信息化的目标与任务

革新管理方式，是建立在对管理层级构架的改革与创新基础上的，与学生管理的项目化业务流程设计和矩阵式的管理组织结构相适应的。各个职能部门为了实现资源共享、提高工作实效，就需要打破原先的封闭式、独立化的运作管理方式，加强通联，并在某些方面展开协同合作，才能实现既定目标。信息化工作领导小组应从中扮演协调与管理的角色，从学校发展的角度对部门间的协同合作进行有效管理。此外，由于信息化替代了一些传统的学生管理方式，所以对这些新的信息化产品如何更好地发挥管理服务作用，需要管理者加以思考。通过不断的研究与实践，寻找出学生管理方式与信息产品的最佳结合点。管理者也通过信息技术从烦琐的学生事务中慢慢解脱，管理的中心应该落在信息数据背后所反映出的学生特性，为思想教育和日常引导提供精确、全面的信息。

综上所述，信息化应用于高职院校学生管理的重点是建立更加整体性、全方位和人性化的学生管理，为学生管理现代化提供必要支撑。这是大数据时代社会变革背景下学生管理发展的必然趋势。

三、大数据时代高校学生工作管理思维

面对新时代，高校学生工作管理者应及时树立大数据思维，改变传统的学生理念和工作理念，为开展大数据时代的高校学生工作管理奠定基础。

（一）理性化决策

高校学生工作管理的主要对象是大学生。作为最具活力、最具潜力的自主个体，大学生的思想、行为和个性是最丰富的。由于思想的无形性和复杂性特征，要了解一个人的思想是比较困难的。以往我们只能依赖于个人学生工作经历和经验来作出判断。这种传统的主观决策方式和基于经验的学生管理模式会有失偏颇，但在大数据时代，我们可以有效地作出更科学的判断、更加理性化的决策。大数据为我们提供了有关大学生的方方面面的信息，是我们做出理性决策的数据依据。在大数据时代，我们可以通过互联网收集大学生群体的思想、行为特征，通过云计算和分析技术形成对大学生群体思想行为的规律性认识，通过对海量数据的分析实现科学决策，而不是仅仅凭借主观经验和感受。

（二）精准化预测

预测是大数据的核心。它把数学运算法运用到海量的数据上，从而来预测事情发生的可能性，实现预估的目的。海量数据使我们对事物发展状况的预测成为可能，也使我们对人类行为的预测成为可能。在大数据时代，大学生的行为都被记录保存下来，这些行为数据是相互依存和关联的，通过大学生行为数据的深度分析和整合，可以找到这些行为之间的联系，发现大学生行为的趋势和可能性，从而对大学生的行为进行预警和预测。通过检测大学生的行为数据，发挥预警机制的作用，我们就能迅速做出反应，提前对学生进行指导和干预。

（三）个性化服务

大数据时代使个性化教育成为可能。通过对学生学习过程的数据跟踪、分析，可以发现学生的学习模式，为其制订个性化教育方案。大数据时代对个性化的关注，将使学生工作管理发生重大改变。以往学生工作管理只能从整体上制订工作方案，忽略学生的差异性和个性化需求。大学生是极具个性的群体，他们注重个性，希望被作为独特的个体来看待。大数据让我们能重新审视学生工作管理，不仅从整体上把握学生工作管理的规律，更注重从个体上来开展具体的工作，促进每个大学生的个性化发展。大数据通过全面、及时、动态地记录每个学生的学习、生活和社交情况，形成对每个学生的准确认识，能准确把握学生的个性和成长需求，从而有针对性地开展思想政治教育、职业生涯规划、心理辅导、综合素质教育，实现对学生的个性化服务。

（四）科学化评价

在以往的高校学生工作管理实践中，无论是对学生的思想评价还是对学生的家庭经济情况评价，都很难采用量化的方法，只能从辅导员、班主任、同学等各种渠道尽可能多地了解情况，从而形成主观性极强的评价，这样难免会存在一定偏差。但通过对大数据的使用，以评价学生的家庭经济状况为例，我们可以通过学生校园卡的消费记录、购物网站的消费记录、手机缴费清单、个人账户的往来记录等清晰地把握学生某一段时间的具体收支情况，从而对其个人经济情况做出准确判断，以此作为判断其家庭经济状况的一个重要依据，避免由主观分析带来的失误。在对学生的思想状况做出评价时，通过对海量数据的分析，也可以更加准确地把握其思想和行为动态，将反映其思想特征的信息进行数据化处理，从而使量化分析成为可能。在评价学校、二级学院的学生工作时，可以采用定性与定量相结合的方法，将单项评价与综合评价、过程评价与结果评价结合起来。这种定性和定量相结合的方法，将极大地提高学生工作评价的科学性。

四、大数据时代高校学生网格化管理模式构建

高校学生网格化管理模式是对社会网格化管理模式的有机嫁接。这一模式运用现代信息网格化技术，通过对数字化校园的相关数据分析，精准定位学生群体行为特征，建立学生教育管理预警机制。不仅有利于提升学生安全管理水平，维护校园安全稳定，提高学生教育管理针对性和科学性，还可以整合网格内各方资源，主动支持学生成长成才需求，从而提高学生教育管理工作效能，促进学生全面健康成长成才。

（一）高校构建学生网格化管理模式的必要性

新中国成立初期，我国高等教育的发展充分借鉴苏联的模式，形成了科层化的管理模式，建立了行政主导方式下的组织机构和制度安排。然而，当前我国大学的学生管理制度无法满足社会发展的需求，大学生管理制度仍然存在缺陷与不足。由于高等院校依据科层式的组织机构创立与运作，受整个环境的影响，高校学生教育管理工作的科层式特征也尤为明显，带有先天的固有弊端，无法满足现代信息社会对学生管理工作的复杂性、非线性和易变性特征的诉求。实践证明，网格化管理模式能够有效摒除科层式管理模式下的诸多矛盾，在现代学生管理工作中借鉴网格化理念，具备必要性。

1.学生网格化管理模式是提升高校综合治理能力的需要

伴随现代高校的规模扩增，传统的单一管理模式已无法满足现代大学生多元化的诉求，尤其是在学生管理工作中，很多环节都存在脱离时代的薄弱劣势。如学生学业发展、心理健康教育、资助管理、日常行为管理等方面都遭受着新的发展瓶颈。建构学生管理网格化模式，能够及时掌控学生各类信息，提升学生教育管理服务的质量，增强工作的时效性、规范性和科学性，是现代高校实现综合治理能力和治理体系现代化的有效路径。

2.学生网格化管理模式是实现"以人为本"管理理念的需要

人本化管理强调"以人为本"的管理理念。高校要实现人才培养的目标，必须树立以学生为本的工作管理理念。充分发挥人的主观能动性和创造力，最大限度地创造有益于大学生生存和发展的校园文化环境。这同网格化管理模式的人本化管理理念要求一致。高校依据面向对象的变化，充分掌握现代大学生的多元化诉求，将学生诉求同学校发展目标紧密联系起来，形成高校特有的管理模式，对学校管理水平和人才培养质量提升意义重大。高校是国家为社会培养高层次人才的摇篮，建构网格化管理模式能够为国家的经济社会发展和社会安定团结发挥重要的促进作用。

3.学生网格化管理模式是国家深化教育领域综合改革的战略发展需要

党的第十八届第三次全体会议《中共中央关于全面深化改革的若干重大问题的决定》文件指出："要以网格化管理、社会化服务为方向，健全基层综合服务管理平台，及时反映和协调人民群众各方面各层次的利益诉求。"[①] 网格化管理是落实党中央全面深化改革战略决策的需要，符合现代社会管理模式的价值选择基础，是学生管理运行机制的重要变革。现今，信息化技术已经高速发展，互联网技术也已普遍运用。云平台、大数据等理念和技术均已融入社会政治、经济、文化等广泛领域。国家政府机构成功运用信息化技术进行社会治理，积累了相对成熟的城市社区网格化管理经验，社会开始"倒逼"高校做出学生管理模式的改革，实现以"学生网格化管理模式"为重要手段的现代高校治理体系和治理能力的提升。

---

① 卫学莉，张帆，刘辉.诉求、缺位、复归：高校学生管理制度功能研究［J］.现代教育管理，2016（10）：124-28.

（二）高校学生网格化管理模式设计思路

高校学生网格化管理，应当借鉴社会网格化管理当中的有益经验。但是绝对不能简单地照抄照搬，必须结合高校人才培养的中心工作，结合大学生群体的行为特点，结合学校数字化校园建设的实际来推进大学生网格化管理的研究和应用。在不改变原有学校管理体制基础上，通过对大学生宿舍区进行网格划分，将大学生编入基本单元网格中，形成健全的制度机制和体系保障，组建一流的技术设备和数据平台，整合学校数字化校园建设中各类学生信息数据平台，搭建带有高校教育管理服务特点的，精准的、及时的网格化综合信息管理服务系统。笔者总结社区管理的成功模式和现代学生工作教育服务的特征，对网格化管理在高校的应用实践提出以下设计思路：

1.划分网格，建立健全学生网格化组织体系

以学校办公室、现代教育技术中心、学生工作部、研究生院、国际教育学院后勤保障处和保卫处等联动部门组成学生网格化管理中心。下设三个分中心：学生网格化管理监控分中心、学生网格管理分中心和学生事务大厅，健全相应的网格管理"四级结构"信息处置机制（图5-2）。

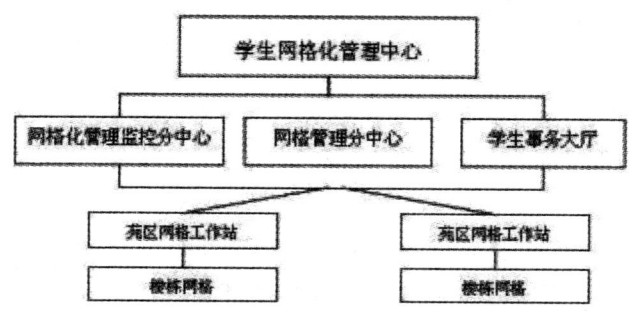

图5-2　高校学生网格化管理模式组织体系

（1）建网格及苑区网格工作站。划分网格以学生宿舍分区为一个苑区网格工作站，每一栋学生寝室楼或者周边几栋寝室楼划定一个网格，每一格子配备专职和兼职结合的网格管理员2-3名。以标准化管理为目

标，借鉴城市社区网格化管理经验，建立统一指挥、分级负责、分格规划、责任落实的学生社区管理机制。结合各高校实际，将学校本预科生、研究生、留学生管理划分为纵向和横向交错的立体化网格。纵向管理以"寝室——班级——年级——学院——学校"五个层级建网，横向网格管理以"寝室——楼栋——苑区——学校"四个平面建网。按照校内区域和学生规模划分成若干个网格苑区，每个苑区设置网格工作站一个、工作站站长一名。

（2）相关联动部门的工作职责。学生网格化管理信息平台上涉及的部门均要按照"重心下移、扁平化管理"的原则，及时上传和更新各类学生基础共享数据，发布与学生相关的各类信息。两级网格管理员将收集的问题与信息整理后按照"分级负责、分类处理"的原则，将信息传递到相关责任部门处理，并追踪相关单位的工作进展。相关责任单位在规定时限内给予解决并向学生反馈。一级网格管理员直接处理的问题1～2个工作日内给予答复；需要报送二级网格管理员处理的问题2～3个工作日内予以答复；需提交院系、学校职能部门共同处理的问题3～5个工作日内予以答复并办理。

2.整合系统，建设统一的网格管理信息平台

（1）整合各类学生信息数据平台。以学校数字化校园建设工程为基础平台，整合现有的各类学生信息数据平台。如："学生管理信息系统""教务系统""学生信息门户""校园一卡通系统""宿舍门禁系统""财务系统"等学生信息数据库。依据"高效性、整合性、结构性"的实施理念，满足学生网格化管理模式的综合系统集成共享功效，牵头部门为现代教育技术中心。整合现有"视频监控系统"信息数据，升级完善各级网格视频监控系统。按照层级授权的原则，对各级网格管理员和网格化管理相关部门授予调阅参看学生信息的权限，实现全校学生网格化管理视频监控全覆盖。由保卫处负责牵头。

（2）开发学生网格化信息系统软件。基于现有的"学生管理信息系

统""教务系统"等业务系统进行二次开发，构建学生网格化服务管理综合信息系统，主要功能包括功能查询、地理编码、大屏幕监督指挥、业务处置、数据交互、数据痕迹分析、安保监控、公众信息发布等子系统。网格化监管部门和网格管理员可通过此系统查询到网格内所有学生从入校到毕业的具体信息和校园活动轨迹，实现舆情监控和危机研判功能。由学校现代教育技术中心牵头。

（3）搭建网上学生事务大厅。搭建学生网格化信息系统网上"一键式"学生事务服务平台。将学生学业、生活、安全预警、就业指导、奖助学金、素质课堂等服务项目集中呈现，为全校学生提供及时、便捷、全面的服务。学生可通过此系统预约物业维修、网络服务、材料办理等手续；服务平台还可以提供办事流程图和手机客户端下载，配合各高校已经建成的实体学生事务大厅，简化行政手续，让学生事务管理更加透明化、高效化、移动化；各苑区网格工作站可分设自助终端设备，进一步发挥网格化管理的全覆盖作用。主导部门为学生工作部、研究生院和国际教育学院等学生管理部门。

3. 加强培训，建立一支专兼职结合的网格员管理队伍

成立专门的网格管理员队伍，专职负责网格化管理工作。结合各高校实际，构建由苑区网格工作站站长、楼栋宿舍管理员为核心的两级网格员队伍体系。同时，有效吸纳学院辅导员、班主任、优秀本科毕业生参与相关工作，实现学生社区——学院学生工作——学校职能部门的网格联动模式，做好学生日常管理的排查和报告工作。牵头部门为后勤保障处。

网格管理员根据职责分工可划分为一级网格管理员和二级网格管理员，各苑区网格工作站站长为二级网格管理员，各楼栋专职负责人为一级网格管理员。

（1）一级网格管理员的主要职责。每天定时定点对自己负责的"责任网格"进行巡查，每个工作日如实填写网格化管理工作日志，及时收

集网格内与学生相关的日常事务信息。如，学生晚归、未归及失联情况、宿舍水电设施报修、寝室安全防盗、片区清洁卫生等；及时发现并解决网格内学生的矛盾和纠纷，无法解决的及时向二级网格管理员反映；通过信息分析和比对，及时掌握学生信息，及时发现安全隐患，向二级网格管理员反映并协助解决网格内各项紧急和重要事务，如人员急救、防恐防爆、防火救灾等。

（2）二级网格管理员的主要职责。及时汇总一级网格管理员反映的问题，并向相关责任部门反馈，追踪问题解决的进展情况，无法解决的及时向学生网格管理分中心反映；及时化解片区内出现的学生矛盾和纠纷；定期召集一级网格管理员会议，了解一级网格管理员工作情况；督促和指导一级网格管理员开展工作，无论是一级网格管理员，还是二级网格管理员，都应当做到"四知四能"，即知网格区域、知工作职责、知救助常识、知帮扶对象；能发现问题、能解决问题、能化解问题、能赢得信任。

4.规范管理，搭建网格化管理工作保障体系

（1）形成部门联动排查报送机制。一方面，形成健全学生网格化管理模式"统筹规划、权责分明、协同处置、分类授权、应对及时"的部门联动机制。各级网格管理机构负责单位配合整体推进工作，切实构建起对应的协同处置体系。特别应强化苑区网格工作站网格管理保障措施，让学生信息掌握制度化、规范化。出台相关管理细则，规范问题报送和解决期限。另一方面，建立排查报送工作制度。一级网格管理员作为主要排查人员，及时做好信息记录工作，掌握责任区内动态情况，一旦发现异常情况，应登记备案，现场处理的同时能及时准确的报告上级网格管理员。二级网格管理员在接到报告过后，应及时做好登记备案工作，并督促相关工作部门在规定时限内给以解决，同时及时准确地报告给学生网格管理分中心。

（2）建立业务提升制度。学生网格化管理推进工作中，至关重要的

一步即为重点强化网格管理人员的业务培训。要定期组织他们进行分级指导、分类培训，有效提升网格管理人员的工作能力和责任意识。业务部门工作者应努力提升业务能力、法规制度和责任素养，加强自身学习，切实有效地做好网格管理的综合管理服务工作，达到制度、程序和信息系统运作等熟练掌握、反应及时。

（3）建立公示考核监督机制。第一，形成学生网格管理公告展示平台。在楼栋网格及苑区网格工作站利用视频展示平台公布网格布点图及服务指南，明确告知学生所属网格管理员的办事流程、职能范围、监督方法和联系方式，统一规范网格管理员的制服、工作证件并接受在校师生的评估。第二，建立工作监督制度。对网格化管理运转情况实行实时督查，使延伸到学生网格中的各职能部门都能够认真履行工作职责，切实解决学生实际问题。第三，建立网格管理员考核评价制度。对网格管理员实行年度考核，不能认真履责，造成严重后果的予以辞退并追究相关责任。每年召开网格化管理总结表彰大会，对在网格化管理中表现突出的单位和个人予以表彰奖励。

高校学生网格化管理建设项目是深化教育领域综合改革的创新工程，囊括各级学生工作部门。高校间信息化程度和发展阶段各有差异，学生网格化管理模式的构建必须因校而异。网格站点的实体建设和网格管理信息系统平台的搭建是网格化管理的两项基础性工程，必须在学校各相关部门加强"顶层设计＋用户主导＋部门联动"的认识和动员，加强各部门信息化建设是前提，否则学生网格化管理和学校信息化建设必然失败。此外，网格信息只有在广泛的共享和综合的大数据背景下才能发挥其最大效用，否则只是一堆冗余数据。这就涉及学校各个部门的数据共享问题。如何统筹部门之间的学生教育管理信息共享，确保各类网格信息系统，能够互联互通互操作，都需要我们在实践中进一步建立相应的标准和流程，不断探索和完善。

第六章　高校行政管理创新与发展

高校行政管理是保证高校办学方向、贯彻党的教育方针的重要保障。高校行政管理水平的高低直接影响着教学科研资源能否合理配置。因此，高效的管理工作水平对高校教育管理取得跨越式发展具有重要意义。

第一节　高校行政管理概述

一、行政管理的含义

行政管理的狭义含义是指国家将权力用到治理社会事务活动之中。现代行政管理的广义含义是指社会中的一切团体和组织对其事宜执行和管理的工作。在现代行政管理中，多数是将系统的工程方法与思想结合起来，以降低人力、物力和财力，乃至时间的浪费，最终提高行政管理的质量和效率。

我国高校的行政管理主要是从事科研活动和非教学的行政管理机构所进行的管理活动。相对于高校的教师和研究人员来说，他们大多是管理者。也就是说，他们的权力来源于政府对教育的行政管理。高校主要是以科研和教学为主，行政管理主要是起到辅助性和保障性的作用，是高校教育管理不可缺少的一部分。

高校的行政管理是高等院校特有的一种管理手段。通常，高校一般都有以校长为首的一套高校行政管理系统，高校的行政管理人员要履行其指定的系统来完成高校的各项管理工作。政府在对高校的监管上，主要是采取指令性的手段来进行监管和检查。

高校为实现其在教育上的目标，必须要充分利用可以利用的资源，运用较为灵活的工作手段，制定完善的制度。既要达到预期的行政工作效果，又要保障其管理职能能够顺利地进行。高校行政管理的主体主要是指管理层的领导和具体执行命令的行政工作人员。高校的人力、教学和物力等其他资源，根据教学科研需要和高校发展目标，经过行政管理的协调安排，达到效率的最优化，实现高校各项工作的顺利进行，推动高校教育的健康、长远发展。

二、高校行政管理的内容

（一）协调好学术与行政之间的关系

目前，高校在行政管理上存在一些问题，最为突出的问题是行政权力和学术权力之间的关系问题。高校要对行政人员和学术人员进行剖析，妥善处理行政管理的高层、执行人员与教师、教授以及学生之间的关系，更好地进行高校行政管理工作，服从服务于教学、科研和学生的成长发展。

（二）配置好部门的功能

高校的行政管理部门的设置，离不开其执行上的各大功能。所以说部门与功能之间的关系是做好行政管理的关键。高校的管理部门在设置上一定要注意，高校的行政管理部门的功能不能重复配置。其功能要具有科学性和合理性，功能要和岗位相符合。高校行政管理部门的功能如果不匹配，权力产生重叠，行政管理工作就会出现混乱现象，就会严重影响行政管理工作的效率。所以，要切实处理好行政管理部门的功能问题。

（三）协调好职员结构和改革管理之间的关系

高校的职员结构和改革管理之间的关系，是高校行政管理的中央内容。高校的行政管理改革，通常离不开对行政管理人员的队伍进行改革。如果出现行政管理人员的队伍过于庞大，在管理中就会出现很多的问题，甚至会导致行政管理工作停滞的现象。整个高校的行政管理队伍结构越是精炼，职能分配越是清晰，越能达到预期效果，越能激发出行政管理人员的工作热情和创新精神。

三、高校行政管理的职能

高校行政管理的职能主要来源于政府教育行政管理职能。高校的行政管理职能可以大体分为统治职能、社会的服务职能和社会的管理的职能。下面将详细地介绍以下三个职能：

（一）统治职能

高校行政管理的统治职能是指各高校要以国家制定的各项教育方针政策为主，按照当前的方针政策进行教学管理。

（二）社会的服务职能

社会的服务职能则体现在行政管理组织通过各项规章制度和职能来组织高校的非行政人员进行教学和科研研究等行为。在教学和科研中，处理好各种问题，使高校的教职工都能在自己的岗位上勤劳奋斗和爱岗敬业，最后达到各高校的预期目标。

（三）社会管理职能

高校行政管理的社会管理职能主要表现在行政管理人员通过管理运行体制和实施具体的管理职责，能够对高校的教职工进行正确的、规范性的指导，使他们能够按照政策和规范有条不紊地进行工作，这样就能确保教育管理系统顺利运行和长远发展。

上述职能的决定性在于我国的社会主义性质，在我国各高校在教学和科研方面起到重要的作用。高校行政管理的职能对高校的教育教学起到保障作用，要随着社会的发展和变化不断地完善和创新高校的行政管理方式、方法，这样才能更好地促进高校教育水平的提高。

四、高校行政管理的运行机制

要想充分地发挥高校的行政管理职能，就是要不断地对运行机制进行创新和改革。这就要求高校有一个良好的运行机制来对其工作进行保障，使高校的行政管理人员能够尽职尽责地工作，更好地调动行政人员的能动性。要想切实可行地运用好各高校的行政管理职能，首先就要做到熟知行政管理的基础理论，要因地制宜，根据院校的实际情况，确定一个符合实际的运行机制。除了要把握普遍性的行政管理特征外，还要注意把握教育自身的规律特征。总体来讲，各高校的行政管理运行机制包括竞争机制、决策机制和动力机制。

（一）决策机制

社会主义要求我们要做到科学与民主的统一。高校在行政管理上，只有做好科学与民主的统一，进行科学的民主决策，才能在高校行政管理的过程中做出最恰当的行政决策，才能最大限度地保障高校行政管理的运行合理性。

（二）竞争机制

竞争机制是高校行政管理中的一个不可或缺的重要机制，而竞争机制的建立，主要体现在教学水平管理和高校师资队伍的管理上。在教学与科学研究、后勤保障等方面也有明显的体现。高校行政管理人员通过公平竞争实现优胜劣汰，就是竞争机制的一个最为显著的特点。市场经济的重要法则之一就是竞争。高校行政管理引入竞争机制，对于行政管理人员的创造性和主观能动发挥了重要的督促作用，有利于改善和提高高校行政管理工作的效率,提升工作业绩。

(三)动力机制

首先要强调的是高校行政管理的动力机制,包括其内在的吸引力、外界的压力与吸引力。其中所说的内在吸引力主要包含的是高校在其硬件设备上影响力。例如,高校的办学条件、校园环境、悠久历史和高校的学术氛围等一系列影响力。高校具备了吸引力,才能更好地形成能动力和向心力。就高校现状来讲,高校的行政管理人员和教职工的价值观是高校在前进路上的动力。有一个良好的内在动力,才能更好地投入精力,才能使他们在学生管理和工作、教学保障方面保持一个良好的状态。而外界的压力又主要包含了高校在社会上的口碑、国家的重视程度、各高校的教育目标等,这是动力机制中不可缺少的一种反弹现象。

五、高校行政管理的作用

高校得以实施教育和科学研究的首要条件就是高校的行政管理,高校的行政管理在其管理体系中起着最基础的作用,最为突出的就是指导、调节和约束功能。所以我们既要保障、协调好又要激励好高校行政管理的发展与改革。

第一,各高校的行政管理工作的保障性,主要表现在高校行政管理的服务性功能。高校的行政管理工作涉及整个高校的运转,几乎高校的所有事宜都离不开行政管理。即使是一件微不足道的事情,如果管理上出现问题,都会导致全局出现问题,阻碍工作的进展,降低工作效率。要想切实保障高校行政管理的发展与改革,高校的行政管理工作就要积极地发挥好其服务性的功能,将服务性功能运用到工作中,处理好各种关系。

第二,高校的主要目标就是为国家培养人才。实现这一目标就必须通过对大学生的教学、管理和服务。对大学生进行教学、管理和服务,必须通过高校行政管理部门的协调,而各部门之间又具有较大的差异性。

所以，在出现各种不协调的情况时，高校的行政管理部门就要切实地发挥作用，认真地处理好各部门之间的关系，充分发挥行政管理的协调服务功能。高校的行政管理人员在其行政管理工作中，一定要强化教学和科研服务的管理理念，把高校的行政管理工作深入高校的每一个工作环节，最终实现高校行政管理的整体效能，实现工作效率的提高。所以，要妥善地处理好高校行政管理工作的改革与发展。

第二节　高校行政管理模式创新——服务型行政管理模式

随着我国社会经济的不断发展，教育的重要性越来越高，科教兴国已经成为我国重要的发展战略。而在我国高校高速发展的过程当中，各种设施的建设水平越来越高，服务型高校的理念已经深入到高校工作中来，使得行政管理工作的内容和职能等方面发生了翻天覆地的转变。传统的行政管理模式无法满足我国服务型高校建设的要求，这也就使得我国高校的行政管理工作必须要按照服务型高校的发展而进行相应的变革。通过积极的建立服务型行政管理体系、深入的了解服务型行政管理理念，完善相应的规章制度，可以使得我国的服务型行政管理水平有大幅度的提升。一方面，促进了我国服务型高校的发展；另一方面，也提升了高校的教育质量，具有非常重要的现实意义。

一、高校服务型行政管理的内涵

服务型行政管理也就是指在高校的行政管理过程中，要以教师和学生的需求为根本目标，通过更好地对教师和学生进行服务，从而提升行政管理水平。服务型行政管理的基本理念，就是以学生和全体教职员工为中心，坚持以人为本的行政管理理念，为学生和全体教职员工提供更加优质的服务。同时，要对传统的行政管理理念进行更改。通过强化服务型行政管理理念，完善服务型行政管理相关的规章制度，从而更好地对高校中的学生和全体教职员工提供相应的服务，促进学校整体的行政管理水平，推动学校在教学水平、科研水平等方面的全面发展，不断提升高校的综合实力。

根据高校服务型行政管理的深化，可以有效地保证高校行政管理的公开性。让每个学生和教职员工都能够对高校行政管理有充足的认识，促进高校行政管理与日常教学和科研方面能够有机的结合，促进双方的共同发展。服务型行政管理的运用有助于促进高校行政管理的公正性。由于高校中人数数量众多，平时所需要处理的任务也较多，通过对于服务型行政管理的使用，可以让每件工作都能基于学生和教职员工的需求而进行，有效地保证了服务型行政管理的公正性和公平性。

高校行政管理的服务特性有以下几个特征：

（一）专业性的服务

由于高校中各个系别、学院都具有不同的专业，高校的行政管理工作过程中，经常会出现一些涉及专业领域的管理工作，而这些管理工作由于具有极强的专业性，也就对高校行政管理工作者带来了较大的工作难度。因此，高校行政管理工作人员要有足够的专业知识，只有具有专业能力的工作人员才能够更好地进行高校行政管理工作，从而为高校的学生和教职员工提供更多优质的服务。

（二）服务客体具有多样性

服务型的高校行政管理体系的工作核心，是满足学生和教职员工的基本需求，为学生和教职员工进行服务。然而，由于学校中的人数众多，每个人都具有不同的要求，导致了高校行政管理体系的服务具有多样性的特点。因此，高校行政管理工作人员要针对每个服务客体的具体要求，进行不同的行政管理服务，从而满足每个服务客体的基本要求，提升高校行政管理的服务能力。

（三）服务具有规范性的特征

对于高校行政管理体系而言，只有具备了较强的规范性，实行规范化的服务，才能更好地提升高校行政管理的服务质量。因此，高校行政管理体系的建立，要以满足学生和教职员工的需求为核心理念，通过对学生和教职员工进行规范化的服务，在每一个工作的环节都要进行科学的设置并管理，提升高校行政管理的工作流程，从而让高校的学生和教职员工能够享受到更加优质的服务，促进高校教学质量和科研水平的不断发展。

二、高校服务型行政管理的意义

高校行政管理是学校在日常运行和发展过程中重要的组成部分，在高校教育管理中占有重要的地位。高校行政管理能力的不断提升，有助于高校教学能力和科研能力的发展。对于服务型高校建设而言，服务型高校行政管理具有更重要的地位。

（一）服务型高校行政管理有助于高校行政管理改革

高校行政管理是维护高校日常运作和发展的重要环节，也是高校进行教学和科研的重要保障。不同的高校由于其实际情况有所不同，行政管理体系也有所不同，其管理模式对不同的高校具有不同的影响。而随着服务型高校理念的不断深化和发展，传统的高校行政管理模式已经无法符合高校的发展和建设。因此，对于高校行政管理体系进行相应的改革，已经成为高校不断发展的必然要求。服务型高校行政管理是以高校的学生与全体教职员工的诉求为核心的，要以为学生和全体教职员工提供服务更好地满足服务型高校的建设理念。因此，服务型高校行政管理的使用可以有效地促进服务型高校的不断发展，促进高校教学水平和科研水平的不断提高。

（二）服务型高校行政管理有助于培养高素质的优秀人才

高校的核心目的是为国家和社会培养更多高素质的优秀人才。而服务型高校的核心理念更是以学生和教师为本，对学生的能力和素质进行培养。因此，服务型高校行政管理要立足于学生和教师的实际要求，为高校的教学和科研层面提供更优质的服务，为高校的人才培养奠定坚实的基础。对于服务型高校行政管理理念的深化和使用，可以有效地培养行政管理部门的服务理念。从理念上提升行政管理部门的服务效果，使得行政管理部门能够更好地对学生和教职员工进行服务，让高校培养高素质的优秀人才的核心理念能够融入行政管理部门当中，从而使得全校形成为学生的培养而服务的理念，提高教师的工作积极性，促进教学水平的不断提高。同时，服务型高校行政管理模式的使用，还可以给学生一个良好的生活和学习环境，激发学生的学习兴趣，提高学生的学习效果，为高校培养出更多高素质的优秀人才。

（三）服务型高校行政管理有助于高校科研发展

高校除了是培养人才的重要场所，还是进行科研的重要场所。传统的高校行政管理模式，注重行政权力的主体地位，而忽略了学术权力的重要作用，导致了高校行政管理体系无法为高校的科研方面做出应有的贡献，高校的科研水平难以得到发展。而在服务型高校中，除了注重对学生的培养以及对学生与全体教职员工的服务，还要注重提升学校的科研能力。这就要求在行政管理模式中，更加注重学术权利的重要地位。服务型高校行政管理模式能够更好地协调各个部门之间的关系，让各个部门能够在促进高校科研水平的目标上共同努力，从而为高校顺利进行科研项目提供相应的保障。同时，在服务型高校行政管理的模式下，不光要注重高校的日常工作，更要着眼于未来，对于高校的未来发展有一

个明确的认知，建立相应的战略方针，从而有效的提升高校的教学质量
和科研水平。

三、高校服务型行政管理模式的构成要素

高校服务型的行政管理模式是一种重视公平与公开，强调参与与合作的新型管理模式。这种模式的构成要素主要包括以下几点：

第一，民主的决策机制。民主的决策机制是服务型的行政管理模式的一个基础要素。决策机制的民主程度决定了一个组织是否科学有序，同时也反映了组织成员和利益相关者的意志。在服务型的行政管理模式中，通过制度建立起一种常态化的集体决策机构，它广泛的代表了高校管理层、教师、学生和关联方等的基本权益，是一种决策主体多元化的机制。这样的机制能有效降低决策失误带来的风险，提升决策的科学性与民主性。

第二，扁平的组织架构。扁平的组织架构决定了高校的组织结构是一种管理层级少、管理幅度宽的组织架构形式。这样的组织结构形式能够大幅提升行政管理效率，减少组织结构运行的成本，还能够在服务主体和客体之间将建立起畅通的信息渠道。

第三，专业的服务团队。专业的服务团队是服务型行政管理模式的核心要素。在服务型的行政管理模式中，行政管理部门及人员是一支专业化团队，根据服务的内容的不同，对人员进行专业化的划分与分类；在服务团队中实现企业化的管理方式，通过有效的绩效考评体系对服务团队进行考核；在人才招聘的过程中引入竞争机制，注重其综合素质和专业化的技能，通过专业化的培训，建立起一系列的标准化服务流程，形成专业的服务团队[①]。

第四，高效的服务平台。高效率的服务平台是服务型的行政管理模

---

① 迟浩勇. 浅谈我国高校服务型行政管理体系的构建 [J]. 现代营销（学苑版），
2010（3）：92-93.

式的一个重要因素。高效率的服务平台包括了综合的互联网信息平台和集约化的实体服务平台。综合的互联网信息平台，是运用信息技术建立起高效的沟通渠道，能够最大限度地将服务项目和内容电子化。实现了高效的网上办事，节约了服务客体的出行成本和时间成本。而集约化的实体服务平台则从实体层面为服务客体提供了"一站式"服务。两者共同构成了高效率的服务平台。

第五，完善的监督机制。在服务型行政管理模式中，一方面，通过进一步完善行政管理部门的内部监督机制，建立起高效的绩效考评体系和激励机制，发挥监督作用；另一方面，还要建立以教师、学生和关联方等服务客体的外部监督体系，广泛的发挥出对服务客体的监督作用。两者共同促进服务主体，提升服务质量。

四、高校服务型行政管理模式的构建

（一）构建原则

1. 学术本位原则

学术本位原则是构建高校服务型行政管理模式的基础原则。大学的本质是研究学术、追求真理、创造知识、创新价值与培养人才，核心是求真育人[①]。大学的这种"学术"本质内容客观上决定了以"行政权力主导型"的高校内部管理模式不能够适应大学的发展要求。因此，高校服务型的行政管理模式的构建应当以学术事务的发展为核心。该模式体系的功能，包括其组织目标的设定、组织结构的建立、管理职能的定位以及行政管理人员队伍的配置，都应当以促进学术事务的进步和发展为主要目标和引导。在高校服务型行政管理模式的权力结构中，行政权力和学术权力之间的关系应当是协调发展、有序共生的关系。行政权力应当充分为学术权力服务并为其提供可靠支持，其作用效果应该体现在学校

---

① 顾明远.大学文化的本质是求真育人[J].教育研究，2010（1）：33-34.

教师更有成效的开展教学和学术科研活动和学校的学生更有成效的开展学习和健康成长上。

2. 因校制宜原则

因校制宜原则是高校服务型行政管理模式构建的重要原则。因校制宜的原则要求在构建服务型行政管理模式的过程中灵活多变，而不是按照固有或者既定的模式去建立一个设定的体系。一个看似合理可靠的举措可能在一个高校适用，但是在另外一所高校却并不一定适用。因为在不同的高校内，地域的差异、文化的差别以及基础条件的不同都可能成为"水土不服"的因素。况且我国的高等院校在办学规模、学校层次、学校专业性质、办学环境和发展定位等因素上有较大的差异。有的院校人数超过万人，而有的人数却只有几千人；有的是专业性大学，而有的是综合性大学；有的大学内部设有研究生院，而有的是专科层次的院校；有的院校地处政治、经济文化中心，而有的却在城镇或偏远地区等等。这些不同的因素要求在建立服务型行政管理模式时，不能"一刀切"。不能强制要求都按一模一样的标准和套路，而是要从客观实际情况出发，在充分调研和分析相关影响因素的基础上，结合服务型管理模式的要素"摸着石头过河"。

3. 服务导向原则

服务型导向原则是构建服务型行政管理模式的核心要素。高校服务型的行政管理模式是以"服务"理念为根本的结构体系。它强调高校在教学、科研、就业、后勤等方面以师生及利益关联方的需求为核心，并且以不断创新服务内容和提升服务质量为出发点和归宿点。服务导向原则就是要求整个行政管理模式从组织目标的确立到行政管理理念的形成，再从组织机构的设置到组织机构管理职能的定位，都需要以服务为内涵。以方便服务行政管理客体和实现其目标为实质，为其创造和提供一个顺畅的通道和平台，从而形成一个完整的服务体系。即组织目标的方向是服务教学、科研、就业等其他客体。行政管理理念的主要内涵要包括较强的服务意识，组织机构应当是一个服务型的组织，而行政管理职能的确定应当是为实现服务职能的权限配置的。另外，在服务型的行政管理模式下，行政管理人员是一支具有较强服务意识、责任意识和创新意识的队伍，他们是这种管理模式的重要支撑，是充分发挥组织机构服务职能的重要力量。

4. 精简高效原则

精简高效原则指的是服务型行政管理模式的组织结构形式是精简的，其功能模块是高效率的。精简高效的组织机构是充分发挥服务型行政管理工作职能的先决条件。确切地说，它是在组织设计过程中，对管理层级和管理幅度的合理定位。而管理层级和管理幅度之间呈现的是一种反比例关系，即管理幅度越宽对应的层级也就少，幅度越窄层级就越多。而对服务型的行政管理模式而言，它的组织设计加快了信息交流。提供"一站式"的标准化服务，因而它的组织结构应当是管理幅度较宽的扁平化的结构形式。另外，从行政管理组织人员配置的角度而言，精简高效原则要求这支管理队伍是职业素养较高、专业胜任能力较强的一支专业化的团队。他们在日常的管理工作中，不断的解决相关专业问题，为服务客体提供高效率的便捷服务，还要定期接受相关业务培训以提升自身业务能力。

5. 权责对称原则

权责对称原则是建设服务型行政管理模式的又一重要因素。在服务型的行政管理模式中，行政权力同其所应承担的职责是对等的。行政权力在行政职责的匹配下充分发挥了其为管理客体提供多样服务的功能。另外，权责对称原则也是建立服务型管理组织结构、发挥行政管理部门职能作用和实现相互协调的关键问题之一。行政权力是承担行政责任的重要保证，而行政责任能够规范行政权力的使用。因而权责对称原则在行政组织机构设置时，应当要确保各层级的组织机构的行政权力与责任是相对应的，有多大的行政权力就需要承担多大的行政责任，承担了多大的行政责任，就需要授予其多大的行政权力，两者之间是对应匹配关系，不可分割。一个高效、有序和规范的组织结构模式同样也要求各个职能部门的权力界限和职责范围是明确的，它能够使各部门各司其职、各尽其责，能够保障各部门在日常工作中正确的、最大限度地行使行政权力，从而达到提高管理水平的目的。

（二）构建途径

高校服务型行政管理模式是一个系统、综合的体系，它是推动高等院校内部治理结构更加完善，促进高校行政服务质量提升的一种思考路径。下面在结合服务型行政管理模式的基本特征和基础要素的基础上提出一般的构建途径：

1. 推动自主办学，构建政府、高校与社会的新型关系

扩大高校的办学自主权，构建政府、高校与社会的新型关系，是进一步深化教育领域改革的重要体现，更是建立高校服务型行政管理模式的重要基础。构建政府、高校与社会的新型关系，就是理顺长期以来政府部门同高校的体制关系，同时也是要理顺社会同高校的促进关系。政府、高校与社会新型关系如图6-1所示。

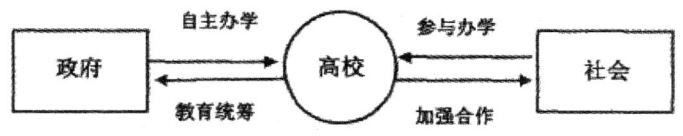

图6-1　政府、高校与社会新型关系

第一，理顺政府部门同高等院校的行政关系。长期以来，高等院校作为国家的事业单位长期扮演着小政府的角色。政府部门一直采取了传统的行政手段来管理高校，对高校内部的事务往往是"事必躬亲"，不断介入到微观事务当中。这种管理方式导致了政事不分，同时也带来了许多问题。理顺政府同高校的关系，就是要不断的加快事业单位的分类改革，不断促进公办的高等院校同其主管部门建立新型关系，不断完善

高校内部的治理结构。具体而言，就是要深入地推动管理、办学和评估三分离。加强地方政府部门的教育统筹权与高校的办学自主权，就是加强国家的教育督导权，再由独立的社会机构开展对高校内部的教育评估。即建立起一个公开透明、权责明确和统筹兼顾的教育管理体制，利用多种服务手段进一步促进高校的发展。

第二，理顺社会和高等院校的促进关系。高等院校的基本职能是服务广大的社会组织，为各个行业提供专业的人才，不断促进社会发展，而社会力量同样也是促进高校不断进步的重要力量。理顺社会与高校的关系，就是在坚持教育公益性而非营利性的基础上，充分发挥社会力量参与高校的作用，鼓励社会力量参与到高校的教育事业当中。具体而言，就是形成一种由政府部门主导、社会力量参与，办学主体和办学形式多样、机制灵活和充满活力的办学机制。其中，社会力量的参与就是不断在高校领域内引入社会资金，积极鼓励有实力、有意愿的企业等组织参与到高校办学中来。通过一些灵活的机制和因地制宜的措施，建立起一个依法办学、民主管理、有效监督和社会参与的新型关系。

2.深化服务理念，引入服务导向型的理念做管理

构建新型管理理念，加强组织的顶层设计，是构建服务型行政管理模式的灵魂，同时也是行政管理人员精神准则。它告诉了各层级的管理人员需要做什么，什么应该做，什么不该做，即一种根植于精神文化层面的引导力。服务理念是服务型行政管理模式的组织文化精髓，它是这种模式架构下组织提升行政服务质量的关键因素。服务理念作为一个广义的概念，它主要包括以下几层含义：

第一，以人为本的理念。以人为本的价值观是每一个组织生存发展的重要条件。组织的发展是依靠人员的推动，组织的进步就是人员进步。在服务型的行政管理模式中，以人为本的理念就是要求组织的人员要以教职工和学生等服务客体利益为根本，既要在相关的制度条款下做好相关的服务工作，同时在特殊的情况下又能以人为本，处理好相关事务。

这一点同传统的行政管理模式相比，服务型的行政管理组织将表现得更加人性化。在不断深化自身的服务意识过程中，积极倡导以人为本的理念，加深服务型组织在文化层面的积淀。

第二，崇尚学术的理念。高等院校的最基本的职能是通过培养人才服务社会。从另一个层面而言，对人才的培养就是培养人才对学术知识的积累。在高校服务型的组织机构内部，需要形成一种崇尚学术、服务学术、促进学术发展的良好氛围，为高校的教师开展相关的科研活动提供有价值的资源，建立起一个公平、公正和透明的平台。同时也为学生创造一个良好的学习环境和学术空间，为高校学术事业的发展奠定坚实的基础。另外，崇尚学术的理念还表现为学术权力同行政权力之间是协调的关系，行政权力应当是学术权力的可靠支持。

第三，创新发展的理念。在服务型行政管理模式中，服务理念并不是一个一成不变的指导思想，而是一个与时俱进的价值体现，它注重的是一个不断创新发展的过程。这种创新发展体现在行政管理方式的创新，行政管理组织在环境变化下的调整，以及专业化服务团队的服务模式的调整等。具体而言，随着国家的政治、经济和文化环境的变化，高校的社会服务职能的范围与内容也在不断地发生改变，原有的行政服务功能及其生态模式不能够满足其发展需要。因此就需要不断调整行政管理组织结构，变革传统的行政管理方式，重构人员队伍的服务形式，建立起一种满足发展需求的模式，逐步形成新的动态平衡。

3.完善相关制度，建立起民主的决策和监督机制

制度是推动一个组织健康、持续发展的重要保障。而在服务型行政管理模式中，服务型行政组织是在一个完善的制度体系中所构建的。民主决策机制、有效的执行机制、及时的反馈机制和完善的监督机制等制度体系是高校服务型行政管理模式的重要组成部分。同时，也是实现从传统的"政府式"管理转向新型的"服务式"管理的有力的制度保障。它们之间相互联系、相互促进，共同构成了一个较为完整的制度体系，

结构图形如图 6-2 所示。

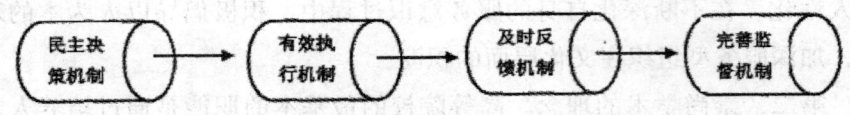

图 6-2　服务型行政管理制度体系

第一，优化民主的决策机制。作为一个民主的决策机制应当包括决策制度、决策方式、决策原则、决策主体、决策程序和决策机构等要素。深化民主决策机制就是不断完善决策机制的各要素，使其形成一个完整的体系。在针对高校内部重大事项时，要建立专家咨询制度、集体决策制度、决策评价制度和决策失误追责制度。通过建立起民主的制度形式，使得决策层做出的每个决策更加的民主、科学。在落实集体决策时，决策层应当要充分考虑并且预留一定的决策权给予广大的教职工、学生代表及社会利益关联方代表。

第二，建立有效的执行机制。决策是执行的基础，而执行却又是决策实现的关键。建立起有效的执行机制是确保政策执行的有力载体，同时也是决策目标和任务得以实现的重要保证。建立起有效的执行机制就是要如何提升执行力度，落实好决策的每一个环节，形成一套高效率、灵活的运行机制。因此，在保证了高校公益性的基础上，可以适时引入企业化的运行机制，以提升执行的效率和优化执行的效果。

第三，建立及时的反馈机制。建立起及时的反馈机制是服务型行政管理模式制度体系的重要组成部分。及时的反馈机制是加强行政管理主体同教师、学生和利益关联方等服务客体之间联系的重要渠道，更是高校教师、学生和关注高校发展或有合作关系的第三方等服务客体参与高校发展建设的重要途径。建立及时的反馈机制就是要在他们之间建立起沟通的桥梁，通过设立实体的反馈机构、反馈程序和反馈方式，建立起对服务主体的评价体系。在获取服务客体的评价信息后，积极主动的回复服务客体所关切的问题和信息，使得相关的问题得到有效解决，从而建立起高质量、高效率的回应机制。

第四，设立完善的监督机制。对权力的制约需要通过对每一项管理活动的决策权、执行权和监督权进行分离，并分属不同的个体，以实现相互的制约。在服务型行政管理模式中，完善的监督机制是实现对权力进行有效制约的制度保障。建立起完善的监督机制就是将监督权赋予行政管理客体，进一步完善教职工代表大会等制度，实现对行政管理主体的决策权和执行权的制约，有效的维护教职工、学生和关联方的切身利益。

4.重置组织架构，设立扁平化的组织结构模式

组织机构是一项管理活动的重要载体，也是实现管理目标的硬件设施。在服务型的行政管理模式中，服务型的行政组织同样也是服务行政管理客体的主要载体。而组织机构的形式决定了整个管理模式的功能的发挥，同时决定了它的管理效率，并直接关系到行政管理质量。因此，如何建立起有助于实现组织管理目标的结构形式是关键。而事实上建立起何种的组织结构的本质在于组织的管理层级和管理幅度的合理配置。一般而言，管理层级和管理幅度呈反向关系。层级越多幅度越小，层级越少幅度越大。因此，组织结构一般可以划分为多层级小幅度的高型结构和少层级大幅度扁平化结构。

受传统的政府部门管理模式的影响，高校的行政管理的组织架构同样是一个多层级窄幅度"金字塔"式组织结构。虽然在一定程度上，这种结构模式实现了严密的管理，使得组织分工更加明确。但随着时代的发展和社会环境的变更，这种组织架构也暴露出了行政管理效率低下、机构臃肿等问题。因此，需要调整原有的组织结构形式以实现管理的发展需要。而扁平化的组织结构就是一种管理层级少、管理幅度宽的一种组织结构形式。扁平化的组织结构形式实现了组织内部相似或相同的工作任务的归并，缩短了层级之间的距离，拉近了上下级之间的关系，同时还加快了层级间信息流动，有助于降低组织运营成本。另外，扁平化的组织结构的管理幅度较宽，在紧密联系了上下级关系的基础上，它还

使得下级的管理人员能够拥有更大的自主权，增加管理人员的积极性和内在的满足感，有助于提升组织管理效率和管理目标的实现。这种组织结构形式，在一定程度上符合了服务型行政管理模式中组织结构形式要求，即扁平化的结构形式是服务型行政管理模式的构成要素。

因此，对高校服务型行政管理模式组织结构的构建，就是在现行的结构形式的基础上不断的优化和调整。将现有的结构形式进一步的优化，管理层级增加管理幅度，将金字塔状的高型结构不断拓宽成扁平化的组织结构形式。

5. 创新服务渠道，建立高效的综合信息服务平台

高校服务型行政管理模式是建立在一个高效率、多层次和高度参与的一种管理形式，所以建立起一种高效、便捷的服务渠道和服务平台是实现服务型行政管理模式的重要途径。随着互联网的不断发展和普及，网络信息技术已经成为跨越空间和地域障碍，多用户在同一平台进行资源共享的重要推动力。因此，在服务型行政管理模式中，创新服务渠道就是依靠网络信息技术，对原有平台的资源不断进行整合，建立起一种多元化、高效率和参与度高的服务平台，实现虚拟和实体相统一的服务渠道。具体包括以下两个方面：

一方面，建立起综合的互联网信息服务平台。综合的互联网信息服务平台是一个开放式、多用户共同参与的一个信息服务中心，它实现了管理主体和客体之间的实时的交流，管理客体能够将需求反馈给管理主体，而行政管理主体又能在服务平台上帮助其解决相关问题。具体而言，在高校内部建立起互联网信息服务平台，就是在高校校园网的基础上，运用网络信息技术，加强网络基础设施建设。在校园网内部嵌入实时的、动态化的信息交流模块，使得行政管理部门同教师、学生和关联方等服务客体能够在短时间内实现信息的交换。在其他功能模块的辅助下，行政管理人员可以在互联网上进行办公，帮助行政管理客体解决相关问题，为管理客体提供了参与管理、提出建议、反馈需求等内容的重要渠道。

在另一个层面上，它还能降低行政管理成本和行政管理客体的一些隐性成本。

另一方面，建立起集约化的实体服务平台。创新服务渠道，除建立起综合的信息服务平台，高校内部还应当在传统的服务平台的基础上进一步进行优化，建立起更加集约型的实体服务平台。集约型的实体服务平台就对原有的行政管理部门的业务进行重组，将相近和类似的业务内容进行归并处理，将这部分业务设立在一个部门内，并将这些部门办事机构设立在较中心的办公大楼内，形成"一站式"的行政服务中心。这样集约化的服务平台，为不同的服务人群提供了更多、快捷和人性化的服务，大大降低了行政成本。

6. 变革管理队伍，建设高素质专业化的服务团队

一支高素质、专业化的人员队伍是任何一个组织发展、进步的关键力量，同时也是组织里非常重要的软实力。在高校服务型行政管理模式中，建立起一支人员结构合理、专业能力较强和综合素质突出的行政服务队伍是发挥服务型行政管理职能的重要基石。因此，在服务型行政管理模式的构建过程中，需要不断优化原有的行政管理队伍，建立起人员的引入和退出机制，加强人员的技能培训，优化人员的配置，如图6-3所示。主要包括以下几个方面：

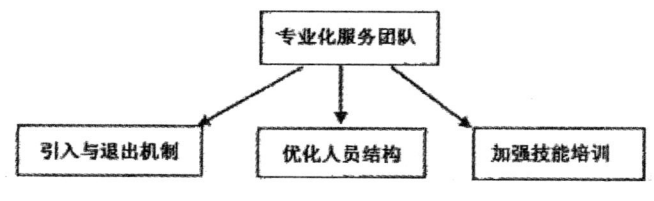

图6-3　专业化的服务团队的构建框架

第一，建立人员的引入与退出机制。人员的引入与退出机制是不断促进行政管理队伍稳定、持续和健康发展的良性机制。建立起引入与退出机制就是在人才引进时，要根据实际的岗位需求，通过向社会公开招聘，设立出多种形式的考核方式，公开、透明、民主的选拔出专业能力

优秀、综合素质较高的管理型人才。在人才退出方面，行政管理部门应当定期对各岗位的人员的专业能力和综合素质进行考核，对不能胜任岗位需求或工作态度不够认真的人员要及时进行清退。要保证行政管理队伍的专业化和服务性，杜绝行政管理人员干好干坏一个样，干多干少一个样。

第二，优化行政人员的配置。在服务型行政管理队伍中，专业化的行政管理人才是支撑服务型行政管理组织发展的中坚力量。合理的配置人员队伍关系到人才资源的合理利用。如何将合适的人才放到合适的岗位，做到物尽其用、人尽其才是人员配置的关键。因此，优化行政人员的配置，就是要在对引进人才的专业能力和综合素质进行充分的评估的基础上，根据岗位的需求、个体性格和个人意愿等因素，对具有丰富实践经验和多学科背景的人员进行多岗位交叉培养，建立起一支人员结构合理、专业能力突出的行政管理队伍。

第三，加强人员队伍的技能培训。随着社会的快速发展，各种技术不断成熟与发展，行政管理队伍需要不断地给自身"充电"。更新行政管理的理念和行政管理方式，不断促进组织的发展以适应日益增长的管理需求。作为一个学习型组织，行政管理组织需要定期、有计划给各岗位人员进行专业化培训，不断开阔管理人员眼界，增强行政服务意识，提升岗位服务能力。相关的培训内容包括高校相关的法律法规、职业道德、先进的管理理论、实用的工作方法与技能等内容。

7. 优化考核机制，形成"4E"合一的绩效考核体系

高校内部的绩效考核机制是高校制度建设的重要组成部分，同时也是促进高校组织机构良性发展的保障。另外，绩效考核作为人员激励的重要手段，是加强高校行政管理人员队伍建设的基础。确切地说，绩效考核作用在于实现管理目标，发现管理问题，促进组织发展，发挥激励效应，合理分配劳动报酬等。

目前，高校内部普遍建立起了相关的绩效考核制度，在一定程度上

促进行政管理队伍的发展，为高校健康、持续的发展做出了重要贡献。但是，部分高校现有的绩效考核机制同样也存在一些问题。例如，传统的绩效考核的方式比较单一和落后，考核过程中缺乏定量的考核内容，考核容易流于形式，没有较好的发挥绩效考核的激励和导向作用。在高校服务型行政管理模式中，绩效考核机制是促进行政管理部门发挥服务职能的重要工具，需从效率（Efficiency）、效果（Effectiveness）、经济（Economic）、公平（Equity）四个方向建立起考核标准，即"4E"相结合的考核体系，如图6-4所示。

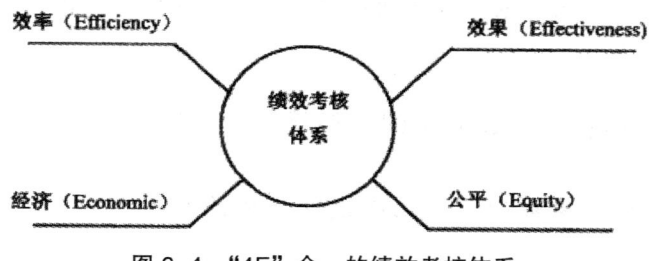

图6-4　"4E"合一的绩效考核体系

效率指标要求在指标体系建立的过程中，要注重考核的效率，要建立起客观、有效、多元的考核方法。在考核中重视效率的提升，在考核当中能有效地运用考核工具完成考核任务，达到考核的目的。

效果指标取向要求绩效考核的结果是客观、具有参考价值的。通过定性和定量的方式实现一个较为准确的衡量。

经济指标指的是在绩效考核的过程中，在人力、物力和财力的投入一定时能够获得最大的效益；或者在获取一定的考核结果时，尽量减少人力、物力和财力的投入。

公平指标的内容要求在绩效考核的过程中，要根据不同的考核的对象和内容设立合理的考核方法和程序。要实现对人员队伍的激励效果，考核结果能够公平、公正反映出管理人员的实际工作情况和多维度的能力状况。

因此，"4E"合一的绩效考核体系是一个综合、丰富和客观的考评机制，它将进一步完善高校服务型行政管理模式构建，有助于高校行政管理队伍的发展。

第三节　高校行政管理队伍创新建设

高校行政的队伍依据其字面意思来看，是在高等院校内部进行行政工作的工作人员。

一、高校行政管理队伍建设现状

（一）当前高校行政队伍建设取得的进展

经过不断的努力发展，我国高校行政管理队伍取得了很大的进步，可从以下几方面归纳：

第一，经过认真学习发达国家的行政管理经验，许多高校对人才招聘、人才管理的制度进行了适应性改革，使得发展更灵活，更科学。

第二，因为专业化的要求，对高校行政人员的基本知识能力有了更高的要求。不仅要求他们随时学习新知识，与经验联系起来，灵活处理日常事务，而且更多鼓励员工进行各类资格认证的考试，提高其相关知识素养。

第三，加强专业化建设的同时，要加大行政人员职业道德的培养。不仅以提升专业知识为基础，更以职业道德意识建设为服务导向。增强行政管理者的服务意识，端正他们的岗位态度，积极关注调整他们的心态，增强团队建设的人文精神。

第四，经过改革，现阶段行政人员的工资水平还是平均低于教师员工。但是较之以前也有了很大的提高，而且很多高校采用额外福利的形式稳住人心，留住人才的策略也使得行政团队的建设更加成功。

第五，因为当代社会对人本思想的重视，所以行政人员的职业生涯规划也被提上了日程。在以个人发展为基础的前提下，围绕学校发展为目的的要求中，学校与个体可以共同商议自己的生涯规划，以共同利益为决定因素，实现个体与学校的共同进步。除此之外，学校也会像对待教职员工一样给予行政人员学习发展的计划，培育他们成为更高层次的行政管理人员。

第六，行政团队的组织结构进行了部分改革，将以前的部门删减重组，使得部门工作清晰明确化，减少推诿事件的出现。

（二）当前高校行政队伍建设的不足

我国高校行政管理队伍的专业知识占比失调。少数人员学历层次较低，管理效率低下等问题导致了我国高校行政队伍的专业性不强。

第一，专业知识占比失调。一个良好的知识结构能够实现自身和团体的健康发展，反之则会产生阻碍作用。高校管理团队的专业化对文化背景和学术视野有着较高的要求，需要行政人员精通相关理论和实际应用，提升其高校行政专业素质，以实现行政队伍的专业化建设。

第二，行政人员学历层次较低，缺乏相关的专业训练。如果低学历的行政人员管理高学历的教师，不仅会降低管理的科学化，还会让高学历教师产生负面情绪，直接影响高等院校的教学质量。因此，制约我国高校行政队伍专业化建设的一个难题是行政人员学历层次不高。提高高校行政队伍的学历水平迫在眉睫。

第三，行政管理效率较低。提高行政管理效率的一个重要途径是建立专业化的高校行政管理队伍。但是，目前国内高校行政队伍中普遍缺乏先进的行政管理理念和高等教育意识，导致行政管理效率较低，阻碍了队伍的专业化。因此，应当加大现代高等教育意识的普及力度，加大先进行政管理理念的学习。

二、高校行政管理队伍创新建设的途径与方法

（一）学校行政部门设置

可以设多个分部，分别为统筹学校发展、纵观全局状况、促进各机构发挥效能、协调全校内外发展、涵盖各类管理人才的校长办公室；负责合理配置使用人力资源规划人事工作的人事处；负责规划学校政策、章程等长期发展的发展规划处；与学生教师密切相关、负责教学正常运行的教务处；主管学生日常的学生工作处；全面管理学校财务状况的财务处；管理学校科研基金、教学活动经费、学校实验室仪器设备的实践科；保障教学正常进行、师生生活舒适的后勤管理处；维护校园安全的保卫处；最后是与纪委合署办公的监察室。

（二）重精简，加快行政队伍职业化转型

笔者在对学院行政机构进行详细分析对比时发现，有些部门的划分过于精细，并没有用职业化、专业性的能力去处理教师学生事务，这样就消耗了大量的人力物力，而且容易重复工作。如果能将这些细碎的部门合并为一体，不仅人才的利用率能得以提高，而且还省去了教师学生的时间精力，使得行政工作的办事效率得以提高。

1.设置合理岗位

高校行政机构的设置要有明确的指向，就是要以增强工作水平、提高工作效率、提升学校运转效能为指向，目的在于打造一支精干、高效和优化的职业化行政队伍。在人员岗位数确定的前提下，重新调整和设置机构，避免机构的分散和过于精细化，定编定岗，把具有务实工作作风和严谨工作态度，并且在专业、能力或技能条件方面符合岗位要求的教师选拔和聘任出来。

2.设置岗位晋升制度

加快行政队伍职业化转型要给行政人员建立合理通畅的岗位晋升制

度。这样有利于调动行政岗位工作人员的积极性，保证在人员减少、岗位合并后，战斗力不减。一是要合理设置领导职务岗位，把德才兼备的优秀人才提拔到领导岗位上来。二是要科学设置职员岗位职级，让每个人都能找到自己的位置，有归属感。三是要考虑设置"双肩挑"岗位。

（三）双管齐下，专业素养与职业道德培育相结合

高校行政工作者承担着管理与服务双重工作，所以首先要具备一定的专业素养。只有基础的专业素养做铺垫，行政人员才会高效清楚地展开工作。在建立专业素养阶段，要从以下几个方面入手，以完善自己的专业涵养。

1.具备其相关基础知识能力

在专业化建立初期阶段，很多行政人员存在专业不对口、知识欠缺、"双肩挑"等多种现象。我们对于这些已经在岗，有了很多工作经验的行政人员实行培训，对他们进行相关知识的讲授与考核，让他们完善其知识体系，并且与现成经验进行结合学习体验。一旦工作顺利进行，一定会对行政工作的高效进行有着重大的改革意义。而重新招聘人员必须具备相关资格证书，杜绝不学无术者无证上岗，保障我们行政团队人员的专业化。

2.创建学习型高校管理团队

随着时代变迁、科技进步，高校行政管理的发展也在日新月异地发生着改变，所以我们也要紧跟着时代的步伐，建立学习型团队。每周展开学习工作汇报讨论，督促团队中的每一个人积极学习新知识，更新头脑新知识，灵活思维，拓宽认知，更高效地做好本职工作。

在拥有良好的专业素养前提下，我们就必须通过对工作的制度化、规范性建设进行一定的严格要求。将管理与服务融为一体，用有效的制度建设使学校的管理有序发展下去，凝聚团队人心，稳定学校良好发展的步伐。

（四）着眼长远，制定长期职业发展规划

因为我国对行政人员发展空间的关注较少，所以当前大多高校都没有建立一个完善的行政人员的长期的职业规划。这不仅使学校在行政人员有所遗憾，还使得行政人员对自己的职业生涯不具备明确性。会经常出现陷入职业倦怠、矛盾与困惑的状态中。所以建立一个长期运转的行政人员职业规划就是非常重要且必要的。只有这样才能留得住人才，才能形成一个完整、坚不可摧的行政团队。

（五）制度创新，营造管理队伍专业化发展的新生态

从职业化晋升到专业化的步伐是需要一定的改革创新的。那么制度创新的作用肯定是第一位的，我们可以从以下几个方面对制度进行创新，使我们的行政队伍注入新鲜的活力，展现专业化发展的新面貌。

1.人才招聘制度创新

现在的招聘制度大多以学历为门槛，进入初试的应聘者与面试官夸夸其谈。他们或许早已熟知招聘者的意图，按照招聘者的目的回答问题，这样得以进入学校的人又怎么会有真才实学。而且就算大量知识储备良好的人员进入岗位，我们又怎么知道他会适应工作并做好该工作。所以招聘制度改革刻不容缓。我们不仅要考核应聘者的基础知识能力，还应加大对其社会能力的考核，以判断出其是否能很好地胜任该工作。

2.人才考核制度创新

在将真正的行政人才纳入我们的行政团队后，就要开始建立以岗位职责为基础、以品德能力为导向的考核机制。杜绝仅以工作绩效能力来考核目标的考核手段。全面分析考核行政人员，并将综合考核结果当作是否续聘、晋升的依据。

3.薪金管理制度创新

现在的工资体系与大多高校保持一致的模式，无须再多加改变，可

以进行小部分的内部调整。例如根据马斯洛的需要层次论，在满足员工基本诉求的基础上，可将部分福利待遇换成精神体验，让团队的人文环境更舒适化。

4.人才管理制度改革

这一部分的改革是重中之重，关系到我们的团队是否可以真心纳入新进人员，是否可以正确调动每一个员工的积极性，是否可以管理好整个团队。例如我们后期如何培育这部分人，如何对其职业规划做出发展性参考，这就需要领导者在管理方面做好准备，将人才留住，真心为整个组织做贡献，实现人生价值。

第四节　高校行政管理的信息化发展

一、高校行政管理信息化体系的架构

（一）网络平台

网络平台是信息技术建设环境中计算机、应用软件和电子通信体系等结构的总和。网络平台是一个开放的体系，它随着信息技术和信息理念的发展和变化而不断地变化和升级。网络平台又是一个规范的体系，它是在共同的数字化标准（指信息技术所运用的各项技术都应该具有一个统一的标准）、信息化的程序标准（在信息技术建设过程中所运用的各种程序都应该具有一个统一的运行平台，所输出的各种数据同样应是标准化的格式）和信息资源的共享标准（信息技术的配置是建立在共享的基础之上的，要保证全面的兼容与规范化，决不能自我封闭）上运行的。因此不同时期、不同学校的网络平台并不完全相同。

（二）管理平台

管理平台是信息技术建设环境中的观念体系、协调组织、管理方法和管理程序等要素的总和。管理平台首先包括"硬平台"，即构建用于管理信息技术应用各项活动的管理信息系统，这是管理平台的基础。主要包括教学管理系统（本科教育、研究生教育、网络教育等）、学生管理系统（招生、就业、学生工作等）、人事管理系统（人才引进、教师培训、工资管理、人事档案等）、科研管理系统（纵向课题、横向课题）、财务管理系统、公共服务体系管理系统（网络信息服务、图书档案信息服务等）、后勤管理系统（教室、宿舍、餐饮等服务）以及资产管理系统（房产、地产、设备仪器、无形资产）等。管理平台还包括"软平台"，也就是信息技术应用下的管理思想、理念和各种管理制度。只有将"软平台"和"硬平台"的建设结合起来，才能发挥其作用。

（三）资源平台

资源平台是信息技术应用环境中数字化的各种资源的总和，其核心是各种数据库。学校的信息库一般有学生信息库、教学信息库、专利信息库等。

二、电子校务在高校行政管理信息化发展中的创新应用

（一）电子校务概述

将信息技术与高校行政管理进行融合，利用网络通信与计算机等现代信息技术将其内部和外部的管理和服务职能进行紧密集成，学校可以实现机构精简、工作流程优化、资源整合。通过学校网站，大量频繁的行政管理和日常事务管理可以按照设定的程序在网上实施。从而打破时间、空间及部门分割的制约，全方位地为学校及师生个人提供一体化的规范、高效、优质、透明的管理和服务。借用"电子政务"的概念，信息技术应用于高等院校教育管理的手段便可称为"电子校务"，简单地

说信息技术的应用就是指一个信息化、数字化、智能化有机结合的新型学校行政管理的网络平台。电子校务应用现代化的电子信息技术和管理理论，对传统校务进行持续不断的革新和改善，以实现高效率的大学管理和服务。

电子校务利用了信息技术的主要功能，主要如下：

（1）展示。展示就是提供高校综合信息，以企业网页的方式，在网上发布学校科研、教学、组织机构等相关信息。包括在网上做招生广告、科研征题、技术转让等。通过展示，可以树立学校的形象，扩大学校的知名度，宣传学校的科研和教学，以期寻找吸纳新的生源和教学、科研伙伴。

（2）发布。所谓发布就是要在网络上传达学校的各种通知、计划、政策和各种动态信息，以保证上情下达。

（3）服务。信息技术的应用要实现通过网络提供与教学、科研活动有关的信息。比如，图书借阅、教学计划、教学安排、学生成绩、教师状况及各种数据和报表。

（4）教育。网上教育是高校教育的第二课堂，信息技术的应用要通过网络面向校内外学生开展可视教学，进行辅修专业和重修课程的教学及有关课程的补充教学。还要通过远程网络教育使学生进入社会及其他高校的课堂，实现师资共享。

（5）交流。所谓交流就是实现各种网上沟通，包括上级与下级之间，教师之间、学生之间、师生之间，学校与政府机关、学校与校外个体和群体之间的信息交流等。利用网络，学校行政管理可以更好地实现其功能，达成其目标。

电子校务是电子政务在学校的具体化，两者有相同点，也有不同之处。

第一，信息技术在高校应用的网络平台是校园网，而校园网的数据传输速度高、信息提供针对性强、媒体的多样性等特点决定了高校电子校务系统是一个极具效率的网络平台。

第二，高校利用信息技术的服务对象明确、业务规整，不像政府的电子政务服务对象那样复杂多样。

第三，高校利用信息技术所处理的业务相比于政府电子政务系统，具有单一性与集中性的特点。也就是说，高校可以利用信息技术的功能，采取更加有效的方式处理学校事务。即内部可以采取比 C/S 模式更加有效的方法对学校事务进行集中处理。①

第四，高校利用信息技术具有更高的安全性。一方面，在校园网上可以实施更高级别的安全性策略；另一方面，高校信息技术的集中式处理模式具有较高的安全性。

第五，高校信息对于其建立者和消费者来说相对对称。这一特性决定了高校信息技术的建立可以由高校相关部门和消费者共同来建设。实际上，高校行政管理层既是电子信息技术的建设者，也是消费者，其双重身份决定了高校电子信息技术的建设及其功能的明确性。

（二）电子校务对促进高校行政管理发展的重要性分析

1. 高校行政部门纵向分权的协同管理

协同管理的本质就是将各方面的智慧集中起来，通过对各方面资源的整合，将各方面的力量充分地发挥出来，最终形成一股合力，使学校在内部管理和对外服务上充分发挥学校行政组织中全体成员的作用，而不是单纯地只将上层领导的作用发挥出来。电子校务具备非常明显的分权特征，不仅可以将全体成员的作用最大限度地发挥出来，而且在此基础上赋予下属更多决策方面的权力。在一定程度上能够将他们的积极性、主动性和创造性激发出来。与此同时，在电子网络化模式的组织下，如果每位组织成员的知识和潜能被最大限度地挖掘出来，整个组织的集体智慧就会获得显著增强，从而更加有利于高校行政部门实现纵向分权的

---

① 靳海亮，高井祥. 加快高校电子政务建设的思考 [J]. 煤炭高等教育，2006（2）：110-112.

协同管理。

2.高校行政部门横向整合的管理

电子校务的协同管理的模式在一定程度上以业务流程为中心，并且在此基础上实现对业务流程的重新组合，以此来发挥电子校务的巨大作用。因此各部门之间障碍的扫除对于工作效率的显著提高具有非常重要的作用。一方面，电子校务能够在最短的时间内通过各部门之间的全面调整实现重新组合，并且能够在现有行政部门边界保持不变的情况下加强各部门之间的密切合作，以此来实现资源的有效共享。另一方面，电子校务以现代先进的信息技术为依托，并在高校机构改革的严格要求下，通过对内部不同机构的重新组合，使其形成一个全新的、统一的机构。各部门通过不同强度的管理来加强组织之间的联系，在很大程度上促进了相关行政部门朝着无缝隙运行的方式发展，从而为高校提供良好的无缝隙化服务。

（三）电子校务对高校行政管理业务流程的科学优化

高校行政管理服务流程的优化在一定程度上依赖于电子校务灵活性的显著增强与提高。一方面，利用电子政务系统，通过对各项业务流程的梳理，能够及时地发现潜藏在行政管理中的各种问题，从而对流程进行一定的变革，实现对流程的持续优化。另一方面，要建立标准化的操作流程，以标准化为主要纽带，实现管理信息的共享和业务流程的规范，最终促进业务流程的持续化改进，极大地促进电子校务在高校行政管理中的科学应用。

电子校务是在互联网网络技术和现代化教育发展过程中逐渐兴起的一门新型的管理模式。它在高校行政管理的协调发展上对于行政管理部门工作模式的转变、办公效率的显著提高以及监督功能的有效发挥等方面发挥着至关重要的作用。

三、高校行政管理信息化的意义

（一）优化高校行政管理决策

决策是否科学合理，对于高等院校的发展至关重要。历史上，不当决策一方面是来自利益的狭隘性，另一方面则是因为决策手段、程序、方法不够科学与高效。信息技术的引入为高校行政决策的科学化带来了可能。信息技术可以推动决策流程的再造与创新，为决策信息、决策咨询、决策参与提供巨大可能。信息技术的发展正逐步实现在适当的时候、把适当的信息提供给适当的管理者，这样就改善了决策者的有限理性行政决策的范围，有助于建立适当的行政决策控制幅度。信息技术的实现，使得高校政策的决策者可以在广泛了解决策所需信息的前提下进行决策，避免了靠经验决策和决策信息不完备导致的盲目现象。例如，对于学校人才培养的模式如何定位，如果采取传统的信息采集，费时费力，资料不全；而利用信息技术，广大用人单位、学生家长、学生本人都可以充分表达自己的意见，学校便可以获得充分的信息。

（二）提高高校行政组织的组织绩效

首先，信息技术的引入可以有效减少管理队伍，减少高校内设部门的数量。高等学校传统的行政组织形式，是金字塔的科层组织体系。这种行政组织结构的形成与发展，有其长期的历史原因。它需要大量人力来完成很多相对繁杂的工作。而通过推进电子校务，引入先进的信息技术和构建高效的网络平台，原有的一个部门、一个行政工作人员可以做两个部门和两个工作人员的工作或者更多的工作。

其次，信息技术有助于形成"扁平化"的管理。尤为重要的是，高等学校师生可平等享受学校内部信息，许多问题在较低层级就能够得到解决。以上传下达为主要工作内容的中间行政管理机构就可以大大精简，因信息传递不及时或传递失误造成的信息损失可以大大减少，行政运行成本可以大大降低，臃肿的行政组织结构可以变得扁平化、有机化和弹性化。电子校务采用人机结合方式搭建基本工作平台，打破了传统教育政务的集中管理、分层结构，改善其机构重叠臃肿、日常教育行政事务处理速度缓慢的问题，实现学校管理从金字塔式向扁平化结构发展，提高了教育系统内部各个部门及上下级之间的沟通速度、沟通程度以及教育行政部门的运行效率。

（三）增强高校行政体系的反应力与回应力

信息技术的应用即将削弱以至取消决策者与执行者之间的严格分界。在马克斯·韦伯（Max Weber）所设计的科层制中，组织内部层层授权，下级对上级严格负责。只有处在金字塔顶端的人才能掌握足够的信息而做出熟悉情况的决定。在传统体制下，只有处于金字塔顶端的领导层，才能够掌握足够的信息而做出相对正确的决策。在这种情况下，高等学校行政管理过程是不透明的，行政民主化程度是不高的。电子校务提供了交流平台，学校有专门的局域网，能够方便教师与教师、教师与领导、教师与学生之间的沟通。通过这个平台，师生可以直接与领导层对话，把对学校工作的感想和建议及时反馈上去，使领导层能及时了解学校目前的实际状况，以全面促进学校的快速发展，增进领导层与师生之间的理解。学校可以通过网络发布学校的科研、教学、组织机构等相关信息，包括在网上做招生广告、科研征题、技术转让等，可以树立学校的形象，扩大学校的知名度，宣传学校的科研和教学，有助于寻找、吸纳新的生源和教学、科研伙伴。

另外，学校还可以通过电子方式传达各种通知、计划、政策和动态信息，使教职员工和学生能及时地获取有效信息。通过推进电子校务，高等学校行政机构可以在校园网平台上发布大量公共决策信息、校纪校规、行政决议、重大事项和最新行政动向。最大限度地满足师生员工的知情权、参与权和监督权，从而集思广益，促进决策科学化，增强高校行政体系的反应力与回应力。

（四）加强高校行政组织的廉政建设

信息技术的应用为高校行政组织的廉政建设提供了新思路、新方式和新途径。一方面，由于高校行政管理信息化建设后，信息的公开性、信息资源的共享性、信息沟通的便利性都有益于高校管理者转变工作作风。另一方面，由于校务的公开，增加了高校行政管理行为的透明度。通过电子校务，师生能直接了解高校在做什么、如何做。有利于加强对高校行为监督。也使学校通过网络广纳贤言，迅速了解学校的发展动态。

（五）改进高校行政人员的观念与素质

信息技术的应用借助于互联网、外网、内网，打破了时空限制。高校行政人员可以看到、听到、接触到以前无法感知的事物，实现高效信息沟通和海量信息处理，可以完成以前仅靠个人能力无法完成的工作。

1.观念的更新和视野的拓宽

高校行政人员要适应信息时代的要求，就必须更新传统观念，树立效率观念、创新观念、服务观念、竞争观念、民主观念、法治观念等现代化观念。信息技术的开发可使行政人员及时获得大量信息。互联网提供了获取信息的极大便利，有助于他们逻辑、辩证和系统地思考问题，提高分析、判断和解决问题的能力。

2.鞭策高校行政人员的全面进步

信息技术的应用既对高校行政人员的知识和技能提出了更高的要求，又节约了他们的精力与时间。前者成为高校行政人员不断学习与培训的直接动力，后者则为学习与培训提供了可能与机会。此外，信息技术的应用带来的教育方式的更新（如网络学校）为行政人员学习现代化的管理知识，掌握与运用现代化的行政管理技术和工具提供了极大的便利。

（六）提高管理人员的工作效率和质量

校园一卡通系统是建立在校园网上的多种金融系统和管理信息系统

的综合系统。校园一卡通的实施不仅提高了学生的生活和学习效率，而且学校也受益匪浅。一卡通的统一认证和模块设计使系统维护工作变得轻松简单，解决了高校管理系统工作量大、管理和数据统计不方便等问题；提高了管理系统人员的工作效率和工作质量。如学生管理信息系统，可以提供信息资源的查询、下载、网上选课、成绩实时查询、课程目录等教学信息的查询、学科专业培养方案查询等。通过 E-mail 可以向学校反映工作、学习、生活中遇到的问题与困难。对内，信息及时互通，资源及时共享，提高工作效率和管理效能，减轻管理人员体力劳动，集中更多精力从事具体创新性的研究和实践工作；对外，系统数据库与招生办、学位办数据库可对接，学生与教师、社会与学校之间联络方便，便于及时交流。

四、高校行政管理信息化发展的策略

（一）提高思想认识，不断提高信息技术的利用率

计算机应用软件、网络平台是一种管理思想和管理方式的载体。利用信息技术来创新和规范学校管理方式，不能被看作是单纯的技术问题。首先，我们应当转变观念，将管理与技术联系起来，使日积月累的、成功的管理思想和管理方式凝聚在管理应用系统之中，这个系统实际上也就是管理思想和管理方式的结晶。任何一个应用软件或者网络平台，都绝不是现有工作程序的简单复制。在信息技术的应用过程中，首先应当提高思想认识，将科学、合理的管理行为和程序固化到信息技术中，根据新形势和新要求不断进行技术改进和创新。

信息化的办公系统对一部分领导和机关工作人员来说，是一个全新的事物。他们可能更习惯于原有的人工传送信息方式，有的甚至会对信息技术产生抵触情绪。要使大家能够适应新型的办公方式，需要一个较长的过程。这就需要高校领导层积极地宣传与动员，有必要根据不同的要求，对全校的行政管理人员进行培训，使行政管理人员都能掌握操作

方法以适应现代化管理手段，从而提高信息技术的利用率。

（二）因地制宜，从成本与效益的角度出发，进行整体规划

高等教育走向信息化、现代化是历史的必然。网络信息化已成为高校自身发展尤其是行政管理的必然需要，信息技术在全校的实施是一项非常复杂的过程，涉及面广，信息量多，工作难度大。不但涉及管理体制、机构设置和管理方法等方面的变动，还需要考虑报表格式、数据分类及编码统一等问题，这些都是涉及学校全局的问题，只靠几个管理人员或专业人员是难以解决的。在人力、财力、设备及场地的调配上，需要领导亲自进行协调，出面解决各部门之间的关系。所以，要由学校主要领导亲自参加，坚持集中控制，集中开发。如果没有学校领导的参与，无论是在系统规划的制定，还是实际执行的过程中都会遇到许多不可克服的困难。

从成本与效益的角度来看，行政管理系统可以分解为一系列相互关联的子系统。如果一所学校内各个子系统都各自为政地任意开发，各自有自己的程序和数据，项目之间各搞各的，不但会造成工作相互重复，还会造成技术成本浪费与效益低下。学校的行政管理信息化建设的发展规划应当成为学校教育发展总体规划的一个组成部分，要遵循"统一规划、分期建设、逐步实施"的原则，从学校的实际情况出发，决定应用需求及分期目标，确定和实施具有自己特色的信息化建设方案。

（三）协调管理并加强行政管理人员的培训

为了使行政管理跟上形势的变化，要加强行政管理工作人员的技术再培训。要让他们掌握技术，尤其培养一种信息管理的意识，让他们从不愿、不习惯到觉得方便好用，最后主动适应信息技术的发展并将信息技术用于行政管理中。

笔者认为，电子校务不仅必须由学校的"一把手"直接领导，学校还要成立专门的电子校务工作小组，建立一支具有较高信息化素养、技

术水平高、协调能力和服务能力强的行政管理队伍。以建立健全电子校务通畅运行的管理制度，如日常管理制度、安全制度等，促进电子校务管理的规范化、科学化。切实做到规范管理、协调管理，保证电子校务有序、健康发展。在电子校务建设的过程中，教育和培训是不可缺少的。首先，应对高层领导进行培训，使他们真正了解什么是电子校务、能发挥什么作用、会遇到什么风险、如何管理等。这样他们才能做出正确的成本估算，保证资金投入，监督实施计划的进行，协调各部门的矛盾，推进项目的发展。其次，学校应对全校的机关工作人员进行培训，特别是一些关键岗位。例如，办公室主任、各业务模块管理员等。必要时，可采取特殊优惠政策，积极吸引、招揽信息化人才，并增强他们利用信息技术的信心，发挥他们的积极性，为师生提供方便快捷的信息技术服务，发挥电子校务的最大社会效益。

（四）加大制度建设，为信息技术的利用提供强有力的支撑

随着信息技术在高校行政管理各个方面的不断普及和应用，各种相关的规章制度也需要加以建立和完善，以保证信息技术实施的目的顺利实现。所以，工作人员必须接受和使用信息技术，而且在使用的过程中必须坚持制度管理，制定有关的使用、授权、录入、保密等制度。例如可制定《关于基于网络的电子文件处理规定的实施办法》《关于取消纸质信息、部分纸质文件和文件归档的实施办法》等。

高校行政管理信息化重在建设，贵在应用。应当转变观念、营造环境。信息化建设并非少数管理人员之事，要靠全体教师和学生的关心和参与。由于大多数基本信息的传递需要管理人员的参与，因此，高校行政管理人员应当转变观念，改变传统的处理、传递信息的方式与习惯，树立起现代网络意识，努力提高个人素质。总之，高校在行政管理信息化建设的过程中要有意识地营造一个人人会用、乐于用现代信息技术进行管理和学习的大环境。

参考文献

[1] 吕村，谭笑风. 高校教育管理与教学研究 [M]. 长春：吉林文史出版社，2021.

[2] 丁兵. 当代高校教育管理研究 [M]. 西安：西北工业大学出版社，2019.

[3] 胡凌霞. 高校教育管理理念与思维创新 [M]. 长春：吉林大学出版社，2020.

[4] 汪文娟，何龙，杨锐. 高校教育管理创新研究 [M]. 北京：北京工业大学出版社，2018.

[5] 卢保娣. 大数据时代高校教育管理及其信息化建设 [M]. 长春：吉林大学出版社，2021.

[6] 洪剑锋，屈先蓉，杨芳. 互联网时代下高校教育管理与评价创新 [M]. 延吉：延边大学出版社，2021.

[7] 关洪海. 高校教育管理与创新实践研析 [M]. 北京：冶金工业出版社，2019.

[8] 陈晔. 新时期高校教育管理实践研究 [M]. 北京：现代出版社，2019.

[9] 王荔雯. 移动互联网时代高校教育管理模式改革与实践研究 [M]. 北京：中国原子能出版社，2019.

[10] 林榕. 大数据背景下高校教育管理信息化发展与创新研究 [M]. 长春：吉林大学出版社，2019.

[11] 田晓勇. 地方高校教育管理理论与实践：以宁夏师范学院为例 [M]. 银川：阳光出版社，2013.

[12] 刘思延. 高校教育教学管理实践与创新发展 [M]. 哈尔滨：哈尔滨出版社，2021.

[13] 姚丹，孙洪波．高校教育信息化管理与学生管理工作 [M]．北京：中国纺织出版社，2021．

[14] 王炳堃．高校大学生管理教育与校园文化建设 [M]．长春：吉林出版集团，2021．

[15] 郭晓雯．高校教育教学管理创新发展研究 [M]．北京：北京工业大学出版社，2019．

[16] 刘萍萍，何莹．现代高校教育教学管理现状与创新发展 [M]．北京：中国原子能出版社，2021．

[17] 梁丽肖．教育信息化背景下高校管理机制探究 [M]．长春：吉林人民出版社，2021．

[18] 张家莉．法治理念下的高校学生教育管理创新 [M]．北京：九州出版社，2018．

[19] 宋丽萍．新媒体环境下高校学生教育管理工作创新研究 [M]．长春：吉林大学出版社，2020．

[20] 林群，赵为．高校学生教育管理研究 [M]．沈阳：辽宁大学出版社，2007．

[21] 卢新吾．当代高校教育教学管理科学研究 [M]．长春：吉林大学出版社，2010．

[22] 杨潇．高校学生管理工作与法治化研究 [M]．北京：北京工业大学出版社，2021．

[23] 蔡熙文．高校学生管理与实践创新研究 [M]．北京：北京工业大学出版社，2020．

[24] 岳若惠．现代教育理念下的高校教育教学管理 [M]．杨凌：西北农林科技大学出版社，2013．

[25] 莫春梅．服务与发展理念下的高校学生管理研究 [M]．北京：中国原子能出版社，2019．

[26] 李玲．高校学生管理工作创新研究 [M]．长春：吉林人民出版社，2020．

[27] 王新峰，盛馨．信息化思维下的高校学生管理 [M]. 长春：吉林文史出版社，2016.

[28] 李雪征．高校课程建设与改革发展路径研究 [M]. 长春：吉林科学技术出版社，2020.

[29] 张卫涛．现代化背景下高校课程建设研究 [M]. 长春：吉林人民出版社，2021.

[30] 钟惠英．高校教师柔性管理研究 [M]. 长沙：湖南师范大学出版社，2004.

[31] 齐书宇．新时代高校教师管理问题研究 [M]. 北京：知识产权出版社，2022.

[32] 王昭静．公共治理视域下的高校教育管理改革路径研究 [J]. 吉林省教育学院学报，2022，38（8）：25-28.

[33] 何忠祥．新媒体背景下高校教育管理工作创新路径探究 [J]. 中国多媒体与网络教学学报（中旬刊），2022（8）：17-21.

[34] 化开斌．大数据时代的高校学生教育管理模式转变与应对策略 [J]. 山西财经大学学报，2022，44（S1）：84-86.

[35] 吕作为．大数据环境下高校教育管理信息化发展之路 [J]. 齐鲁师范学院学报，2022，37（2）：26-31.

[36] 韩志强．基于"互联网 +"的高校教育管理模式创新与启示 [J]. 中国管理信息化，2022，25（4）：199-201.

[37] 杨春林．高校教师管理和师资队伍建设现状及发展对策 [J]. 湖北开放职业学院学报，2022，35（2）：19-20.

[38] 何琳．高校教师管理的激励理论研究 [J]. 江苏科技信息，2019，36（32）：35-37.

[39] 苏改芸．人本管理下的高校教育管理路径探究 [J]. 公关世界，2022（18）：73-75.

[40] 冯盛彬．以人为本理念在高校教育管理中深入渗透思考 [J]. 湖北开放职业学院学报，2022，35（17）：53-55.

[41] 党冬丽，陈立鹏.论人本主义理念下高校教师管理机制 [J]. 中国成人教育，2014（18）：34-36.

[42] 方敏，刘翠.互联网背景下高校教学管理模式改革研究 [J]. 吉林省教育学院学报，2022，38（9）：85-88.

[43] 黄敏，李震.基于应用型人才培养的高校教学管理创新策略 [J]. 吉林农业科技学院学报，2021，30（6）：74-77.

[44] 张绍芳.基于 OBE 理念的高校学生教育管理工作改进研究 [J]. 教育理论与实践，2022，42（9）：19-21.

[45] 李康乐，张玉芬，张瑞雪.区块链技术在高校教学管理中的应用 [J]. 电子技术与软件工程，2021（24）：170-173.

[46] 陈舒英.五大发展新理念视角下高校教育管理改革创新路径分析 [J]. 吉林农业科技学院学报，2022，31（3）：32-35.

[47] 王岩，黄睿彦，刘莹，等.大数据时代高校教学管理信息化建设 [J]. 山西财经大学学报，2021，43（S2）：99-102.

[48] 张栋.高校课程管理：内容·主体·路径 [J]. 四川文理学院学报，2022，32（5）：154-160.

[49] 张晓蕊.我国高校课程管理现状与对策 [J]. 东北师大学报（哲学社会科学版），2013（2）：164-167.

[50] 钟丽萍，罗婷.完全学分制下高校课程管理问题及对策 [J]. 高教发展与评估，2007（3）：108-112.

[51] 赵蕾.立德树人理念下高校学生管理工作研究 [D]. 大庆：东北石油大学，2014.

[52] 周扬凯.以人为本的高校学生管理工作研究 [D]. 太原：中北大学，2014.

[53] 张冠鹏.高校学生管理制度研究 [D]. 长春：东北师范大学，2013.

[54] 朱建良.信息化背景下高校学生管理创新研究 [D]. 宁波：宁波大学，2013.

[55] 刘安然.高校教师管理中的声誉激励问题研究 [D]. 西安：西北大学，

2019.

[56] 高华平 . 高校教师精细化管理研究 [D]. 曲阜：曲阜师范大学，2015.

[57] 潘露 . MOOC 对高校教学管理的影响研究 [D]. 南京：南京师范大学，2016.

[58] 皋春 . 高校教学管理信息化研究 [D]. 南京：南京工业大学，2013.

[59] 白洁 . 我国高校课程管理制度改革研究 [D]. 武汉：武汉理工大学，2015.

[60] 夏雷 . 高校教育管理制度人性化研究 [D]. 长沙：湖南农业大学，2012.

[61] 郭丹 . 高校教育管理信息资源整合的研究 [D]. 大庆：东北石油大学，2012.